学衡历史与记忆丛书

主编

孙　江　李恭忠

编委

王　楠　于京东　刘　超　宋逸炜　谢　任

本书受南京大学双一流经费资助

学衡 历史与记忆丛书 | 孙江 李恭忠 主编

陷都政治
日本在南京的记忆建构与遗迹变迁

谢任 著

生活·讀書·新知 三联书店

Copyright © 2023 by SDX Joint Publishing Company.
All Rights Reserved.
本作品版权由生活·读书·新知三联书店所有。
未经许可,不得翻印。

图书在版编目(CIP)数据

陷都政治:日本在南京的记忆建构与遗迹变迁/谢
任著.—北京:生活·读书·新知三联书店,2023.12
(学衡历史与记忆)
ISBN 978-7-108-07721-9

Ⅰ.①陷… Ⅱ.①谢… Ⅲ.①侵华事件-史料-日本
-1937—1945②南京-地方史-史料-1937—1945 Ⅳ.
①K265.606②K295.31

中国国家版本馆CIP数据核字(2023)第183137号

选题策划	王秦伟 成 华	
责任编辑	成 华	
封面设计	刘 俊 张俊香	
出版发行	生活·讀書·新知 三联书店	
	(北京市东城区美术馆东街22号)	
邮 编	100010	
印 刷	江苏苏中印刷有限公司	
版 次	2023年12月第1版	
	2023年12月第1次印刷	
开 本	880毫米×1230毫米 1/32 印张 10.625	
字 数	220千字	
定 价	58.00元	

总序

记忆研究业已成为一门跨学科的学问。在与记忆有关的人文社会科学诸领域中,历史与记忆的关系最为密切,可以表述为:历史*即*记忆、历史*与*记忆。

历史*即*记忆,指二者一体两面。在文字发明之前,历史沉淀在记忆中,记忆就是历史;在文字发明之后,历史书写要么是对记忆的表述,要么是借助记忆进行的表述。在古希腊神话里,历史女神克里奥(Clio)的母亲尼莫赛尼(Mnēmosynē)是一位记忆女神,这则神话的隐喻是:记忆乃历史之母。古希腊希罗多德(Herodotus)的《历史》以及其他史书开篇之所以会有一段某人在此讲述某人所知道的事情,一如佛经中的"如是我闻",这不单是相沿下来的书写习惯,也明确道明历史来自人的记忆。

但是,自从历史学成为一门学问之后,构成历史母体的记忆便成为历史研究的对象,二者的关系从历史*即*记忆变为历史*与*记忆之关系。呈现在记忆中的形象或事件要成为历史,必须经由一定的检验程序:证实或证伪,否则便不能成为历史。时下口述史甚为流行,这说明在信息爆炸时代过去正在飞逝,保存当事者的个体记忆已然成为一桩紧迫的任务。需要指出的是,口述史这一表述源于英文的 oral history。汉语"史"字与西文 history 的内涵并不完全对等,history 的"主观"色彩要浓些,而"史"字则带有记录甚至是裁断的意味,凸现了"客观"的倾向。口述是个体讲述其记忆中的事件,是一种唤起记忆的行为,应该称之为回忆。记忆保存过去,回忆唤起过去。个体的回忆在多大程度上属于自身的亲历亲闻,是否含有外在的、后来附加上的内容?回忆中存在着不确定性。

南京大学在 2009 年即组建了记忆研究团队,围绕"南京:现代中国的记忆之场"这一主题,已经出版了一系列相关论著。2014 年南京大学学衡研究院成立后,秉持全球视野、本土实践的学术理念,以公共记忆作为重点研究课题,翻译和介绍国外有代表性的记忆研究成果,出版了"学衡历史与记忆译丛"。同时开展关于中国的历史与记忆研究,这套"学衡历史与记忆丛书"即为初步的成果。希望通过这些努力,能够推动中国的记忆研究,为当代人文社会科学的发展尽绵薄之力。

目录

序：历史之重 | 001

绪论

一、沦陷区问题与遗迹 | 003
二、陷都研究的记忆转向 | 006
三、记忆之场的理论与实践 | 018
四、本书框架与主要内容 | 027

第一章

光华门：战时日本集体记忆中的"圣地"

一、引言 | 033
二、战斗现场 | 037
三、战斗神话 | 046
四、战迹巡礼 | 052
五、战迹表象 | 061
六、小结 | 072

第二章

菊花台：日军慰灵设施的生成与变异

一、引言	077
二、战争中的"忠灵显彰"	081
三、南京的菊花台与表忠碑	088
四、残灰奉安所与护国神社	099
五、中国无名将士墓的由来	107
六、小结	115

第三章

纪元节：日本纪元二千六百年庆典的南京境遇

一、引言	121
二、被表述的"历史"	124
三、纪元庆典与沦陷区	132
四、纪元庆典与南京	140
五、纪元庆典在东亚	148
六、小结	155

第四章

明孝陵：一个日本人的祭祀之行与"国统阐弘"

一、引言	159
二、山下清一及其思想	163
三、所谓"史家之研究"	170
四、祭祀的准备与展开	181
五、复辟与"国统阐弘"	189
六、小结	194

第五章

五台山：日本居留民、神道学者与神社在地化

一、引言	201
二、海外神社的日本性与在地化	206
三、作为"模范"的北京神社	214
四、南京神社的筹建规划及其变动	222
五、神社在地化中的祭神问题	233
六、小结	240

第六章
遗留物：战争痕迹的历史、记忆与遗忘

- 一、引言　　　　　　　　　　　| 247
- 二、被埋没的痕迹　　　　　　　| 251
- 三、被改造的建筑　　　　　　　| 257
- 四、被重构的空间　　　　　　　| 268
- 五、小结　　　　　　　　　　　| 278

结　语

- 一、封闭与扩展之间　　　　　　| 283
- 二、民族与帝国之间　　　　　　| 287
- 三、自我与他者之间　　　　　　| 291

附录　日本在华神社一览表　　　　| 295
参考文献　　　　　　　　　　　　| 301
后记　　　　　　　　　　　　　　| 321

序　历史之重

历史有轻有重。历史的轻重与人们的感知并不总是对等的。

作为中国现代历史之重,南京大屠杀事件是每个读现代史的人都绕不开的。我第一次感受到"重"是1984年读大学三年级的时候,班上暑假留校的同学参加了南京大屠杀口述调查,我因此知道我们的老师高兴祖、吴世民,还有胡允恭、查瑞珍早在1960年就调查了南京大屠杀事件。回想起来,胡老师和查老师专业为中国史,高老师研究日本史,吴老师研究国际关系史,都属于"世界史专业",这和今日研究该问题的学者几乎清一色的来自"中国史专业",形成了鲜明的对照。

对南京大屠杀之重有切身的感受是1992年赴日本留学之后。在日本,图书馆和书店随处可见相关书籍。1995年8月,时当第二次世界大战结束五十周年,日本首相村山富市代表日本政府第一次就"那场战争"中日军的罪行公开表示道歉,这本该成为日本与过去了断的契机,却激活了修正主义史学,关于南京大屠杀事件的议论尤为活跃。身临其境,我自然要阅读相关的书文,旁听各种会议,乃至自己写文章。这期间有一件事令我十分震动:1997年11月在庆应义塾大学召开的"日中国际关系史国际研讨会"。记得在 16 日下午的圆桌会议上,秦郁彦教授把南京大屠杀与南京历史上发生的"侯景之乱"、湘军攻破太平天国天京后的屠城进行比较,认为南京大屠杀的死亡人数不过尔尔。来自美国南伊利诺伊大学(Southern Illinois University)的吴天威教授严词批驳,认为所谓"南京事件"的表述不准确,大屠杀是从上海开始的,一路杀到了南京。吴先生俨如"历史附体",越说越激愤,远远超过了 5 分钟发言的时间限制。历史的轻重之别,与人们的主观感受密切相关。吴先生早年就读于金陵大学,他将个人的感知带入历史,在他的回忆里,现在和过去、个体与集体浑然一体,与其说是历史学家在讲,不如说是死者的亡灵在诉。当时的情景长久徘徊于我的脑际,促使我认真思考和研究相关问题。

2008 年,我在南京大学组织记忆研究团队,引入诺拉的"记忆之场"(lieux de mémoire)概念,南京大屠杀事件成为团队研究的重点之一。"记忆"进入历史学不是一件简单的事,是历史认识论转向的结果,要真正开展研究,首先需要学习记忆理论,改变以往对历史的认识。其次要训练阅读资料的技能,不断审视固化的研究模式。很快,我意识到课堂授徒是培养记忆研究者的最好的途径。我指导我的硕士生和博士生从不同角度思考历史与记忆问题。谢任从加害者角度切入南京大屠杀事件非常偶然,记得 2014 年我开设《历史与记忆》课程,有次课后谢任告诉我五台山保留着一座日式建筑——神社的遗迹,我听后鼓励他前去调查,学期末他写出了一篇很有力度的读书报告。以此为起点,谢任继续探寻南京日本神社的来龙去脉,最后写出了一篇十余万字的硕士论文。进入博士课程后,谢任选择以日本在南京的"记忆之场"为题进行研究。

"记忆之场"是法国学者皮埃尔·诺拉(Pierre Nora)创造的。这个来自拉丁语(loci memoriae)的概念,在拉丁化不强的语言中很难找到合适的对译,好在诺拉给"记忆之场"下了一个易于把捉的定义:既简单又含糊,既是自然的又是人为的,既是可感的又是抽象的,具有实在、象征、功能三个特点,在这三个层次上,记忆和历史交互影响,彼此决定。谢任在对"记忆之场"概念进行梳理之后,从具体的情景出发,通过光华门、菊花台、明孝陵、五台山等人所共知的场所揭示不为人知的历史遗迹,以"纪元二千六百年庆典"考察陷都南京及其他沦陷区的支配政治,构筑了别样的历史之重。

　为完成博士论文,谢任在史料上下了很大功夫。我曾阅览过南京图书馆收藏的《南京新报》缩微胶卷,由于字迹模糊,看一会儿就两目流泪。谢任不仅完整地看完了《南京新报》等稀见报章,还顺藤摸瓜,找到了许多相关史料。研究南京大屠杀,特别是涉及侵华日军的内容,需要阅读日文资料。为此,谢任选修了二外日语课,利用寒假和周末在校外上培训班。2019年9月,谢任得到了国家留学基金委员会公派留学的资助,前往京都大学留学,他利用这个难得的机会,一边收集相关资料,一边撰写博士论文。一年后回国,谢任即提交博士论文,顺利通过了答辩。

　现在,谢任的博士论文将以《陷都政治——日本在南京的记忆建构与遗迹变迁》为题付梓出版,我一边翻阅校样,一边回忆往事,感慨良多。历史学入门容易成就难。希望谢任勇猛精进,再创佳作。是为序。

孙　江

绪论

一、沦陷区问题与遗迹

"中国沦陷区问题,是日本帝国主义的生死问题。"1939年,毛泽东在《研究沦陷区》一文中开宗明义地写道。那么,沦陷区问题为何如此重要呢?他解释说:

在目前阶段内,敌人侵略中国的方式,正面的军事进攻,大规模的战略进攻(某种程度的战役进攻不在内),如同大举进攻武汉那样的行动,其可能性已经不大了。敌人侵略的方式,基本上已经转到政治进攻与经济进攻两方面。所谓政治进攻,就是分裂中国的抗日统一战线,制造国共摩擦,引诱中国投降。所谓经济进攻,就是经营中国沦陷区,发展沦陷区的工商业,并用以破坏我国的抗战经济。

为达其经济进攻之目的,彼需要举行对我游击战争的"扫荡战争",需要建立统一的伪政权,需要消灭我沦陷区人民的民族精神。

所以,沦陷区问题,成了抗战第二阶段——敌我相持阶段的极端严重的问题。①

在毛泽东看来,日本对沦陷区的"经营"成功与否,将直接关系到战争的结局和日本帝国主义的生死。战争进入相持阶段后,日本对中国的侵略转为以"政治进攻"和"经济进攻"为主。其中政治进攻针对的是抗战阵营,经济进攻则依托于沦陷区。值得注意的是,毛泽东虽然将日本"经营中国沦陷区"概括为"经济进攻",但其内涵并不仅限于经济领域。他指出,经济进攻必然伴随着军事方面的"扫荡战争",政治方面的"建立统一的伪政权",以及精神方面的"消灭我沦陷区人民的民族精神"。总之,为了实现侵略目标,日本要将沦陷区"经营"为继续战争的基地。这种"经营"既有掠夺的一面,也有"发展"的一面;既有作为"敌国"而实施侵略的恶行,也有作为"帝国"而统合他者的实践。

沦陷区问题的复杂性提供了诸多值得深究的线索与思路。除了作为历史记忆常规载体的文字,对笔者而言,沦陷区相关的其他历史遗迹同样具有穿透历史烟尘的震撼力。它们既展示了历史的某些片段,又留下了有待探究的空白。战争结束后,很多遗迹,尤其是与日军掠夺中国人民生命和财产直接相关的遗迹都受到重视和保存,以这些遗迹为中心建立起来的纪念馆、展览馆等设施也并不少见。例如,建于七七事变发生地北京宛平的中国人民抗日战争纪念馆,建于南京大屠杀丛葬地的侵华日军南京大屠杀死难同

---

① 毛泽东:《研究沦陷区》,延安时事问题研究会编《日本帝国主义在中国沦陷区》,解放社,1939年,第1页。

胞纪念馆等,皆属此类。这些遗迹记录了日军在沦陷区的暴行与罪恶,展现了中国人民深重的苦难与不屈的抵抗,揭示了日本占领者在沦陷区掠夺性与暴力性的一面。另一方面,日本"经营"沦陷区的遗迹也有不少。即使在发生了大屠杀的南京,仍有残留:在菊花台,有建成于1939年12月的日军表忠碑残迹;在五台山,有建成于1943年11月的南京神社社殿;在清凉山,有闲置荒野的南京神社鸟居残件。除了这些直观可见的遗迹,文字、图像、实物等作为广义的遗迹记录着日本"经营"沦陷区的某一侧面,如关于光华门战争遗迹(以下统一表述为"战迹")[①]的绘画,关于纪元庆典的纪念章,以及日本人祭祀明孝陵的照片等。这些遗迹是日本占领统治南京的标记,其表征的历史是日本侵华史中不可或缺的内容,值得给予更多的关注。

鉴于此,本书将以日本留在南京的遗迹为线索,追溯这些遗迹在战争时期的建构与维系过程,以及它们的战后境遇。与战后化为遗迹不同,战争时期它们受到了占领者的推崇与重视,形成了一个个凝结着特定记忆的场域。结合学界的研究,本书对这些场域及其遗迹的研究将引入记忆的视角,具体而言,就是法国历史学家皮埃尔·诺拉(Pierre Nora)提出的"记忆之场"(lieux de mémoire)这一颇富启发性的概念。

[①] "战迹"一词出自日语"戦跡"(せんせき)。在日本对外扩张的过程中,"戦跡"成为宣扬日军"武威",塑造和强化日本国民对战争的认同的重要场域。战争结束后,"戦跡"一词继续存在于日本社会和日本学界。因此,以下的相关讨论将直接使用"战迹"一词。为便于阅读,亦不再加注引号。

二、陷都研究的记忆转向

在一篇以记忆的视角研究南京大屠杀的论文中,孙江认为:"有关'南京大屠杀'事件的研究已经从事实层面转向记忆层面。记忆视角的导入有助于深化对事件及其影响的理解,同时也对研究者的理论自觉提出了更高要求。"① 确实如此,除了南京大屠杀研究,目前学界对整个沦陷时期的南京的研究,正悄然转向记忆的视角。

沦陷前后,南京承载了相当沉重的历史与记忆。沦陷之前,它是国民政府的首都重地;而在沦陷之后,它则是发生了大屠杀的惨痛记忆之地,是侵华日军总司令的驻扎之地,是伪维新政府的核心要地,还是汪伪政权建立"中央政府"的"还都"之地。骄傲与屈辱同在,荣光与灰暗并存,使得沦陷前后的南京史饱含张力。无论是从沦陷之都的角度,还是从沦陷区之"都"的角度②,称南京为"陷都"都是顺理成章的。在亲历了南京大屠杀之后,幸存者郭岐(1905—1993)将其在南京的经历写成文字,其题名就是"陷都血泪录"。③ 这

---

① 孙江:《唤起的空间:南京大屠杀事件的记忆伦理》,《江海学刊》2017 年第 5 期,第 149 页。
② 所谓沦陷区,广义而言包括中国台湾、东北、华北、华东、华中、华南等所有被日军占领并实施统治的地区;狭义而言则专指华北至华南的日军占领区——因为台湾当时已完全被日本占领,东北也被日本占领多年,殖民统治程度远超过其他沦陷区。如无特别说明,本书所说的沦陷区即是狭义的沦陷区。
③ 郭岐:《陷都血泪录》,南京师范大学出版社,2005 年。按:郭著最早于 1938 年 8 月起在西安的《西京平报》上连载,笔者所阅为 2005 年的版本。

昭示了陷都南京作为记忆之都的丰富内涵,也预示了以记忆的视角研究陷都南京的某种必然。以下就依照时间的顺序,分别梳理南京保卫战研究、南京大屠杀研究,以及日本"经营"和统治南京的研究,考察其研究重心的"记忆转向"。

关于南京保卫战,梳理战斗过程是研究者的首要任务。早期,我国学界对南京保卫战的研究并不很多,且存在一定的偏见。① 但随着研究的推进,相关成果越来越注重史料与史实,追求理性与客观。其中,孙宅巍是起步较早的一位。1997 年,他的《南京保卫战史》正式出版,成为国内研究南京保卫战的首部专著。其后,随着资料的扩充与研究的深入,他又于 2014 年出版了一部新的《南京保卫战史》,相关史实得到了进一步厘清。② 与国内学界相比,日本学界的研究起步更早,成果也较为丰硕。最具代表性的,当数 1989 年出版的《南京战史》和《南京战史资料集》。③ 该书详细记述了南京之战的整个过程、双方军队的部署与伤亡,并收录了大量参战日军的官兵日记、阵中日志等资料,可谓南京保卫战研究中无法绕开的书目。此外,日本国内还存在大量由学者整理出版或由参战士兵个人及团体印刷发行的部队史志、官兵日记以及回忆录等。这些

---

① 张连红:《略论南京保卫战中的国军形象》,《南京大屠杀史研究》2012 年第 3 卷,第 36—37 页。
② 朱成山、袁志秀:《关于南京保卫战史学研究的回顾与思考》,《日本侵华史研究》2011 年第 1 期,第 11—17 页。孙宅巍:《南京保卫战史》,五南图书出版公司,1997 年。孙宅巍:《南京保卫战史》,南京出版社,2014 年。
③ 南京戦史編集委員会編『南京戦史』偕行社、1989 年;南京戦史編集委員会編『南京戦史資料集』偕行社、1989 年。

资料既推动了研究的深入,也为研究视角的转换提供了可能。因为,此前的研究多以宏观的、外部的视角叙述战斗的经过,而私人性的撰述则令研究者能够以微观的、内部的视角审视战斗中具体的人。除了日方的资料,国内也开始注重对参战老兵的调查和采访。① 当然,这些只是为从记忆的视角研究南京保卫战提供基础的材料,如何将研究进一步开展下去,还有待研究者的理论反思与具体尝试。

如果说关于南京保卫战的研究只是出现了"记忆转向"的迹象,那么关于南京大屠杀的研究则已经步入"记忆转向"的轨道,并出现了一批有深度的研究成果。众所周知,南京大屠杀是日军攻占南京后对无辜民众和放下武器的士兵实施杀害、强奸、劫掠等种种罪行的概称,也是中国人民关于抗战时期苦难记忆的象征符号。战争时期,日本国民基本不知道日军在南京及其他地区犯下的种种罪行,而在战后,日本的右翼分子则极力否认经南京审判和东京审判确认的屠杀事实。为此,日本国内发生了时间漫长、影响深远的争论。② 另一方面,中国对南京大屠杀的研究在起步阶段便颇为曲折。从1960年代起,高兴祖便开始对南京大屠杀展开调查研究,并已诉诸

---

① 张定胜:《南京保卫战老兵采访纪实》,《黄埔》2020年第3期,第2—21页。按:张定胜等人采访参战老兵的行为并不是在"记忆转向"的理念指导之下进行的,而是要通过对历史亲历者的采访,"还原真实历史,让后人铭记历史,更好地走向未来"。这一理念大概可归入在当下较为活跃的口述史运动,但同时也为记忆研究的开展提供了极为重要的分析素材。

② 笠原十九司『南京事件論争史:日本人は史実をどう認識してきたか』(増補版)、平凡社、2018年。

文字,但其著述迟至1979年才以内部资料的形式首次出版。① 其后,国内学界逐渐了解到日本对大屠杀的真实性存在很大的争议。受此影响,通过种种史料澄清大屠杀的史实,证明大屠杀的真实性便成为大屠杀研究的主要目标。② 而随着研究的深入,大屠杀的记忆问题才逐渐进入研究者的视野。孙宅巍、孙歌以及张连红就分别注意到官方层面、社会层面,以及普通民众层面对南京大屠杀的记忆问题③,刘燕军的分析则尤为细致。他考察了从大屠杀发生以后,一直到1980年代这数十年间关于南京大屠杀的记忆变迁。他指出:"记忆是对过去的重构,它总要受到社会政治、经济、文化等因素的制约和影响。……(关于南京大屠杀的记忆——引者)因被误用而扭曲变形,其丰富鲜活的历史内涵被渐渐遗忘,抽象化、空洞化、概念化的色彩越来越明显。"因此,作者提出,克服抽象化、空洞化、概念化理应成为研究者的首要任务。④ 至于1980年代以后大屠杀记忆的唤起与重塑问题,刘文没有详论。

在既有研究的基础上,孙江提出了"记忆转向"的命题。他的第一篇相关文章研究的是南京大屠杀发生之时,被日本占领军指定为

---

① 南京大学历史系编著:《日本帝国主义在南京的大屠杀》,1979年。
② 最具代表性的成果当数张宪文主编的《南京大屠杀史料集》。该史料集凡72卷,包括中国、日本、美国、德国等各国史料,涉及档案、阵中日志、日记、书籍、报刊等各种资料。
③ 张连红:《中日两国南京大屠杀研究的回顾与思考》,《南京大学学报》(哲学·人文科学·社会科学)2007年第1期,第98页。
④ 刘燕军:《南京大屠杀的历史记忆(1937—1985)》,《抗日战争研究》2009年第4期,第21—22页。

伪南京自治委员会的第一任会长陶保晋。陶氏有留学日本的经历，在南京颇有产业，且通过红卍字会从事了诸多慈善事业，在地方有一定的声望。通过对档案资料的发掘与解读，作者揭示了陶保晋在罪与罚之间、名与节之间、救人与赎己之间，身心遭受的诸多苦痛与折磨。战争结束后，国民政府对陶保晋进行了审判；直至今日，陶氏后人仍无法走出"汉奸"的阴影。① 在另一篇文章中，作者以美国外交官被日本士兵扇耳光的事件为中心，展示了在史料解读方面从综合到分析的重心转向。作者从南京市档案馆所存的一张日文明信片说起，引出了日军士兵天野乡三在南京强奸中国民妇、殴打美国外交官的案件。通过对该事件的档案资料和相关人物的证言进行分析，作者提出了一个开放性的解读框架。他坦承，与关于南京大屠杀的宏大叙事相比，天野在南京的经历属于"鲜为人知的细节"。由于资料的限制，对该事件进行简单的因果勾连既不可靠，也无法通过表象说明事件的本质。因此，作者主张"通过对事件留下的'痕迹'来爬梳和辨析事件的语义学意义"。② 这种辨析不是将史料进行简单的综合排列，而是在文本之内、文本之间以及文本之外的多重分析之下，探寻事件的意义。也正是在此一脉络之下，作者才明确提出了"记忆转向"的命题。他指出，大屠杀研究不能也无法局限于

---

① 孙江：《记忆不能承受之重：陶保晋及其后人的南京记忆》，孙江主编《新史学：历史与记忆》，中华书局，2014年，第144—166页。"陶保晋海外研究会"网站http://www.taobaojin.info/index.html，查看时间：2020年8月29日。
② 孙江：《痕迹·事件·证言——侵华日军第十六师团第三十三联队中尉天野乡三在南京》，《南京大学学报》（哲学·人文科学·社会科学）2016年第3期，第113—122页。

认定事实的历史学层面,它还涉及记忆的伦理与记忆的政治问题。因为亲历大屠杀的受害者与加害者既共享关于大屠杀的记忆,又因各自立场的不同而在记忆的表象中存在明显差异和矛盾。于是,关于大屠杀的性质问题便可能被转化为对历史细节的争议。另外,事件亲历者逐渐消失之后,作为记忆代理的研究者,如何在历史实在性与历史不在场的断裂中搭建事实与证据的关联,便成为"永无止境的工作"。①

接续孙江的研究,王楠考察了南京大屠杀的记忆表象。她认为,关于南京大屠杀的历史面貌已无法完全还原,但相关的争议与研究则始终以还原事实真相为导向。鉴于此,王楠转而关注南京大屠杀的公共表象是如何从无到有,从单向度到多面化,逐步被建构起来的。其中既涉及日本学者的影响,也讨论了以"万人坑"为代表的空间如何表象关于大屠杀的历史记忆。此外,具有"元叙事"意义的高兴祖的研究论著,围绕受害者与幸存者李秀英的证言引发的修正主义者的质疑,以及国家层面确立的"南京大屠杀死难者国家公祭日",都成为作者考察记忆表象的重要内容。作者认为,历史本身的确具有实在性,但在有些时候,关于历史的表象会与历史本身存在着紧张关系。这其中既有政治的因素,也有伦理的问题。因此,作者提出:大屠杀的研究者要在史实研究的过程中,更加重视记忆的政治与伦理原则。② 而这恰与孙江的主张相呼应。

---

① 孙江:《唤起的空间——南京大屠杀事件的记忆伦理》,第149—156页。
② 王楠:《被表象的事件:南京大屠杀的记忆政治(1982—2014)》,南京大学历史学院博士学位论文,2016年。

通过上述梳理可以发现，"记忆转向"大致体现在如下几个方面：第一，研究对象的转变，即从注重历史真相的还原，转向关心历史记忆的内涵、建构与变迁；第二，研究视角的转变，即从宏观的、外部的视角，转向微观的、内部的视角；第三，史料解读的转变，即从各种文本的综合与罗列，转向对文本本身、不同文本之间、文本与产生文本的社会情境等进行多层次、多角度的分析；第四，叙事风格的转变，即从饱含民族主义情绪的痛诉，转向相对节制和克制的讲述。整体而言，转向前的研究与叙事强调了侵略者与被侵略者、加害者与受害者之间的二元对立关系，但对更深层次的冲突与张力问题分析不足。当然，需要说明的是，"记忆转向"指的是研究重心发生转移，并不意味着对此前研究成果的否定。很多时候，两种研究取向会存在于同一论著中，只是二者的偏重有所不同。在笔者看来，慎重处理"作为表象的世界"①与历史事实之间的关系，是"记忆转向"最为根本的特征。

就此而言，关于日本"经营"和统治南京的研究也已出现了带有"记忆转向"色彩的成果。起初，学界对日本"经营"和统治沦陷区的研究或隐或显地都受到由毛泽东作序的《日本帝国主义在中国沦陷区》一书的影响。该书是一份关于日本占领、统治中国沦陷区的资

---

① Roger Chartier, "Le monde comme représentation", in Annales ESC, 1989, No.6. Roger Chartier, The World as Representation, Histories: French Constructions of the Past: Postwar French Thought, edited by Jacques Revel and Lynn Avery Hunt, New Press, 1998, pp.544–588.中文版参见罗杰·夏蒂埃(Roger Chartier)：《作为表象的世界》，张弛译，陈恒、王刘纯主编《新史学·历史与历史学家》(第12辑)，大象出版社，2014年，第77—90页。

料集,全书共分三编,分别为《敌人在沦陷区的经济侵略》《日寇在沦陷区的政治进攻》以及《日寇在沦陷区的暴行》。① 虽然只是一部资料集,但它的叙述框架、内容,以及民族主义叙事风格对后来的沦陷区研究与叙事产生了直接而深远的影响。1958年,上海人民出版社重印该书,此后相当长的一段时间里,关于沦陷区的研究便集中在"经济侵略""政治进攻"与"日寇暴行"三个方面。1980年代以来,沦陷区研究逐步得到拓展和深化,出现了一批较有分量的成果。② 其中,关于日本"经营"和统治南京的研究首推经盛鸿。2005年,经氏所著《南京沦陷八年史》分上下两册同时出版,至2013年又出增订版,凡1200余页。该书对南京大屠杀、南京伪政权、日伪对南京的社会控制、经济掠夺、文化奴役、慰安妇、毒品、生化武器以及南京的外国侨民、南京民众、国共两党的抗争等问题进行了相当全面的论述。虽然书中的论述存在一定的民族主义情绪③,但在后记中,作者还是强调自己的目标是"题材有开创性,史料新鲜、准确而丰富,分析客观、深刻","论述深化与精准"。④ 概括地说,此类沦陷区研究一方面或隐或显地流露出民族主义情绪,另一方面也有意追求客观、准确

---

① 延安时事问题研究会编:《日本帝国主义在中国沦陷区》。
② 关于学界对沦陷区的研究,参见余子道《回眸与展望:建国以来的沦陷区和伪政权研究》,《抗日战争研究》1999年第3期,第102—128页;高莹莹:《1949年以来的沦陷区研究综述》,《兰州学刊》2015年第5期,第1—15页;臧运祜:《抗日战争时期的沦陷区研究述评》,《中共党史研究》2015年第9期,第101—107页。
③ 经盛鸿:《南京沦陷八年史:一九三七年十二月十三日至一九四五年》(增订版),社会科学文献出版社,2013年,第394页。
④ 经盛鸿:《南京沦陷八年史:一九三七年十二月十三日至一九四五年》(增订版),第1239—1241页。

与深刻。

　　国外学者与日本侵华战争和中国沦陷区的历史没有直接的情感关联,大体能够以"事不关己"的立场避开民族主义情绪的缠绕。其中,西方学界尤其如此。约翰·亨特·博伊尔(John H. Bolye)、杰尔德·邦克(Gerald E. Bunker)以及易劳逸(Lloyd E. Eastman)等人对伪政权及其同日本"合作"的研究即是较早的成果。① 近年来,法国学者冯大伟(David Serfass)的研究也值得关注。他认为中国沦陷区内的汪伪政权处于"现代中国与日本帝国这两条轨迹的交汇点上",因而不应将其简单地视为"傀儡",也不应过于强调"合作"的意识形态。② 同样地,日本学界对伪政权,特别是"还都"南京的汪伪政权也有丰富的研究。③ 大体而言,这些研究亦非立足于"傀儡"

---

① John H. Boyle, *China and Japan at War*, 1937-1945: *The Politics of Collaboration*, Stanford: Stanford University Press, 1972.中文版参见约翰·亨特·博伊尔《中日战争时期的通敌内幕 1937—1945》,陈体芳、乐刻等译,郑文华校,商务印书馆,1978年。Gerald E. Bunker, *The Peace Conspiracy: Wang Ching-Wei and the China War*, 1937-1941, Cambridge, MA: Harvard University Press, 1972. Lloyd E. Eastman, "Facets of an Ambivalent Relationship: Smuggling Puppets, and Atrocities During the War, 1937-1945", in Akira Iriye ed., *The Chinese and the Japanese: Essays in Political and Cultural Interactions*, Princeton, NJ: Princeton University Press, 1980, pp.275-303.
② 蒋杰:《他者的视域:最近20年法国的抗战史研究与书写》,《上海师范大学学报》(哲学社会科学版)2020年第4期,第142—152页。
③ 关于日本学界对沦陷区的研究,参见段瑞聪《日本有关中日战争之主要动向及其成果(2007—2012)》,《国史研究通讯》2013年第5期(12月),第87—105页;波多野澄雄:《日本的日中战争史研究》,谭皓译,《抗日战争研究》2016年第4期,第116—117页;日本版参见氏著「日本における日中戦争史研究について」,(转下页)

与"汉奸"这样的裁判式论述,对汪及汪伪政权的态度也相对"中立"。① 除了汪伪政权,关智英对其他"对日和平阵营"(包括各伪政权和其他伪组织)也进行了较为细致的研究。② 对国内研究者而言,这些成果具有一定的参考价值。③

为了更清楚地说明"记忆转向"是如何体现在这些研究之中的,这里不妨以加拿大学者卜正民(Timothy Brook)的研究为例略作介绍。④ 在《秩序的沦陷》一书中,卜氏叙述了中日战争全面爆发之初,包括南京在内的江南五城与日军"合作"的历史。在作者看来,日军

(接上页)『外交史料館報』第 31 号(2018 年 3 月)、41—42 頁。

① 相关论著参见小林英夫『日中戦争と汪兆銘』、吉川弘文館、2003 年;劉傑「汪兆銘政権論」、倉沢愛子・杉原達・成田龍一・テッサ・モーリス-スズキ・油井大三郎・吉田裕編『岩波講座アジア・太平洋戦争〈7〉支配と暴力』岩波書店、2006 年、249—284 頁;柴田哲雄『協力・抵抗・沈黙:汪精衛南京政府のイデオロギーに対する比較史的アプローチ』成文堂、2009 年;堀井弘一郎『汪兆銘政権と新国民運動』創土社、2011 年;土屋光芳『「汪兆銘政権」論』人間の科学新社、2011 年。

② 関智英『対日協力者の政治構想:日中戦争とその前後』名古屋大学出版会、2019 年。

③ 笔者认为,刘熙明对伪军的研究,李志毓对汪精卫政治生涯的研究,以及巫仁恕对沦陷时期苏州社会经济生活的研究较有新意。另外,杨治宜对汪精卫诗词及其心性的分析,展现了研究视角的转换对推进研究的积极意义。参见刘熙明:《伪军:强权竞逐下的卒子(1937—1949)》,稻乡出版社,2002 年;李志毓:《惊弦:汪精卫的政治生涯》,牛津大学出版社,2014 年;巫仁恕:《劫后天堂:抗战沦陷后的苏州城市生活》,台湾大学出版中心,2017 年;Zhiyi YANG, "The Road to Lyric Martyrdom: Reading the Poetry of Wang Zhaoming (1883 - 1944)", Chinese Literature: Essays, Articles, Reviews, Vol.37 (December 2015), pp.135 - 164.

④ Timothy Brook, Collaboration: Japanese Agents and Local Elites in Wartime China, Harvard University Press, 2005.中文版参见卜正民《秩序的沦陷:抗战初期的江南五城》,潘敏译,商务印书馆,2015 年。

的暴行、中国人遭受的苦难及其抵抗行动固然是历史的一部分,也构成了大多数中国人关于抗战的集体记忆。但与此同时,还有一个中国人难以接受的部分,即中国人与日本人的"合作史"。为了让这部分历史同样作为中国史的一部分而存在①,他要做的,就是"让历史行动远离被民族主义情绪束缚的假想,或者远离使其老掉牙的道德预设,使事件退回到无法预料的不确定状态"。② 这样,他就尽可能地避免了主观立场对进入"历史现场"的影响,转而以内部的视角审视历史进程中的人与事。虽然他的研究也存在一些问题③,但其优长之处更值得注意。以其对南京的研究来说,作者在开篇就注意到了南京作为记忆之场而内含的"记忆的力量"。这股力量甚至使南京沦陷之初实际发生的事情反而不那么重要,有关方面"都在有选择地记录历史"。为此,他在史料解读方面颇费周折,甚至要在史料的空白之处发掘信息。例如,作者发现,日本"特务机关"的相关人员早在12月13日就到了南京,但"特务机关"迟至24日才正式宣布成立。在此期间,没有任何工作记录。那么,他们做了什么?带着这个疑问,结合其他史料的佐证,作者推断:"特务机关"的士兵也参与

---

① ティモシー・ブルック、西野可奈訳「揚子江流域における占領国家の建設、1938—1939」、姫田光義,山田辰雄編『中国の地域政権と日本の統治』慶應義塾大学出版会、2006年、229—247頁。

② Timothy Brook, Collaboration: Japanese Agents and Local Elites in Wartime China, p248.中文版参见卜正民《秩序的沦陷:抗战初期的江南五城》,潘敏译,第285页。

③ 相关评论参见谭徐锋《重回江南沦陷时——评〈秩序的沦陷〉》,《光明日报》2016年1月12日,第10版;谷小水:《瑕瑜互见——评〈秩序的沦陷:抗战初期的江南五城〉》,《团结报》2016年4月21日,第7版。

了屠杀中国士兵的行动,而这即使在日军士兵看来也极不正常。①

通过研究视角的转换,以及对史料和史料空白之处的解读,卜正民发掘了一段有别于其他地区的"合作史":在一般的沦陷地区,"合作"发生于"地方头面人物"与日本占领者之间,而南京还有"南京安全区国际委员会"这个第三方力量。"西方人的存在与其说扰乱了合作进程,不如说使合作进程复杂化了,因为共谋者增加了一倍。'自治会'与各方面共谋:与一手打造它的日本人共谋;与给这个城市居民实质性帮助的西方人共谋;与提供原初合作者的地方组织共谋。"当然,"共谋"过程中也充满冲突。如王承典既敢公然违抗日本人,也"征召"中国女性建立妓院。② 这些现象发生于不同势力之间,也发生于同一组织甚至同一人自身,展现了日本占领南京之初"合作史"中的冲突与张力。

卜正民的研究不是以"记忆"为主题,但其研究手法与"记忆转向"相呼应。首先,他并未将既有的历史表述与集体记忆等同于历史事实,而是保持了相当的距离乃至警惕。在转换研究视角和细致解读史料的基础上,他发现了一段不同寻常的历史,并由此揭示了集体记忆、道德评判,以及民族主义情绪可能对历史造成遮蔽的现象。另外,在叙述其研究成果的文字中,作者既能够较为客观地讲述历史,也非常明确地描述了日军在南京的暴行,并非所谓"没有黑

---

① Timothy Brook, Collaboration: Japanese Agents and Local Elites in Wartime China, p133.卜正民:《秩序的沦陷:抗战初期的江南五城》,潘敏译,第158页。
② Timothy Brook, Collaboration: Japanese Agents and Local Elites in Wartime China, p157.正民:《秩序的沦陷:抗战初期的江南五城》,潘敏译,第183页。

白的世界"。① 总之,卜正民的研究固然有其缺陷,但也值得肯定。尤其是对沦陷区研究者而言,对既有表象与记忆的反思、研究视角的转换、史料解读的细化以及叙述方式的改进,都是需要努力的方向,也是"记忆转向"指示的方向。

通过以上梳理,笔者认为陷都研究的"记忆转向"具有较为积极的意义。因此,本书也将遵循"记忆转向"的指引,进行拓展性的研究。研究的切入点,就是上文提到的各种留存至今的遗迹。这些遗迹涉及多个凝结着特定记忆的场域,而这些记忆场域是如何被建构起来的,建构与维系过程中发生了什么,以及它们经历了什么而呈现为当下的状态,都是有待解答的问题。通过对这些问题的探究,或许可以发掘日本在陷都南京进行记忆实践的政治文化意涵,从而在更深层次上揭示日本侵华的罪恶。

三、记忆之场的理论与实践

结合陷都研究的记忆转向,以及研究对象——记忆场域的建构、维系及其遗迹的变迁——自身的特征,"记忆之场"的概念自然进入本研究的视野。

记忆之场是法国史学家皮埃尔·诺拉创造的概念,初看起来语义十分暧昧。诺拉曾如是解释说:"与所有历史对象不同的是,记忆之场在现实中没有所指对象,或者更确切地说,它们是自身的所指

---

① 戴圆:《没有黑白的世界——读〈秩序的沦陷〉》,《团结报》2016年4月21日,第7版。

对象,是些仅仅指向自身的符号,纯粹的符号。但它并非没有内容,并非没有物的存在和历史。"①这样的描述令人迷惑。要理解记忆之场的确切含义,就要回到历史语境之中,看它是如何诞生的:

> 记忆之场诞生并维系于这样一种意识:自发的记忆不再存在,应该创建档案,应该维持周年纪念活动、组织庆典、发表葬礼演讲、对文件进行公证,因为这些活动已不再是自然的了。正因为如此,少数派捍卫那种栖居于细心保存的特选场所的记忆,这一做法只会将所有记忆之场的本来目的凸显到极致。如果没有纪念的意识,历史很快就将这些场所扫荡一空。这是人们赖以据守的堡垒。但是,如果不是堡垒所捍卫的事物受到威胁,人们可能也不需要建造堡垒。如果人们还能真切地体会到藏在堡垒中的回忆,那么堡垒也就没有用了。反过来说,如果不是历史控制了记忆并使其发生变形和改造,使其成型并僵化,这种堡垒也不会成为记忆之场。②

这段话明确指出了记忆之场的生成背景、表现形态以及社会功能,为明晰记忆之场的含义提供了线索。就生成背景而言,记忆之场需要两个基本条件:一是自发的记忆不复存在,二是个体或群体仍有纪念的意识。前者意味着记忆流失的危机,后者则是对危机的

---

① 皮埃尔·诺拉:《记忆与历史之间:场所问题》,黄艳红译,皮埃尔·诺拉主编《记忆之场:法国国民意识的文化社会史》,黄艳红等译,南京大学出版社,2015年,第27页。
② 皮埃尔·诺拉:《记忆与历史之间:场所问题》,黄艳红译,第11页。

警惕与应对。应对策略,即是记忆之场,其表现形态包括但不限于物理意义上的空间场域。它可能是创建档案,也可能是纪念活动、组织庆典、发表演说、公证文件;它既具有现实可感的实在性,又具备抽象玄虚的象征性,虚实之间发挥着特定的功能。① 表面上,记忆之场的功能是保存受到威胁的记忆;但记忆的背后,则是具体的人与特定的群体。他们要捍卫流失的记忆,实际上是要建构或强化自身的独特性与认同感,从而与他者区隔开来。强化自我的身份认同,同时与他者区隔开来,正是记忆之场的主要功能。

从1984到1992年,诺拉先后组织了120余位作者投入《记忆之场:法国国民意识的文化社会史》(*Les Lieux de mémoire*)的写作中,最终以三卷七本凡135篇文章告成。由于时间跨度大、作者数量多,且已有学者做过介绍②,这里仅举一个具体的案例略作说明。贞德(1412—1431)是英法百年战争中的传奇人物,自19世纪以来,她的名字、形象和神话已成为法国国民记忆的重要组成部分。不过,"对贞德的记忆并非不偏不倚:它的分裂、争论和工具化,同样反映出近代早期以来导致法国人分裂的思想冲突"。这种竞争与分裂发生在不同时代、不同地域、不同群体,关于贞德的记忆也由此塑造了几种

---

① 诺拉强调,实在性、象征性与功能性是记忆之场同时存在的三个特征,只是在不同的记忆之场中,三个特征表现的程度有所不同。参见皮埃尔·诺拉:《记忆与历史之间:场所问题》,黄艳红译,第20页。
② 关于诺拉及其团队的记忆之场的研究,参见沈坚《记忆与历史的博弈:法国记忆史的建构》,《中国社会科学》2010年第3期,第205—219页;孙江:《皮埃尔·诺拉及其"记忆之场"》,《学海》2015年第3期,第65—72页。不过,在对记忆之场研究的内容和背景理解上,沈与孙有"很大不同"。

不同的贞德形象。相应地，关于贞德的记忆既团结了法国人民，也强化了不同党派的内部认同。值得注意的是，在作者的论述中，无论怎样地团结或分裂，关于贞德的记忆都始终是且仅是法兰西的民族记忆。它团结的是法兰西民族，分裂的也是法国内部的不同派别。[1]

贞德的案例反映了法国记忆之场研究的如下几个特征：一是以民族国家为边界。更具体地说，只有那些建构了法兰西民族认同的记忆，才会成为研究的对象。二是时间跨度长。相应地，其所关注的也就不是原初的历史，而是在不同的时空语境中，不同群体对记忆的运用与争夺。三是不同的记忆主要呈迭代和竞争关系，彼此难以融和。上述三点中，第一点尤其值得注意。实际上，《记忆之场》涉及的所有案例均在法国本土之内，只有一篇关于1931年的"殖民地博览会"涉及法国以外，而博览会本身举办于法国的樊尚（Vincennes）。更为重要的是，对于殖民地博览会能否被视为法兰西的记忆之场，作者始终持怀疑态度。他指出："这场博览会被左翼社会主义者和共产主义者抵制和抨击、被自由派布尔乔亚阶层低估和蔑视、很快被法国人民所遗忘，并最终被右翼民族主义分子发掘出来变成他们的补偿性神话，其实她只适合被定义为共和国的一件纪念品。"[2] 可见，民族国

---

[1] 米歇尔·维诺克（Michel Winock）：《贞德》，黄艳红译，皮埃尔·诺拉主编《记忆之场：法国国民意识的文化社会史》，黄艳红等译，第277—336页。

[2] Charles-Robert Ageron,《L'Exposition coloniale de 1931, myth républicain ou myth impérial?》, Pierre Nora eds., *Les Lieux de mémoire*, Paris: Gallimard, 1997, pp. 495-515. 此处引文为巴黎第四大学刘清源博士所译，正式译本尚未出版。谨此说明，并致感谢。

家终究是法国记忆之场研究未能逾越的边界。① 但对民族国家确立过程中的法国和法国国民而言,本土以外的殖民地即使不是最为重要的,也是不可或缺的。

因此,很多研究者都提出批评意见,其中谭可泰(Hue-Tam Ho Tai)的观点较有代表性。谭氏出身于法国曾经的殖民地越南,并在美国从事研究工作。对于法国记忆之场研究中只叙述作为民族国家的法兰西,而无视作为帝国的法兰西及其殖民地,谭氏有更为切身的感受。她不无讽刺地写道:"拿破仑也真够可怜:他给了法国一部《民法典》,他的帝国梦也在法兰西第三帝国时期得以实现,但他自己却还配不上作为《记忆之场》专题论文的讨论对象。"除此以外,她还指出,那些对法兰西民族认同提出挑战的力量,如跨民族主义和次民族主义等,甚至地区主义、阶级差异以及性别问题等,诺拉及其团队也都没有很好地处理。这些缺陷显然不是诺拉的无心之失,而是有意为之。用谭可泰的话说,诺拉等人所呈现的记忆之场并非"自然之物",而是"人造产品"。②

---

① 诺拉本人也明言:记忆之场研究就是要"力图客观地描述民族史体系,并分解其中的元素"。换言之,民族国家是该研究的主题与中心。参见皮埃尔·诺拉《纪念的时代》,查璐译,皮埃尔·诺拉主编《记忆之场:法国国民意识的文化社会史》,黄艳红等译,第 29 页。

② Hue-Tam Ho Tai, "Remembered Realms: Pierre Nora and French National Memory", The American Historical Review, Vol.106, No.3 (Jun., 2001), pp. 906-922.中文版参见胡才惠心:《记忆之场:皮埃尔·诺拉与法兰西民族记忆》,朱联璧译,朱庆葆、孙江主编《新学衡》(第 2 辑),南京大学出版社,2017 年,第 225—241 页。按:Hue-Tam Ho Tai 的中文名应为谭可泰(参见哈佛大学费正清研究中心官网介绍:https://fairbank.fas.harvard.edu/profiles/hue-tam-ho-tai/,(转下页)

尽管如此,诺拉将记忆引入历史学的做法确实拓宽了研究视野,开辟了新的学术领域。很快,其他国家和地区也出现了不同形式的译本和本地版本的记忆之场研究。最早的中文节译本为我国台湾地区出版的繁体字版①,其后,大陆地区也出版了简体字版。自简体字版面世后,学界与社会各界均给予高度关注。该译本不仅获得傅雷翻译出版奖,而且不断再版②,目前正筹划翻译法国版《记忆之场》的全本。当然,如何消化译介的成果,还有待中国学者的继续探索。

在消化和运用方面,意大利走在前列。1996至1997年,意大利出版了一套包括三卷75篇论文的意大利版《记忆之场》——各卷的题目分别为:《统一意大利的象征与神话》《统一意大利的构造与事件》以及《统一意大利的人物与纪念日》。与法国版《记忆之场》不同的是,意大利版包括了"意领非洲""美洲""帝国"等超出意大利本国的场域。在时间跨度上也有所缩减,限定在19世纪后半叶至20世纪之间。分析者认为,这是对历史修正主义(他们将自身与法西斯主义区隔开来,以逃避战争责任)的抵抗,是再建"传统"的努力。这种努力试图包容多样性,但依然以民族国家的集体认同为核心议题。就此而言,意大利与法国的记忆之场研究是共通的。③ 与法、意

(接上页)查看时间:2020年8月30日),故本书正文名从主人。
① 皮耶・诺哈(Pierre Nora)等:《记忆所系之处》,戴丽娟译,行人出版社,2012年。
② 皮埃尔・诺拉(Pierre Nora)主编:《记忆之场:法国国民意识的文化社会史》,黄艳红等译,南京大学出版社,2015年第1版、2016年第2版、2020年第3版。
③ 小田原琳「イタリア版『記憶の場所』のおかれた〈場所〉」『Quadrante』(東京外国語大学海外事情研究所)11号、2009年、39—45頁。

两国不同的是,虽然德国也于2001年出版了三卷本的《德意志的记忆之场》,但该书明显带有否定德意志近现代史的意味。① 可以推想,这种差异应与德国两次发动世界大战的经历,以及战后对战争责任的反省有关。

在日本,自2002至2003年法国版《记忆之场》被节译为日文以来②,日本学界就注意到这一新的研究动向③,相关的研究成果也很快出现。2004年,有学者将日本农政学家二宫尊德(1787—1856)视为近代日本的记忆之场加以研究④,但并未将诺拉的理论与个人的研究更好地结合起来,整体感觉略显生硬。其后出现的一些成果则有较为明显的改变,如对台湾学校内关于殖民记忆的呈现,1930年代围绕《叶隐》(宣扬日本武士道精神的经典著作)的显彰与学校教育的研究,以及在对东京三鹰市胜渊神社的考察中发掘"历史环境"的意义等。⑤ 这些论著将"记忆之场"作为可以而且需要灵活运用的

---

① 板垣竜太,鄭智泳,岩崎稔「〈東アジアの記憶の場〉を探求して」,板垣竜太,鄭智泳,岩崎稔編著『東アジアの記憶の場』河出書房新社,2011年、13—14頁。
② ピエール・ノラ編、谷川稔監訳『記憶の場:フランス国民意識の文化=社会史』岩波書店、2002—2003年。按:日文译本共分三卷,分别为"对立""统合"与"摸索",其中第一卷出版于2002年,第二、三卷出版于2003年。
③ 松本彰「〈書評〉ピエール・ノラ編(谷川稔監訳)『記憶の場』」『史林』87巻2号、2004年3月、274—280頁。
④ ゼルナ インゴ、「『記憶の場』として見た二宮尊徳」『年報人間科学』、2004年、155—166頁。
⑤ 林初梅「学校という記憶の場:植民地台湾の時代からの連続性に注目して」『言語文化研究』39巻、2013年3月、149—174頁;谷口眞子「一九三〇年代の佐賀における「葉隠」の顕彰と学校教育-「葉隠」をめぐる「記憶の場」と「教育の場」-」『早稲田大学大学院文学研究科紀要』63巻、2018年3月、423—439頁;馬場憲(转下页)

分析工具，为后续研究探索了一条更为宽阔的道路。

实际上，目前已经有学者拓展了"记忆之场"的边界，以超越民族国家的界限。日本及韩国学者就提出了"东亚的记忆之场"的说法，他们特别强调：东亚的记忆之场并不是诺拉意义上的记忆之场的简单放大，毋宁说是一种解构性的再运用。在他们看来，记忆之场虽然解构了过去的一元化的历史叙事，容纳了多样性的民族记忆，但它们仍然压制着诸多"不和谐"的声音，是一种新的内含着暴力与压抑的民族史叙事。因此，"东亚的记忆之场"不是简单排列和比较某种记忆的"日本样态"与"韩国样态"，而是以关系性的视点，考察被唤起的记忆与被排除的忘却之间的关联，尤其关注不同群体之间的关系。如此，研究的视点便不再是某一个或某几个国家，而是包括殖民、人种、阶级、性别等在内的非对称性的联系与断裂。他们认为，只有这样才可能真正地超越民族国家的疆界，达致某种连带感与共通性。① 基于类似的目标，法国学者艾蒂安·弗朗索瓦（Etienne François）和托马斯·塞里耶（Thomas Serrier）也提出"欧洲记忆之场"的说法，并已付诸实践。②

通过对"记忆之场"的由来及其理论与实践的回顾，可以发现：

（接上页）—「『記憶の場』の形成と『歴史的環境』との関わりについて：勝淵神社の柴田勝家兜埋納伝説を事例に」『現代福祉研究』15卷、2015年3月、153—170頁。

① 板垣竜太、鄭智泳、岩崎稔「〈東アジアの記憶の場〉を探求して」、9—33頁。令人遗憾的是，该项研究没有中国学者的参与，其所呈现的亦非完整的东亚。

② Etienne François, Serrier Thomas, *Lieux de mémoire européens*, Paris: La Documentation Française, 2012.末次圭介「講演録：トマ・セリエ『ヨーロッパの記憶の場−理論と実践』」『現代史研究』61卷、2015年12月、31—37頁。

一方面，诺拉的记忆之场研究遭到了诸多批评；另一方面，关于记忆之场的研究则在不断推进。何以如此呢？如上所述，诺拉提出的"记忆之场"首先是一种客观存在，它几乎与人类的历史同样悠久，且广泛存在于世界各地。因此，记忆之场研究才能够从法国扩散到其他国家和地区。不过，在具体的研究实践中，研究者所侧重的时空范围与主题旨趣等各不相同，从而使作为分析工具的记忆之场展现出极为丰富的样貌。它提示了记忆与历史的关联与差异，强调了记忆在建构认同与区隔他者中的重要作用，这对本研究极具启发价值。

在日军占领和"经营"南京的八年间，为保存、唤起或建构某种记忆，以实现特定的政治或社会目的，包括部分日本国民在内的占领者从事了诸多记忆实践，如保存重要遗迹、建造纪念设施、举行各种仪式等。前文提到的光华门战迹、"慰灵"设施①、纪元庆典、明孝陵祭祀以及南京神社等，都是其具体表现。不必说，不同的记忆实践有着很大的差别，但参照记忆之场的界定，无论是从生成背景、表现形态还是社会功能来看，它们都符合记忆之场的各项条件（详见下文）。换言之，在客观存在层面上，日本在南京的记忆实践确实建构了一系列的记忆之场。

本书虽然引入了诺拉的"记忆之场"概念，但正如诸多学者所做

---

① 本书使用的"慰灵"一词出自日语中的『慰靈』，该词有抚慰亡灵之义，在近代日本的语境中，慰灵主要指针对战死者的祭祀与纪念活动，通过这些活动来追悼和显彰日军战死者，进而激起生者对战争的认同与支持。因此，除了字面上的抚慰亡灵之义，慰灵具有支持侵略战争的隐蔽含义。由于本书中"慰灵"一词使用较多，为便于阅读，以下不再加注引号，谨此说明。

的那样,这里的"记忆之场"与诺拉意义上的记忆之场并不相同。首先,法国记忆之场研究以民族国家的建构与民族认同的确立为中心议题,本书则讨论扩张帝国在其新控制之地通过记忆之场建构认同和强化统合的政治实践——这是最为根本的差异。另外,法国记忆之场的研究多跨越较长时段,注重考察不同时空语境中不同群体对记忆的运用与争夺;本书则重点讨论南京沦陷八年间的历史变动,主要考察日本方面建构和维系记忆之场的行动。这样的安排既是场域本身的短暂性决定的,也因为在细致叙述的过程中,可以更为具体地揭示日军侵占南京时期进行记忆建构的恶行。至于战后的情形,则是在呈现中国人民对日态度的同时,进一步思考历史、记忆、遗忘及其与当下之间的紧密关联。

四、本书框架与主要内容

通过在南京的实地走访调查,以及对史料的搜集与查阅,笔者最终确定五种日本在陷都南京进行记忆建构的历史作为具体的研究对象。它们分别涉及:光华门战迹、慰灵设施、纪元庆典、孝陵祭祀以及南京神社。

之所以以日本方面建构的记忆之场为对象,是因为沦陷区本身就是日本侵略的结果。要研究沦陷区问题,首先就要考察日本方面的活动。日军占领南京时期,占领者建构的记忆之场为正常时期不会有的现象,因而应该将其置于首要位置上。至于五种场域的联系与区隔,关键在于记忆建构的行为主体。就共同点而言,各场域都出现于日军占领和"经营"南京的特殊历史时期,都是日本方面的政治文化实践；就差异性而言，虽然日本的官方与民间都参与了不同记忆场域的建构，但在不同的场域中，建构行为的主体各有侧重。光华门战迹是日军侵占南京的产物，建构光华门记忆的行为主体则难以分辨是官方还是民间——毋宁说，官方与民间共同建构了关于光华门的记忆表象。而在慰灵设施与纪元庆典的案例中，虽然前者偏于军事性纪念，后者偏于政治性纪念，但官方在记忆建构中占据主导地位是共通的。与前三种场域相比，孝陵祭祀和南京神社的案例虽然脱离不了官方的影响，但其主要推动者在民间。其中，孝陵祭祀是一个日本人多方活动之下才得以实现的，南京神社则由日本居留民承担主要的建造任务，另有神道学者穿梭其间。总之，各场域之间既相互独立，又共同呈现了日本官民各界在陷都南京进行记忆建构的政治文化实践。依此思路，本书的框架得以确定：除绪论和结语外，主体共分六章，其中前五章是对上述五种记忆实践的分别探究，第六章则考察战争结束以后，中国方面如何处置这些场域的遗迹。

第一章关注光华门战迹。日军在光华门的战斗并不"明智"，但因为这里是日军进入南京的首座城门，所以南京之战尚未结束，光华门就进入日本人的视野，并很快成为建构日本人战争记忆的"圣地"。与光华门相关的战斗神话很快被建构和传播开来，日本民众也通过各种方式前往光华门进行战迹巡礼，一些专业人员还对光华门进行表象与再表象。对中国民众而言，光华门战迹记录着国仇家恨，却无法得到适当的表达。汪伪政权建立后，光华门为日本人所独有的状况开始改变，但作为记忆之场的光华门已被固化。

第二章关注慰灵设施。战争意味着死亡，对战死者的慰灵是战争时期一种引人注目的现象。实际上,慰灵不仅是对战死者的哀悼与纪念,更是通过显彰日军战死者来凝聚日本国民对战争的认同。在南京,日本占领者为显彰战死者而建立的慰灵设施不止一处,其中以建有第十军表忠碑的菊花台内涵最为丰富,残灰奉安所和护国神社等也不容忽视。另外,埋葬着中国抗战将士的坟墓也是一种很特殊的存在,它与日军的表忠碑同在一处,但其所承载的记忆则处于颇为紧张的关系之中。

第三章关注日本纪元二千六百年庆典。为建构和强化日本国民对"万世一系"的皇室的认同,明治时期日本政府设立了纪元节,1940年即为日本纪元二千六百年。为此,日本举行了规模盛大的庆祝活动,包括南京在内的各沦陷地区都有所回应。本章首先考察沦陷区内出现了哪些关于纪元庆典的言论,分析其中的异同;而后对不同沦陷地区参与纪元庆典的具体情形加以比较,从而突出南京城内占领者与伪政权之间的暧昧关系。最后,通过进一步扩大视野,将纪元庆典置于整个东亚日本势力所及的各地区中,以探究沦陷区的特异性。

第四章关注孝陵祭祀。山下清一组织的孝陵祭祀以唤起中国人关于明室后裔流亡日本的记忆为直接目的,但这场祭祀也充满悬疑:祭主山下清一抱持着日本至上的理念,贬低西方与中国;这样一个右翼分子,却到南京明孝陵祭祀明太祖朱元璋?他自称代表明朝皇室的后裔,并向汪伪政权申请允许明室后裔常驻南京。有的人怀疑他是要借此复辟明朝,制造第二个伪满洲国;但他自己并不承认,而宣称这是在阐扬"国统"。

第五章关注南京神社。南京神社是在日本海外神社的发展脉络之下出现的,而海外神社则是维系和强化日本国民精神的重要场域。在海外神社的建设过程中,神道学者小笠原省三积极参与其中,推动在日本以外建立在地化的神社。自南京成为日军的占领地后,在南京建造神社的声音很快开始出现,并由日本居留民具体付诸实践。筹建过程中,小笠原先后多次来到南京。经过数年的活动,这里建成了一座兼具日本风格与在地因素的南京神社。

第六章将视野延伸到战后。日本战败后,上述各场域的遗迹成为国民党和新生共和国都要面对的历史遗留问题。大体说来,这些遗迹可分为三种,即被埋没的痕迹、被改造的建筑,以及被重构的空间。通过对这些遗迹的考察,不仅补充和完善了前述五种记忆之场的论述,也为思考当下的历史与记忆问题提供了新的视角。

需要说明的是,上述六章的主标题皆是较为实在的事物,是各章研究的出发点或切入点,并不等同于"记忆之场"。如前所述,"记忆之场"兼具实在性与象征性,是一种虚实结合的存在。就实在性而言,它依托于一定的物质条件,无法凭空存在;就象征性而言,它总是超出实物,指向极为广阔的意义空间。因此,对陷都记忆之场的探究既不能脱离物质实体,也必须关注到实体背后的符号意涵及其建构过程。

第一章 ——————————

光华门
战时日本集体记忆中的『圣地』

一、引言

1938年1月10日,日本皇室成员贺阳宫恒宪王来到光华门。

此时,这里已被战争摧毁,到处废墟。城门荡然,城墙坍塌,弹痕与血迹历然在目。城墙外的城门西侧,日军已经为日方战死者建造了一座"忠灵供养塔"。① 废墟之中,恒宪停留良久。期间,他参拜了日军的"忠灵供养塔",并听取参与本次战斗的士兵讲述攻城经过。次日,他又去了中华门的激战地雨花台炮台,参观日军的战斗之地。②

光华门是恒宪来到南京后参观的第一个地方,因为这里是日军攻入南京的首座城门。一个月前,日军步兵第三十六联队为夺取"率先入城"(一番乘り)的首功,在光华门与中国军队发生激战。结果,作为敢死队的第一大队于1937年12月10日傍晚进入城门,夺得了"率先入城"的"美名";不过,中国军队的防守并未崩溃,进入城门的日军反而成为守军的"瓮中之鳖",根本无法真正入城。激战两天三夜之后,守军于13日凌晨放弃城门,第三十六联队由此方得进入城内。

---

① 所谓供养塔,是一种供养死者的塔形建筑,它源于印度佛教,后传入中国和日本。
② 「賀陽宮殿下・戦跡を御視察 寒風荒ぶ光華門頭 御感激殊に深し 空から南京へ御成り」『東京朝日新聞』1938年1月20日夕刊、第1版。

由于光华门是日军在南京的"率先入城"之地,而作为国民政府首都的南京又是日军发动军事侵略的直接目标之一,因此,自日军进入光华门的消息传至日本国内,光华门之名就迅速进入日本人的视野和记忆之中。1937年12月15日,为参加日军在南京举行的合同慰灵祭,西本愿寺管长大谷光照来到南京。期间,他特地拜访了攻入光华门的第三十六联队,以表祝贺之意。同时,他还在专人引导下,到光华门进行"圣地"巡礼,凭吊战死士兵。① 此后,随着南京一带的战事告一段落,日军逐步掌控了这里的局势。

但在社会秩序逐渐稳定之后,占领者仍然没有清理光华门的废墟。1939年1月19日,伪维新政府行政院院长梁鸿志下令对南京汉西门、光华门、中山门附近损毁的城墙进行修复。但日军占领当局立即指示,光华门的东侧城墙作为"战绩保留,不必修理"。② 于是,在南京沦陷时期,尤其是汪伪政权成立前,光华门便一直维持着"废墟"的状态。也就是这样一片废墟,成为众多日本人心驰神往的"圣地"。③ 甚至那些无法来到南京的人,也可以通过文字、图像、音乐等各种媒介不断接收关于光华门的信息,并由此建构了关于光华门的集体记忆。

那么,表面上一片废墟的光华门是如何成为战争时期日本人的"圣地"的?或者说,日本人与光华门之间发生了怎样的关联?对

---

① 「光照師、南京入り」『東京朝日新聞』1937年12月16日朝刊、第11版。
② "督办南京市政公署":《关于修筑汉西门等处城墙》,"督办南京市政公署"档案,南京市档案馆藏,1002-1。转引自经盛鸿《南京沦陷八年史:一九三七年十二月十三日至一九四五年》(增订版),社会科学文献出版社,2013年,第664页。
③ 「光華門」『東京朝日新聞』1941年8月9日夕刊、第2版。

此,学界还没有进行过专门的研究。目前,国内学者主要关注的是战争遗迹的现状,以及如何利用和开发现存的战争遗迹,尚未注意到战迹在战时的作用。① 相对而言,日本对战迹给予了更多关注。在日本语境中,战迹大体可分为三类:一是狭义的界定,即战斗之后遗留的痕迹,大而言之可以指一处战场,小而言之可以指一堆遗骨、一个钢盔。② 二是在狭义战迹的基础上加以延伸,将对战死者的慰灵与显彰设施也视作战迹,因此墓地、纪念碑、忠灵塔,乃至展览馆、博物馆、纪念馆等场所也被归入此列。③ 三是更为宽泛的界定,即除了战争遗迹及相关历史、文化遗产外,还包括了战争经过之地的人

---

① 李鑫:《中国抗日战争遗迹、遗物、纪念设施现状考察》,《中国人民抗日战争纪念馆文丛》(第6辑),2011年4月,第102—109页;金周溶、廉松心:《中国辽宁省境内"九·一八事变"遗迹及其有效利用》,《北华大学学报》(社会科学版)2019年第4期,第33—40页。等等。
② 「支那事変戦跡見学資料」、JACAR(アジア歴史資料センター)Ref.C11111990800、(未标明时间)「支那事変戦跡見学資料」第4画像(防衛省防衛研究所);戦争遺跡保存全国ネットワーク編『戦争遺跡から学ぶ』岩波書店、2003年。
③ 高山陽子「戦跡観光と記念碑」、亜細亜大学国際関係研究所編『亜細亜大学国際関係紀要』第20巻第1・2合併号、2011年、185—230頁。值得注意的是,此种意义上的战迹既包括战争时期的遗产,也包括战争结束后才制造出来的物质空间,如博物馆等。因此,战迹观光也就包括战争时期和战后直至今日的较长时段。而在如此长的时段中,观光者和观光对象都发生了巨大变化,因而观光的意义也完全不同。有的是基于一定的信仰,或者出于对死者的悼念与崇敬心理而参观战迹,是谓"巡礼";有的则出于学习或者纯粹旅游的动机,此可谓见学或观光;有的则是抱持怀旧的情感故地重游,这在某种程度上可名之为"乡愁"。荒山正彦对旅顺观光的研究就揭示了这一面向。参见荒山正彦「戦跡とノスタルジアのあいだに:『旅順』観光をめぐって」『人文論究』第50巻第4号、2001年2月、1—16頁。

文地理、社会环境等各方面的内容。①

由于第三种界定过于宽泛，本书暂不讨论。实际上，日本学者最为关注的是第二种含义。这是因为，从狭义的战迹很自然地就会延伸到对战争的纪念，以及对战死者的祭祀、慰灵与显彰等问题。另外，这也与战后日本人对战迹的认知过程有关：以冲绳战迹来说，在1960年代以前，战迹是与"慰灵塔"或"慰灵碑"同义的；到了1970年代，曾在战争时期令多人丧命的钟乳洞开始被纳入战迹的范围；而今，包括战前和战时在内的与战争有关的各种遗迹均被视为战迹。② 日本学界的研究正是从战后的战迹处理问题开始的，因此首先关注的就是碑塔形制的慰灵设施、遗骨的收集与纪念，以及战迹观光的演进等。③ 在笔者看来，狭义上的战迹以及随后建立的慰灵与显彰设施固然有紧密的联系，但将二者分开讨论似乎更能深入地了解它们的特质。因此，本章主要讨论的是狭义上的战迹，第二章再单独讨论日军

---

① 1938年，日军恤兵部编制发行了《中国事变战迹之栞》（支那事变戦跡の栞）一书，作为战地士兵的慰问品进行发放。该书所谓的战迹，就是这样一种极为宽泛的用法。它通过文字、照片、绘画、地图等形式，简要介绍了战争所到之处的基本情形。该书对其旨趣如是写道："本书大体以占领地为中心，使读者体验、追忆实战之经过，并了解支那实况、人文地理，以为战地士兵提供便利。"参见陸軍恤兵部「刊行の趣旨」、陸軍画報社編『支那事変戦跡の栞』陸軍恤兵部、1938年（无页码）。当代学者在此种意义上使用战迹一词的案例，参见太平洋戦争研究会編、水島吉隆著『図説満州帝国の戦跡』河出書房新社、2008年。
② 北村毅『死者たちの戦後誌：沖縄戦跡をめぐる人びとの記憶』御茶の水書房、2009年、33—35頁。
③ 福間良明『「戦跡」の戦後史：せめぎあう遺構とモニュメント』岩波書店、2015年；寺石悦章「沖縄の戦跡観光：慰霊から平和学習へ」『宗教と社会』第19卷、2013年6月、191—193頁。等等。

在南京的慰灵设施。

总之,尽管日本学者的成果较多,但与中国学者类似,他们的关注点大多仍在战争结束后的战迹处理问题上。就笔者所见,目前仅大平晃久等少数学者专门讨论过战时的战迹问题。他以太平洋战争时期日本在新加坡的"圣地"建构为主题,讨论了两种"圣地"的确立及其竞争关系。而这两种"圣地"的其中之一,就是新加坡的战迹。[1] 另外,粟津贤太也提出,在民族主义与"国民意识"形成过程中,战争所引发的群体性追忆起到了决定性作用。[2] 鉴于中国沦陷区的战迹与日本之间的关系尚不清楚,本章将考察陷都南京最为重要的战迹——光华门战迹。为此,首先就要回到战斗现场,明了日军所谓的"战绩"究竟如何。其次,还要了解关于战斗的叙述与神话是如何被制造和传播的。此外,伴随着战斗神话的制造与传播,战迹巡礼和战迹表象行为也开始大量出现,日本人与战迹的关系随之变得紧密而复杂起来。

二、战斗现场

为明了光华门之战在整场南京保卫战中的位置,在进入"战斗"前,有必要对南京城墙略作说明。南京城墙建于明初,分宫城、皇

---

[1] 大平晃久「南進の『聖地』昭南の成立—戦時下における高丘親王顕彰と戦跡巡拝—」『長崎大学教育学部紀要』第 4 巻、2018 年 2 月、281—290 頁。
[2] 粟津賢太「記憶と追悼の宗教社会学:追憶の共同体をめぐる考察」『南山宗教文化研究所研究所報』第 26 号、2016 年、29 頁。

城、内城和外城四层，一般所说的南京城墙实指内城。内城长三十多公里，依地势而建，主城区即在其内。南京保卫战时，内城是最后一道防线，而中华门、光华门以及中山门等地的战斗尤为激烈。从城门建设的规格与防守难易来看，中华门、水西门和通济门的构造较为复杂，都有三重瓮城和四道城门，要进入城内必须打破多重防御，而城内守军则可"瓮中捉鳖"。此外，中华门外还有雨花台等高地，彼此互为犄角，能够有效压制敌军的进攻。

光华门旧称正阳门，在明朝时作为都城的正门而存在，因此历史上的光华门同样有多重瓮城。但到南京保卫战之时，仅有一重内瓮城（见下图）。当时，光华门外的护城河宽约135米，水深约4米，城墙高约13米。通向城门的道路被反战车堑壕和五条拒马阻绝，道路两侧以五条铁条网加固。城门两侧和城墙内设置了十数个机关枪，守备这里则是国民党方面的第87师与教导总队等。[1] 与中华门相比，光华门的守卫并不占优势。但据日方资料记载，日军在中华门一带战死223人，伤1041人。[2] 光华门一带则战死257人，伤546人。[3] 这些数字未必准确，但大体可以表明日军在光华门的战死比例远高于中华

---

[1] 南京戦史編集委員会編『南京戦史』偕行社、1989年、53頁。另参见「中支方面に於ける行動概要　自昭和12年9月9日至昭和14年7月11日　步兵第36連隊」、JACAR(アジア歴史資料センター)Ref.C11111793100、昭和14年、第27画像(防衛省防衛研究所)。

[2] 「其3　中華門の戦跡」、JACAR(アジア歴史資料センター)Ref.C11110534100、昭和13年11月、第5画像(防衛省防衛研究所)。

[3] 「中支方面に於ける行動概要　自昭和12年9月9日至昭和14年7月11日　步兵第36連隊」、JACAR(アジア歴史資料センター)Ref.C11111793100、昭和14年、第35画像(防衛省防衛研究所)。

门。这一较为异常的死亡数字,正是日军"率先入城"的代价。

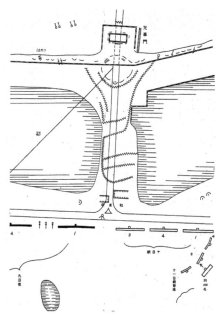

图片说明:

本图上方为南京城墙和光华门,中间阴影部分为护城河。城内与城外虽然连通,但设置了诸多的铁丝网战车壕。12月9日,胁坂部队已经到达城外,但此时城外仍有中国军队在活动。敌我双方呈交错态势。

图片来源:

「挿図第1〜第11　南京付近支那軍防禦編成表要図他」、JACAR(アジア歴史資料センター) Ref. C11111745200、昭和12年、第15画像(防衛省防衛研究所)。

图 1-1　光华门攻击态势要图

正面攻击光华门的步兵第三十六联队初创于明治二十九年(1896),驻扎在福井县鲭江市。全面抗战爆发前,该联队曾先后参加过1928年的济南事变和1932年的"八·一三"事变,1935年以后驻扎在中国东北的伪满境内。① 1937年中日战争全面爆发,第三十

---

① 原寿満夫「歩兵第三十六連隊略史(付記・大東島展開)」、歩三六記念刊行会編『歩兵第三十六連隊戦友会誌』(合同慰霊祭記念号)、1983年11月、48—49頁。

六联队于1937年9月9日接到第九师团下达的动员令,9月19日动员结束,次日出发。此时,该联队长官为胁坂次郎,因此通称为胁坂部队。在上海,胁坂部队参与了苏州河的战斗,后经苏州、无锡迫近南京。①

　　1937年12月9日凌晨5点左右,胁坂部队到达光华门外的护城河一线,光华门之战正式打响。当时,胁坂部队的指挥部设置在光华门外的防空学校,第一大队(大队长为伊藤善光少佐)在主路北侧展开,负责主攻光华门;第二大队在第一大队左侧,准备进攻通济门;第三大队作为预备部队,负责警戒防空学校的西南方向(即中华门和雨花台)。作战开始后,日军以两门山炮轰击城门,但城门之内填满了沙袋、木材,因而无法通过。为此,日军又组织敢死队冲到城门附近,准备以炸药爆破。但没有成功,到晚上又被守军填充起来。在此期间,撤退到南京而未能入城的中国军队仍有不少,以致胁坂部队与旅团的联络都难以畅通。不仅如此,雨花台和紫金山的阵地此时也在中国军队手中。他们对冲到光华门外的日军进行了猛烈的炮击,致使日军伤亡不断。10日上午,旅团方面运来了枪炮弹药,并命令第一大队于下午5时30分突入城内。② 当天下午3时,联队长胁坂次郎命令再次炮击城门,并命第一大队准备进攻。下午5时,第一大队队长伊藤善光命第一中队(代理中队长山际喜一少尉)发起

---

① 「中支方面に於ける行動概要　自昭和12年9月9日至昭和14年7月11日　歩兵第36連隊」、JACAR(アジア歴史資料センター)Ref.C11111793100、昭和14年、第3—17画像(防衛省防衛研究所)。

② 南京戦史編集委員会編『南京戦史』、176頁。

突击,第四中队(中队长葛野旷中尉)紧随其后,一举冲入城门之内。此时,联队长立即下令:"赌上第一大队全灭,也要确保光华门!"①

胁坂部队"率先入城"后,"美名"随之而来。10日晚,《东京朝日新闻》与《大阪朝日新闻》同时刊出第二号外,抢先报道了胁坂部队占领光华门,突入南京城的消息。② 次日晨,《朝日新闻》③、《读卖新闻》等日本主流报纸纷纷发表大本营的正式公告:"军之一部于12月10日下午5时占领光华门,城墙上日章旗高高飘扬。"④

除了大本营的正式公告,《朝日新闻》还绘声绘色地描述了胁坂部队攻入光华门的整个过程:"9日上午5时半到达南京城光华门正面的胁坂部队,冒着城墙之上的枪林弹雨,对敌军最后的抵抗持续进行极其凄壮的攻击。10日下午5时,拼死爆破成功了,光华门的一部分被破坏,我军迅速突入。5时20分,城墙上高高飘起日章旗。此时,沐浴着西沉的夕阳,我首先登城的勇士全力挥舞着日章旗,看

---

① 以上关于胁坂部队攻入光华门的作战情况,参见「中支方面に於ける行動概要 自昭和12年9月9日至昭和14年7月11日 歩兵第36連隊」、JACAR(アジア歴史資料センター)Ref.C11111793100、昭和14年、第25—30画像(防衛省防衛研究所)。另,本书对日文资料的直接引用,如无特别说明,皆笔者所译。
② 「南京城門に日章旗! 皇軍怒涛の如く突入 城内で市街戦」『東京朝日新聞』1937年12月10日第二号外。「皇軍、光華門を占領 脇坂部隊南京城内に突」『大阪朝日新聞』1937年12月10日第二号外。
③ 1940年9月1日之前,该报分为《东京朝日新闻》和《大阪朝日新闻》两支;此后,两支共同改称为《朝日新闻》。简省起见,文中通称为《朝日新闻》。
④ 「歴史に刻む輝く大捷 南京城門に日章旗 城内の残敵頑強抵抗」『東京朝日新聞』1937年12月11日朝刊、第1版;「感激の十日 首都を占領 光華門脇坂部隊誉れの一番乗り 全線一斉に突入市街戦展開」『読売新聞』1937年12月11日朝刊、第1版。

到这一意味着敌都南京陷落的场景,我等不禁流下感激之泪。"① 在这篇报道中,胁坂部队不仅先于全军第一个冲入城门之内,而且登上了城墙,挥舞起日章旗。

但事实上,当时的胁坂部队虽进入了光华门的第一道城门,却遭到有力阻击,并未真正入城,也未能登上城墙。所谓的"日章旗在城墙上高高飘扬""扫荡城内之敌",俱是虚假报道。在次日的夕刊中,相关报道便不得不改口说"南京陷落的命运已经近了"②,而非已经陷落。《读卖新闻》同样在 12 月 11 日报道了大本营陆军部发布的南京陷落的通告,并进一步说:"太平门、中山门、光华门、共和门、武定门、中华门、水西门等各城门已次第归入我军的野田、大野、富士井、胁坂、长谷川、冈本(镇)等部队之手,至十日傍晚,各城门已经高高飘扬着令人感激的日章旗。"③ 但在当日的夕刊,日军各部队正与中国守军激战的报道又重新登载。④ 历史不能假设,但也不妨作一假想:假如日军很快占领了南京,这些报道是否就会被误以为真?至少对日本人而言,这些报道就构成了他们关于光华门记忆的最早要素。当然,如此罔顾事实的虚假新闻很快就不攻自破。关于光华门的记忆基础,也还处于变动之中。

---

① 「歴史に刻む輝く大捷　南京城門に日章旗　城内の残敵頑強抵抗」『東京朝日新聞』1937 年 12 月 11 日朝刊,第 1 版。
② 「敵の回答遂に来らず　皇軍・断乎攻略の火蓋　南京落城の運命迫る」『東京朝日新聞』1937 年 12 月 11 日夕刊,第 1 版。
③ 「海軍機爆撃　南京攻略戦」『読売新聞』1937 年 12 月 11 日朝刊,第 1 版。
④ 「今朝南京城猛攻撃　工兵隊光華門を爆破　砲声殷々城内の敵と激戦」『読売新聞』1937 年 12 月 11 日夕刊,第 1 版。

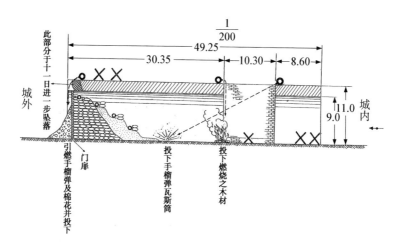

图 1-2 光华门纵断面图

图片说明：

上图左侧为城外，右侧为城内。日军突破城门内的堆积物之后，距离城内还有一定距离。而在入城的途中，城墙上以及城内的守军都给进入城门的日军以有力阻击，使日军在此伤亡惨重。

图片来源：

「挿図第 1～第 11　南京付近支那軍防禦編成表要図他」、JACAR（アジア歴史資料センター）Ref. C11111745200、昭和 12 年、第 17 画像（防衛省防衛研究所）。

事实上，进入光华门并不意味着南京的陷落；相反，进入城门的日军反而腹背受敌。尤其是在联队长下达死守城门的命令之后，第一大队的士兵一批批冲入城门，随后就遭到守城之军集中火力的阻击。10 日傍晚，第一大队长伊藤善光亲自带领第三中队携带弹药补给冲入城门。但当晚 9 时，伊藤就被手榴弹炸死，成为光华门一战中职级最高的日军战死者。至 11 日凌晨,守城的中国军人又向城门内的日军投放催泪瓦斯,并投下木材和油,放火焚烧,致使城门内的日军士兵伤亡甚重。不仅如此,由于日军的野战重炮兵大队以及独立重炮兵中队接到命令,前去支援攻占飞机场附近的阵地,以致在 11 日的战斗中,光华门的日军更加被动。直到 12 日,炮兵部队才重新发挥作用,压制住了中国军队的火力,并将城门右侧五十米处的城墙炸开,形成了一个可以登城的斜坡。上午 9 时 30 分,日军在城门内的步枪一分队带着两挺轻机枪、一挺机关枪登上城墙。但在日军炮击中止后,守城的中国军队立即反击。登上城墙的日军弹药殆尽,死伤大半,终于退到城门之内。下午 2 时 30 分,联队长将城门外的第一大队残部编成竹川集成中队,交给第二大队长桧皮少佐指挥。桧皮企图命第七中队增援集成中队,再次向城门内补给弹药和粮秣,但没有成功。因此,城门内的日本士兵只能被动地守在城门之内,直到下午 4 时许,城门内的日军才获得补给。即使如此,城门内的日军仍然是被动挨打。鉴于此,联队长胁坂次郎于 13 日凌晨制定了《南京攻击计划》,准备从早上 8 点开始实施猛攻,争取 10 点前冲上城墙。但令日军意想不到的是,13 日凌晨以后,城墙上的枪声和手榴弹便渐次减弱,到清晨 4 点时完全停止。侦查发现,守军已经自行撤退。[1] 于是,在日军新的攻击计划实施之前,南京

---

[1] 以上关于胁坂部队在光华门外的作战情况,参见「中支方面に於ける行動概要 自昭和 12 年 9 月 9 日至昭和 14 年 7 月 11 日 歩兵第 36 連隊」、JACAR(アジア歴史資料センター)Ref.C11111793100、昭和 14 年、第 31—34 画像(防衛省防衛研究所)。

陷落。

以上是光华门之战的大概经过，其中最值得注意的就是，尽管胁坂次郎知道贸然进入城门的代价（第一大队或将全灭），但为了"率先入城"的荣誉，他甘愿付出如此代价。最终的结果也确实如此，尤其是在那些敢死队员的战斗手记中，战斗之惨烈以及情绪之绝望都非常清晰地流露出来。《读卖新闻》记者获取了进入光华门内最后存活下来的三个士兵的手记，在这份手记中，亲历者/记录者所体验到的"惨烈"触目皆是：身边的众多战友或死或伤，敢死队跨过一个个倒下的战友实现了"率先入城"。但是，进入城门以后迎来的却是更加激烈的炮火，黑夜之中中国守军"要在两重的像堑壕一样的门里把我们烧死"。此外，弹药、粮秣均告匮乏，援兵与补给却迟迟不能跟上。因此，与其说进入城门的士兵取得了胜利，不如说是进入了地狱。到了 12 日，"战死〇〇（引者按：原文如此），负伤十五，（死亡的）命运只是时间问题"。存活者之一向井鹤松告诉记者："在堑壕战斗时，还要向城外的战友叫喊着送弹药来。城门上懂日语的支那兵说：就这样能占领吗！遗憾的是，哭啊哭啊，没有办法。于是大家说：没人给我们送弹药了。大家把仅有的弹药上膛，如果敌人来夺日章旗就狙击他们。如果力气耗尽了就抱着日章旗死吧。"① 不可否认，在日本国民读来，这些记录确有"悲壮"的意味，但更多地还是士兵对战斗之"惨烈"的真实感受，以及看不到胜利的绝望。

---

① 「光華門の一番乗り生残り 3 勇士の手記/南京陷落」『読売新聞』1937 年 12 月 16 日朝刊、第 1 版。

对日军而言,这种"惨烈"与绝望本来是可以减轻的,但在各部队争抢"率先入城"之"荣誉"的竞赛中,又似乎不可避免。不过,这种绝望不是日本所需要的,也不是日本国民想要看到的。在《读卖新闻》对向井的挚友长濑谦采访时,长濑开口便说:"向井这家伙,干得好。"①如果长濑氏看到上述手记,又会作何感想?

三、战斗神话

即使看到了战斗手记,也会将其视为"壮烈"的写照吧?伴随着光华门之战的开始,关于此一战斗的神话随之被制造和传播开来。这里所说的神话无关乎被叙述的内容是否为绝对的真实或虚假——但基本都掺杂着虚假的或缺乏依据的成分——而是关注战斗的哪些部分被突出和强调,又是否在群体之中获得认可与记忆。

自 1937 年 12 月 10 日胁坂部队进入光华门后,《读卖新闻》和《朝日新闻》等日本主流媒体就对这里的战斗进行了密切的追踪和报道。这些报道使一直期待南京陷落的日本国民记住了"光华门"这个名字,也记住了在这里战死和成名的步兵第三十六联队士兵。具体说来,它们对光华门之战的报道有诸多相同的内容,关于光华门之战的基本信息也由此构成了日本国民对光华门记忆的基础。例如,在进攻南京的战斗中,光华门是日本军队"率先入城"

---

① 「"向井、でかした" 光華門勇士の親友 武勲ををきいて躍り上る」『読売新聞』1937 年 12 月 18 日夕刊、第 2 版。

的地方；完成"率先入城"之举的部队是胁坂部队。① 此外，胁坂部队的第一中队代理中队长山际喜一也因带队"率先入城"而获得了朝香宫亲王授予的佩刀。② 如此等等。另一方面，不同报纸所关注和报道的内容也存在一定的差异。这些不同的报道对后续日本民众关于光华门的记忆有较为直接的影响，因而需要略作梳理。

1937年12月13日早上，日军占领南京的消息还没有传到日本国内③，《读卖新闻》在朝刊第1版以五分之四的版面展示了三张日军

---

① 《朝日新闻》的相关报道参见「皇軍、光華門を占領　脇坂部隊南京城内に突入」『大阪朝日新聞』/『東京朝日新聞』1937年12月10日第二号外；「祝・敵首都南京陥落　歴史に刻む輝く大捷　南京城門に日章旗　城内の残敵頑強抵抗」『東京朝日新聞』1937年12月11日朝刊、第1版；19371212「南京城一番乗りを観戦　爆破の穴へ決死隊　見る間に日章旗　腕も折れよと振る姿」『東京朝日新聞』1937年12月12日朝刊、第11版；「暁の万歳十五名　光华门攻略　七十四勇士の決死行」『東京朝日新聞』1937年12月13日号外、第2版。《读卖新闻》的报道参见「感激の十日　首都を占領　光華門、脇坂部隊譽の一番乗り　全線一齊に突入市街戰展開」『読売新聞』1937年12月11日朝刊、第1版；「光華門内の掃敵戰　南京攻略戰」『読売新聞』1937年12月12日夕刊、第1版；「報道陣・南京一番乗りの感激　唯一人大城門攀じて必死うち振る日章旗」『読売新聞』1937年12月13日夕刊、第4版。此外还有《东京日日新闻》，参见「日本軍、南京城の一角を占拠　殊勲の脇坂・大野部隊」『東京日日新聞』1937年12月9日号外；「日本軍、南京城太平門を占拠　南京市街に突入東、南の城門を占拠」『東京日日新聞』1937年12月10日号外。等等。

② 「朝香中将宮殿下　佩刀を賜う　光華門一番乗り・山際喜一少尉」『東京朝日新聞』1938年2月7日朝刊、第11版；「朝香宮殿下　軍刀を下賜　光華門一番乗りの山際少尉/日中戦争」『読売新聞』1938年2月7日朝刊、第7版。

③ 直到12月13日下午4时，上海派遣军才正式公布通告："我扫荡南京城内之部队至十二日夜仍继续攻击，十三日上午三时大野部队突破中山门，杀入城（转下页）

爆破光华门的图像。① 次日,该报的朝刊头版头条继续展示光华门的爆破场景。画面中,三个日军士兵守卫着军旗,一个敢死队的工兵脱帽鞠躬致敬。虽然看不到士兵的表情,但其所描绘的"无声的告别"和"视死如归"的"悲壮"十分强烈地传达了出来。②

《读卖新闻》把从事爆破的工兵作为神话的"主角",《朝日新闻》则关注冲入城门内和城墙上的士兵,以及士兵挥舞着的日章旗:

> (爆破成功后)勇敢的步兵们纷纷过桥,冲入光华门内,一队又一队。终于,伊藤部队的主力占领了光华门!在硝烟弥漫的薄暮中,沐浴着夕阳的日之丸旗升了起来。敌人的沙袋现在成了昭示我军将士占领之荣誉的日章旗的掩体。两面、三面,旗帜左右摇摆,胡乱地摇摆着。由于猛烈的枪声,我们听不到城墙上勇士们呼喊的万岁之声,但从那摆动的旗帜中,我们很清晰地感受到了那充满感激的颤抖的万岁之声。③

(接上页)内,敌人的抵抗也渐渐衰弱,早上,敌军抵抗的据点中央军官学校、国民政府等重要机关相继落入我手,现在城墙部分已经全部占领,第一线部队正对城内北部地区之敌进行扫荡。"参见「南京城内・皇軍の奮戦　遂に国民政府占領/パネー号事件」『東京朝日新聞』1937年12月13日号外、第2版。

① 「南京城門爆破!」『読売新聞』1937年12月13日朝刊、第1版。
② 「悲壮! 軍旗に決別する工兵決死隊員　南京城門爆破の直前/南京攻略戦」『読売新聞』1937年12月14日朝刊、第1版。
③ 「南京城一番乗りを観戦/爆破の穴へ決死隊　見る間に日章旗　腕も折れよと振る姿」『東京朝日新聞』1937年12月12日朝刊、第11版。

这篇报道描绘的是冲入城门内的敢死队"勇敢"战斗的场景,传达着胜利与昂扬的激情;《读卖新闻》展现的则是轰击城门和城墙的过程,工兵队员与军旗诀别的场面尤其"悲壮"。值得注意的是,在这篇报道发出之时,伊藤部队(即第一大队)的大队长伊藤善光已经战死,但该篇报道并未提及此事。而在该报道的次日,《朝日新闻》才刊载了伊藤善光战死的消息。在这篇报道中,记者生动地描绘了伊藤指挥作战时的"英姿"和中弹时的场景:"伊藤少佐指挥部下,意气冲天!敌人发射的非人道的毒瓦斯、手榴弹如雨般袭来,其中一枚不幸命中。"①这里描绘的场景虽还不够具体,但已经预示了伊藤在战争时期的"英雄"形象,这成为后来日本国民记忆光华门的重要组成部分。

光华门是日军在"敌都"南京"率先入城"的地方,而伊藤善光又是此地日军战死者中职级最高的一个,因此,伊藤善光的神话迅速传开。1937年12月15日上午,某部队长来到空气中还带着血腥味的光华门城头,听取了率先进入城门并存活下来的山际和葛野两人对战斗经过的讲解。听闻伊藤"勇壮悲绝"的事迹后,他不禁感慨,将伊藤与日俄战争中被誉为"军神"的橘中佐②相比

---

① 「死を以て守り続く　一番乗り日章旗　伊藤少佐城門に散る　独眼竜の猛将」『東京朝日新聞』1937年12月13日朝刊、第11版。

② 橘周太(1865—1904),通称为"橘中佐",日本长崎县人。1887年陆军士官学校毕业,后任近卫师团附,东宫武官,1901年任陆军户山学校教官,日俄战争时为步兵第34联队第一大队大队长。在1904年8月31日夜间攻击辽阳外围148高地的战斗中,身负七处重伤仍坚持指挥到死,被明治天皇追封勋四等、功四级,追晋陆军中佐,并指定第三师团的副官国司少佐教育橘的儿子。在他的故乡长崎(转下页)

拟。① 很快,伊藤战死的事迹进入大众视野,成为"美谈"。② 在此过程中,"勇壮悲绝"也由抽象的形容词逐渐变得具体,伊藤善光关爱下属,伊藤部队上下一心的形象通过几个瞬间的呈现变得生动起来。1939年5月,一支庞大的"小学教员大陆视察团"来到中国,进行了规模极大的"视察"和参观活动(详见下文),这支队伍的核心成员为淀桥第七小学校长能势祐夫。在能势公开发表的信件中,他细致地描绘了战斗之时的场景:伊藤让自己处于危险的位置,以庇护部下;而当部下请求伊藤到安全的地方时,伊藤的右肩和右腿被击中,一旁的上等兵也被击中左眼。该上等兵想要抱起伊藤,但伊藤知道已经来不及了,于是便将自己在上海事变中领受的假眼送给了上等兵。与此同时,他还安慰着身旁的一个重伤的二等兵。就在这时,伊藤又中一弹,终于战死。③ 显然,这些生动的细节均是讲解者告知的内容,经能势转述后,更多的日本人得以知晓。

更为著名而感动日本国民的,是伊藤善光在战死之前点名的场景。就笔者所见,相关信息最早出现在1937年12月19日的一条报

(接上页)县千石村树立铜像。他为日皇奋战至死的故事被编为《军神橘中佐》的军歌在小学生中传唱,用来宣传军国主义思想。参见国务院外事办公室编著《日本人物辞典》,国务院外事办公室,1959年,第3311页。

① 「光華門に偲ぶ・軍神伊藤少佐 重傷の部下を小脇に火中・慈愛の点呼 壁上に毅然"鮮血の像"」『東京朝日新聞』1937年12月19日朝刊、第11版。
② 朝日新聞社編『上海・北支戦線美談』(第4輯)、朝日新聞社、1938年、35—39頁。
③ 「大陸便り 第6信 胸打つ突撃路 雨花台に激戦を偲ぶ 能勢淀橋第七校長」『東京朝日新聞』1939年6月10日朝刊、第10版。

道中,但缺少细节。① 1939年10月19日夜,原伊藤部队的战死者遗属和士兵拜访了伊藤的遗属。夜深人静,他们说起了那次"悲壮的点名":光华门内,在沾染鲜血的日章旗下,伊藤抱着重伤的士兵呼喊着部下的名字:"葛野中尉在吗?山际少尉,杉山少尉,村田军曹,你们在吗?"就在这时,一枚手榴弹击中伊藤。② 与此相前后,点名的场景被梁川刚一描绘成一幅画,取名《光华门上慈爱的点名》。在这幅画中,伊藤善光位于整个画面的中心位置,立于城门之内。他左手抱起重伤的士兵,右手拿着指挥刀,头戴钢盔,面向其他士兵。黑色的胡须之下嘴唇微张,像是在呼喊着某人的名字。其他士兵位于左下角的堑壕中,其中一人举手张口,像是在应答。画面背后一片黑暗,点缀着几处闪耀的火光。在这幅画的旁边,还有文字简要描述了"慈爱的点名"以及伊藤善光战死的经过。③ 于是,通过交谈、文字和图像等方式,伊藤死前点名的场景便被纳入日本国民关于光华门的记忆之中;④反过来,死前点名的场景也使关于光华门的记忆变得更加具体而生动。至于死前点名的真实场景是怎样的,笔者无法妄断。而从在场者森国年男的战时手记来看,此事值得怀疑。森国是一个参加了光华门之战并进入光华门的上等兵,他曾记录了伊藤战死前后的场景:

---

① 「光華門に偲ぶ・軍神伊藤少佐　重傷の部下を小脇に火中・慈愛の点呼　壁上に毅然"鮮血の像"」『東京朝日新聞』1937年12月19日朝刊、第11版。
② 「光華門勇士の遺族つどう　部隊長の未亡人が"涙の点呼"　ようこそ皆さま」『読売新聞』1939年10月20日朝刊、第7版。
③ 国史名画刊行会編『興亜の光:聖戦美談』省文社、1939年(无页码)。
④ 川島渉、伊東峻一郎『少年愛国戦陣訓物語』小学館、1941年、162—177頁。

伊藤部队长抱着受伤的士兵,含泪说道:"日章旗下含笑而死吧,我随后就到。"我心有戚戚地流泪了,想都没想地奋勇杀敌。这时,慈父一般的伊藤部队长在光华门内名誉战死,没有留下任何遗言。手榴弹在眼前"咣"地一声就爆炸了,碎片向我飞来,耳朵像是聋了一样呆在那里。很快,我恢复了意识,只有葛野中尉和副官还在,青木伍长也名誉战死了。①

可见,即使伊藤善光确实曾在光华门内点名,也不太可能是中弹之时仍在点名。退一步说,即使点名确实发生在伊藤中弹之时,这件事对亲历者森国而言也并不值得特别书写。只是,在后来经过神话渲染之后,这件事才为众人所熟知。进而言之,光华门的战斗固然激烈,也要经过神话化的处理,并通过各种媒体传播之后,才进入日本国民的记忆之中。而在光华门成为"圣地"之后,它便成为一个有"魔力"的场,吸引日本人来到战迹所在之地巡礼膜拜,聆听关于"率先入城"的历史"神话"。

四、战迹巡礼

狭义的"巡礼"属于宗教活动,它指的是离开日常生活的世俗空间,前往远方的、非日常的神圣之地,从而接近、接触神圣事物,最后

---

① 「今ぞ判る一番乗りの勇士　戦友の屍に埋れ死守　勝てり　陛下の兵　光華門地獄の60時間血涙記」『東京朝日新聞』1937年12月23日朝刊、第11版。

重返日常空间的过程。① 不过,在现实使用中,巡礼的对象有时也会超出宗教的领域,展现出"世俗性"的一面。仅就侵华战争时期而言,"巡礼"的对象除了宗教②,还有特定的人物、特定的地域、特定的风俗等,③战迹亦在此列④。与宗教巡礼的纯粹性和神圣性相比,战迹巡礼几乎总是与其他活动串联在一起的,是伴随着或相关或无关的各种目的的。那么,战迹巡礼是否就因此丧失了神圣性,变成极其世俗的社会活动呢?

在旅行中加入战迹巡礼的环节,是近代日本旅行观光的特色之一。中日甲午战争后,尤其是日俄战争后,旅顺等地的战迹成为日本人巡礼参观的重要对象。⑤ 甚至在旅行指南中,战迹之地也常常会作为重点予以推荐。而且,其对一般观光消费场所的介绍大多是不带感情的说明,而在叙述战迹之地时,则会换一种语气。例如,在1938年出版的《最新中国旅行指南》中,作者对上海战迹的介绍语为:"在昭和七年(1932)的上海事变及本次的日支事变中,皇军的活跃场所请一定拜访,并慰问勇士遗灵。为了东亚的和平,请潜心静思。"至于南京的战迹,作者更是以理所应当的语气写道:"简要地

---

① 星野英紀『巡礼:聖と俗の現象学』講談社、1981 年、62 頁。
② 鈴木剛『メッカ巡礼記』地平社、1943 年;天沼俊一『印度仏塔巡礼記』(上下冊)秋田屋、1944/1945 年。
③ 关于人物的"巡礼",参见ダイヤモンド社編『世界人物巡礼』ダイヤモンド社、1938年;关于地域的"巡礼",参见須永欣夫『山村巡礼』木材経済研究所、1943 年;关于风俗的巡礼,参见和田篤憲『風土巡礼』日本公論社、1938 年。
④ 日本旅行会編『鮮満北支の旅:皇軍慰問・戦跡巡礼』日本旅行会、1938 年。
⑤ 前田利定『支那遊記』民友社、1912 年、147—157 頁。

说,到了南京,除了战迹以外,原国民政府之迹、秦淮河以及中山陵是三个最应该去的地方。"①可见,战迹巡礼,尤其南京的战迹巡礼,是日本人观光旅行的必然选项。在1940年出版的《满支旅行年鉴》中,战迹还被单独列为观光地的一个种类加以推荐。从日俄战争时期的旅顺战迹,到日本全面侵华战争之后的上海、南京、杭州等地的战迹,该书均进行了或详或略的介绍。其中,关于南京的战迹就详细叙述了光华门和中华门两地的战斗经过,并说明了南京之战的日军"战果"。② 此外,一些旅行指南还会推荐明确的巡礼路线③,从而使战迹巡礼在旅行活动中近乎制度化。

如果说旅行观光带有私人性质和娱乐色彩,那么出于各种目的而进行的"视察"活动则明显具有公务性质和政治色彩。本章开篇提到,早在1938年1月,日本皇室成员就开始进行战迹巡礼的活动。其后,类似的活动持续进行并不断扩大。1938年4月12日,时任日本陆军大臣杉山元来到上海。至15日的几日间,他先后去了吴淞口、大场镇、南京、杭州湾等地的战迹,访问了多支部队,并慰问各地伤员。在南京时,他"视察"了雨花台和光华门战迹,听取了关于当时激战的讲解。此外,杉山一行还与上海的陆军、海军以

---

① 後藤朝太郎『最新支那旅行案内』黄河書院、1938年、186頁、196頁。
② 日本国際観光局満洲支部編『満支旅行年鑑』(昭和十五年)博文館、1940年、233—250頁。
③ 如《上海》一书就对上海战迹的参观路线作了较为明细的安排:从吴淞路旅馆出发,经北四川路老难子路(坑洼地带)、北停车场、商务印书馆等,参观广中路、江湾镇、大场镇、闸北等激战地,前后历四小时左右。参见藤井清编『上海』ジャパン・ツーリスト・ビューロー(日本国際観光局)、1939年、75—76頁。

及外交当局举行会谈,并会见了新成立的伪维新政府行政院院长梁鸿志。① 像这样的日本官方"视察"与慰问活动还有很多②,战迹巡礼都是其中重要乃至不可或缺的环节之一。甚至是一些外国来访者,日军占领当局也会安排战迹巡礼的活动。1938 年 6 月 22 日,法国远东军司令官到达南京。在日本海军少佐的指引下,他"视察"了光华门、中山门等地战迹,并游览了中山陵、玄武湖等名胜。③

除了日本官方安排的"视察",各种社会团体的"视察"活动也极其活跃。1939 年举办的日本"小学校教员大陆视察团"就是其中规模较大,而且被持续追踪报道的一个。该团为朝日新闻社组织,以文部省为后援,由陆军省和海军省资助,分"北上团"和"南下团"两支队伍。《朝日新闻》在报道中称,该团此行的目的就是:"寻访皇军在大陆的勇战之迹,怀着感激之情,认识当地新东亚建设之圣业,以贡献于后方小国民之教育。"④ 在此,寻访战迹居于首位。实际上,"勇战之迹"不需要该团独自寻访,各地的日军占领当局已经做了周密的安排。在南京,担任招待和指引工作的是米花少佐。5 月 15 日

---

① 「上海・南京の杉山陸相」『東京朝日新聞』1938 年 4 月 22 日夕刊、第 3 版。
② 「竹田宮殿下、戦跡御視察　きょう飛行機で御帰還」『東京朝日新聞』1938 年 6 月 20 日夕刊、第 1 版;「畏し朝香中将宮、全戦線を御視察　きょう内地に御帰還」『東京朝日新聞』1939 年 4 月 14 日夕刊、第 1 版;「参謀総長宮御帰還　中支派遣軍を御視察/戦跡を御視察」『東京朝日新聞』1939 年 11 月 9 日夕刊、第一版。等等。
③ 「仏長官、南京を視察」『東京朝日新聞』1938 年 6 月 23 日朝刊、第 2 版。
④ 「大陸派遣教員・帝都の代表　精勤記録の主、淀橋第七の能勢校長」『東京朝日新聞』1939 年 4 月 22 日朝刊、第 10 版。

上午,米花带领该团参观了鸡鸣寺等地,并在拜访了海军武官部、总领事馆后,又游览了玄武湖、明孝陵、中山陵。当天下午,米花带领他们参观光华门和中华门战迹,"他以颤抖的声音讲述着首先登上光华门的胁坂部队伊藤善中佐'惊天地泣鬼神'的壮烈战死的场景,以及首先登上中华门城墙的长谷川部队安藤伍长的勇猛行动,一行人纷纷表示:'这些故事必须进入儿童教材。'"[①]将战争故事纳入教材,正是该团此行的最终目的,即"贡献于后方小国民之教育"。而作为故事之舞台的,则是依然保持着废墟状态的光华门。

  教材固然是一种便利且高效的教导途径,但将学生直接带到日军的占领地也是当时的常见做法。因为,这样可以使学生在战迹巡礼的过程中,确证听过或未曾听过的战争故事的"真实性"。同时,通过媒体报道,还可引起社会的关注。1939年1月,东京市立高田第五小学校六年级学生林久司和安宅佩三便在冬假之时来到上海和南京等地。报道称此行只有这两名小学生,但事实显然并非如此。在上海,他们慰问了上海各部队和医院的伤兵,1月6日晚上到达南京:

  7日早上到南京光华门参观战迹,他们听取大熊部队的士兵讲解占领光华门之时的英勇故事,满心感激。在伊藤中佐安眠地下的英灵之墓前祈祷冥福。下午访问南京市立小学校,受到全校儿童的热烈欢迎。与赠送各种土特产的支那小学生代表紧紧握手,并通过

[①] 「先生たちの大陸視察動静　北上団　光華門に偲ぶ」『東京朝日新聞』1939年5月17日夕刊,第2版。

老师翻译进行交流。此外,他们还慰问了医院的勇士,将从东京带来的朋友们所托付的作文一一送给士兵们。①

这些活动显然不是两个小学生所能组织和完成的,必然是某些团体在背后运作的产物。需要关注的是,两名小学生被带到南京后,他们首先来到光华门进行战迹巡礼。巡礼过程中,同样有占领军专门安排的人员负责接待和讲解,从而使战迹所呈现出的惨烈得到更具感情倾向的说明。换言之,作为记忆之场的光华门战迹由日本驻军掌控其阐释的主导权,战迹所承载的记忆就此转化为日本驻军所期待的内容。这样才能达到巡礼者"满心感激"的效果,才能使巡礼者对日军战死者"祈祷冥福"。而且,这种安排也与前述几种战迹巡礼基本相同,因而可以推断,占领当局已经对来自各方面的战迹巡礼做了程式化的安排。

另外,还有一些社会团体及其代表未经日本官方的邀请,便自发来到日军的占领地。1938年4月,日本福冈县土木建筑承包业行会联合会以慰问军队和"视察"防空设施的名义,来到上海、苏州、南京、杭州等地,进行了为期两周的"中支"之旅。回到日本后,他们刊印了报告书,详细记载本次出行的整个经历。出发前,他们解决了卫生防疫、团规团服、经费预算、船票以及慰问品的购置等问题,但仍需向本地官方和军方提出申请,从而获取介绍信,以便在到达目的地后能够得到占领当局的认可和接待。4月9日下午,该团到达

---

① 「慰問の両少年　兵隊さんや支那小学生から、南京で引ッ張り凧」『東京朝日新聞』1939年1月8日朝刊、第10版。

上海,立即拜访军特务部和军司令部。次日,他们即对吴淞镇、大场镇等地进行战迹巡礼,并参拜上海神社。11 日晚到达南京后,当晚即拜访当地驻军,商讨具体的行程安排。从次日早上 8 点至晚上 7 点,他们在石松中尉的指引下,巡礼光华门等处战迹,并游览了南京的诸多名胜,参观了多处防空设施。① 总之,尽管该团的行程是独自决定和组织的,但从出发前的准备工作到进行过程中的行程安排,都需要获得军队方面的认可。在战迹巡礼问题上同样如此,南京的占领当局甚至如接待官方团体一样,巡礼前会商行程路线,巡礼过程中安排专人指引、讲解,从而使战迹巡礼和其他相关活动达到预期的"感化"效果。

最后,还有一个群体不应忽视,那就是生活在南京的日本居留民。前面提到,巡礼的对象必须与日常空间保持距离,但对生活在南京的日本人而言,光华门仍是一处"神圣"的场域。尤其在南京陷落纪念日之时,他们就会被占领当局组织起来,举行庆祝活动,并到光华门和中华门等战迹之地巡礼、受训。1938 年 12 月 13 日,南京陷落一周年时,国防妇人会南京本部在日本人小学校举行成立仪式,随后举行"南京陷落庆祝仪式"。下午,三十多辆卡车载着居留民先后到中山门、光华门、中华门和挹江门等战迹进行巡礼,"清扫墓地,举行参诣,以感谢英灵。在光华门,他们还听取了大西少佐的现地讲演"。②

---

① 『中支皇軍慰問並に防空建築視察報告』福岡県土木建築請負業組合聯合会(非賣品)、1938 年。
② 「南京陥落 1 周年　きょう感激の式典　思出の戦跡を清掃」『東京朝日新聞』1938 年 12 月 14 日夕刊、第 1 版。

次年同日，类似的活动如期举行。① 就战争时期"巡礼"的宽泛语义而言，在南京的日本人对光华门战迹的瞻拜活动，同样可以视为战迹巡礼的一种。

以上，本节简要叙述了各种情形的战迹巡礼。那么，巡礼者看到的光华门战迹究竟是何种样态，他们又从中感受到、联想到了什么呢？明了此点，战迹的神圣性抑或世俗性问题便会清晰起来。1938年，日本诗人佐藤惣之助以从军记者的身份来到南京，并创作了《光华门》一诗："战车反复冲击而不毁/炮弹轮番轰炸而不破/这城门是中国的精灵/士兵以血肉之躯作炮弹，终于冲破/作为神国日本的火焰而冲破/**我为这神圣的火焰而感泣！**"（原文即加粗——引者。）② 佐藤的诗描绘的是他想象中的光华门之战的场景，在他的笔下，这是一幅闪耀着神圣之光的画面。光华门之战结束后，惨烈的战斗留下了惨烈的战迹。城门东侧的城墙因猛烈的炮击而坍塌，形成了一个从地面连接到城墙之上的斜坡。城墙外杂草丛生，土堆中掩埋着中日两军的各式各样的弹壳。中国士兵的遗骨、破旧的头盔，以及残存的军服等，因风吹雨打而暴露在外，无人问津。城墙的墙面上，城门洞内，留下的血迹渐渐模糊，无数的弹痕则清晰可见。③

---

① 「建設 2 年　新生南京の姿　あす皇軍入城 2 周年　沁み渡る日支提携　人口 60 万・繁栄の喜」『東京朝日新聞』1939 年 12 月 12 日朝刊，第 3 版。
② 佐藤惣之助『怒れる神：従軍詩集』足利書房、1939 年、144—145 頁。
③ 以上关于光华门战迹的描述，参见「破壊の跡に敢然、不屈の努力　涙ぐまし・我が宣撫班」『東京朝日新聞』1938 年 6 月 30 日夕刊，第 3 版；岩佐喜代子『女の見た戦場』宏英社、1942 年、27—36 頁；小林橘川『隨筆：支那』教育思潮研究會、1943 年、118 頁；宇原義豊『江南紀行：写真と国防』山水社、1943 年、32 頁。

另一方面，为日军战死者所立的墓标也触目皆是：城门之外、瓮城之内，还有城墙之上。墓标主要分两种，一种是标示地点的墓标，如写着"突击路开设之迹"的标示物；另一种则是战死者的墓碑，如日军战死者中军阶最高的伊藤善光的墓碑。

即使没有日军占领当局派人解说，战迹本身也足以诉说此次战斗的惨烈程度，但战迹所能表达的信息终究还是有限的。若无说明，巡礼者自身又不了解光华门之战的具体经过，这样的巡礼将会引发不同的观感。例如，土山铁次就是孤身来到光华门的。在这里，他看到了写着"突击路开设之迹"的墓标，不禁赞叹"皇军的赫赫战功"。但接下来，他并没有表达对以伊藤善光为代表的光华门战死者的感激，而是联想到全面战争爆发之初（1937 年 8 月 16 日）战死的梅林孝次大尉。[①] 对于中国人而言，这里更是记录国仇家恨的地方。甚至，在日军极为重视的光华门，还刻有"誓復國仇"四个大字。在一个从事广告事业的日本人光勇星郎的催促下[②]，"誓復國仇"四个字固然免不了被清除的命运，但依然让光华门记录下了中国人的心声。

总之，无论何种身份的日本人，不管出于何种目的，一旦来到南京，到光华门进行战迹巡礼都是其重要活动之一。在这里，他们感受到了战斗的惨烈，并通过解说人员讲述的战斗神话实现了情感的共鸣与激荡。至于战迹巡礼中神圣性与世俗性的问题，从光华门的

---

① 土山鉄次『怨を毀つ涙の握手：事変下大陸慰問伝道記』日本自由メソヂスト教会出版部、1939 年、136 頁。
② 光勇星郎述『中北支より満鮮へ』真相通信社、1938 年、17—18 頁。

案例来看，尽管战迹巡礼伴随着各种世俗的因素，但其神圣性并未因此而削弱。随着时间的推移，光华门战迹逐渐成为更大的群体，乃至所有日本人的集体记忆。战迹巡礼是这一过程的重要推动力，而更多的日本人则没有到过战迹现场。于是，各种媒介表象和再表象的战迹，便成为他们认知光华门战迹的主要途径。

五、战迹表象

作为一种物质实体的战迹不可复制，但是，通过图像（绘画、照片等）、文字（游记、诗歌、小说等）、音乐等形式，不可复制的战迹便会以可复制的样态呈现出来。当然，此种呈现绝非完全复制，而是对战迹的表象与再表象。在战迹表象的过程中，表象者的个人认知、主观情感，以及其他外界因素都会影响表象的结果。为此，首先就要了解战迹表象的制作过程。一般而言，只有来到了战地、参观过战迹的人才可能进行战迹表象。① 除了士兵，主要就是记者、画家、作家、诗人等来自专门领域的人员。而他们之所以能够来到战地现场，获取战迹信息，则是在特定的从军制度安排下才得以实现的。

以从军画家来说，至迟到明治维新以后，日本的画家就直接进

---

① 当然，并非所有人都是在战迹巡礼之后才进行战迹表象的。日军上等兵谷口龙起并未参加光华门之战，但因与参加过此战的军曹森国年男在同一病房治疗，因而创作了一幅南京的画作送给森国。而且，这幅画还被《东京朝日新闻》刊登出来。参见「傷つく腕に彩管　1周年に捧ぐ　血の光華門を描く」『東京朝日新聞』1938年12月13日夕刊、第2版。

入战场,成为战争的直接见证者和宣传者。在描绘中日甲午战争的《成欢袭击和军大胜图》中,就有身着西装的从军记者和从军画家的身影。① 不过,直到九一八事变和"八·一三"事变,日本的专业画家也没有集中关注到战争画这一类型的创作。催促画家们走上战场的,是 1930 年代日本都市的大众社会蓬勃发展之时,消费主义崛起导致对过于艺术化的美术作品的欣赏日渐减少。而在日本侵华战争全面爆发后,战争主题的创作终于进入专业画家们的视野。② 与此同时,军队方面也主动联络和邀请,于是越来越多的画家走出画室,走上战场,描绘战迹的作品由此被大量地创作出来。作家、作词家等也大体如此。③ 在时代潮流的裹挟之下,他们以从军作家、军属等身份,或主动或被动地接受了日军的招揽。

到了战地以后,他们便发挥各自的专业所长,以不同的媒介从事战争表象的活动。不同媒介的表象实践至少存在三点差异:第一,不同媒介的表象所能承载的信息量是不同的,如一篇小说与一幅画;第二,不同媒介的表象呈现信息的方式是不同的,如文字与声音;第三,不同媒介的表象传播的方式是不同的,如印刷品与电影作品。因此,对于战迹表象传达了什么信息这一问题,需要对不同媒

---

① 河田明久「明治の戦争と美術」、村田真編集『いかに戦争は描かれたか』BankART1929、2017 年、93 頁。

② 河田明久「戦争美術とその時代一九三一~一九七七」、神坂次郎、福富太郎、河田久明、丹尾安典『画家たちの『戦争』』株式会社新潮社、2010 年、92—93 頁。

③ 「作詞家らも従軍　西条八十氏ら5氏/西条八十氏談　飯田信夫氏談」『東京朝日新聞』1938 年 9 月 15 日朝刊、第 11 版;「従軍文士団、南京着」『東京朝日新聞』1938 年 9 月 23 日朝刊、第 11 版。等等。

介的战迹表象分别加以辨析。

文字方面,小说与纪实文学往往承载了关于战争的大量信息,其重点则大多放在人物的刻画与事件的叙述上。以获得陆军省推荐的纪实文学《胁坂部队》来说,该作品以岸中队(即胁坂部队第一中队)的战斗经历为主线,以光华门之战为高潮,描述了胁坂部队从参战到完成在南京"率先入城"的整个过程。① 该书出版时,陆军省情报部专门给予了"推奖之辞":"本书史实适正,记述明快,传达光辉部队之真情,无遗憾地介绍皇军之面目,对国民之精神昂扬大有裨益,特此推奖。"② 而在步兵中佐松井真二为本书所写的序言中,"皇军的精神团结,特别是以岸中队为中队团结的一个典型案例如实书写,真实无差"同样是最受关注的部分,被称为"本书的意义之所在"。③ 在此情况下,战迹表象是作为被叙述的战斗神话的佐证而存在的,这一点与战迹巡礼时的情境相类似。不同的是,战迹巡礼时战迹本身具有优先性和主体性,而在《胁坂部队》这样的作品中,战迹表象则退居其次,其与战斗神话之间几乎就是脚注与正文的关系。

与中长篇的文学作品不同,篇幅相对较短的散文和游记反而会对战迹本身进行更为集中的刻画与描摹,并记录作者本人的所见所感。在这些文章中,一般会首先描写光华门战迹的现状,并重点呈现其弹痕、遗骨、墓标、荒草等带有惨烈而"悲壮"色彩的意象,以折射出战斗之激烈。与之不同的是,另一类文章着重呈现战迹现场的

---

① 中山正男『脇坂部隊』潮文閣、1940年。
② 「陸軍画報社『脇坂部隊』(広告)」『東京朝日新聞』1939年1月25日朝刊、第1版。
③ 松井真二『脇坂部隊・序』、1939年(无页码)。

"温馨"画面,使其所表象的战迹别有意味。例如,熊谷辰治郎就注意到,在伊藤善光墓前,"像是刚刚采摘的野菊花立在墓前,干枯的丛中显得格外清爽"。虽然他也说这场景"让人感觉更加悲伤",但他的悲伤中显然融入了些许的欣慰。① 而在水谷温笔下的光华门,则留下了中国少女的身影。当时,水谷独自来到光华门,恰在此时看到几名少女在伊藤善光的墓前献花。作者细致地记述了自己与少女们相遇而不能交谈的过程,经询问把守城门的日军士兵才知道,她们是城门边卖梨老人的孩子。或许是为了讨好日军,因而每天都到墓前献花。虽属讨好,作者还是认为:"即使是老人让她们这么做的,小女孩也是不能被强迫的。她们献花的感情,一定是很纯粹的。伊藤少佐之灵,对于异国少女亲手装饰的墓标,一定也是满足的吧。"② 且不论该文内容是否真实,中国少女向日军战死者献花这一场景所表征的,显然比单纯描述日军士兵之勇武更有感染力——对当时的日本读者而言,这正是他们期待的场景。

　　诗歌是一种更注重抒发情感的文字,而在关于光华门的诗歌中,流传较广的当数联队长胁坂次郎所写的一首汉诗和一首短歌。两首诗均作于南京陷落的当天早上,即1937年12月13日清晨。汉诗为:"力攻占据光华门,南京城垒为之陷。晓云忽散翻旭旗,感激皇恩拜东天。"诗中,光华门城垒的崩坏既是写实,也是对"敌军"溃败的隐喻。晨光中,战旗翻卷,云霞飘散;城墙上,士兵们向东而拜,感激皇恩。如果说这首诗描绘了光华门遥拜的场景,那么另一

---

① 熊谷辰治郎『大陸襟記』日本青年館、1940年、118頁。
② 水谷温『支那情調』銀座書院、1940年、162—176頁。

首短歌则记录了胁坂次郎本人的感怀："勇士阵亡，无限感伤。幸赖胜利，默祷荣光。"①或许是由于文体本身的差异，日文写就的短歌在日本流传更广，甚至被谱成歌曲广为传唱。② 此外，文学家中勘助创作的一首自由体叙事诗也较为著名。该诗描绘了光华门的战斗场面，刻画了以伊藤善光为代表的日军士兵的勇武，并重点展现伊藤的"英雄"形象，其中就包括前述的死前点名等。③ 很快，这首诗被谱写成曲④，作曲者正是当时日本音乐界的领袖人物之一桥本国彦。当诗歌与音乐相结合，其感染力便被放大⑤，传播途径与范围也进一步扩张。1944 年，该曲发行的唱片获得日本唱片协会颁发的昭和十九年度（1944 年）唱片文化奖。⑥ 其受关注之程度可见一斑。

文字不仅可以与音乐结合，也常与图像同在。尤其是在报纸上，文字报道与照片或绘画并列的情况极为常见，关于光华门的表象即是如此。1938 年的端午节，日本国内给驻扎南京的堀内部队寄赠了日本传统的鲤鱼旗，该部队便将鲤鱼旗高挂于光华门城墙之

---

① 原文为："亡くなりし　つはものたちに　榮えあれと　勝利の蔭に　祈るかなしみ。"参见胁坂次郎题字，中山正男『脇坂部隊』（无页码）。
② 「皇軍慰安の夕　南京城光華門一番乗り　脇坂部隊長の詩歌　ほか」『読売新聞』1938 年 6 月 30 日朝刊、第 6 版。
③ 『中勘助全集』（第十四卷）岩波書店、1990 年、145—150 頁。
④ 此曲至今仍流传在网络中，参见网址：https://www.youtube.com/watch? v = rPEUdA_lbuk，查看时间：2020 年 2 月 14 日。
⑤ 甚至直到今日，日本的一些反战者仍认为，虽然这首交响曲不应再被演奏，但就乐曲本身而言，其感染力确实不容否认。参见网址：https://www.history-japan.info/2014/07/blog-post_5307.html，查看时间：2020 年 2 月 14 日。
⑥ 「交声曲光華門/ニッチク」『読売新聞』1944 年 5 月 23 日朝刊、第 4 版。

上。《朝日新闻》不仅报道了此事,还刊登了一张照片。照片中,一群日军士兵在坍塌的光华门上,随风飘起的鲤鱼旗下,高举手臂,高呼万岁,一派胜利者的气象。① 寄赠鲤鱼旗并非重大事件,但南京驻军将鲤鱼旗挂于光华门而非其他地方,报纸又特地对此进行报道,这都表明了光华门所具有的特殊意义。还有一些报道是在特定的时间点上,描述光华门的现状。例如,在 1940 年 12 月 13 日前后,《读卖新闻》和《朝日新闻》都对光华门的情况进行了专门的报道。二者均为图文搭配,前者呈现了光华门附近人流涌动的画面②,后者则注意到光华门出现的女督查③。在此类报道中,《悄然而至的大陆之秋》是较有代表性的一篇:

城门至今还残留着爆破的痕迹。铁条网等残迹的旁边,是伊藤部队长及诸多英灵的墓标,诉说着战史上放射着不灭之光的殊勋。墓标旁边长满了茂盛的秋草,每到晚上,虫鸣不绝。……站在城头眺望城内,现代南京伟大的建设之声伴随着秋风传到城内,它们代替了古战场之秋的感伤。城内到处都是五色旗和日章旗。经过一年多的圣战,过去所鼓吹的抗日,像飓风一样很快被赶到长江上游。城门口负责警备站岗的勇士们,如同和平之都南京的镇守神一般。

---

① 「ここにも日本男子あり」 光華門上高く、堀内部隊に"鯉幟"」『東京朝日新聞』1938 年 5 月 11 日朝刊、第 10 版。

② 「平和蘇る光華門　陥落 3 周年の南京/日中戦争」『読売新聞』1940 年 12 月 14 日朝刊、第 3 版。

③ 「周年を迎えた光華門　あの血戦……今は"平和の門"」『東京朝日新聞』1940 年 12 月 12 日朝刊、第 7 版。

支那人母子背着干草从勇士面前友好地走过。……从城门向东,不知何时被耕种成了农田,表明南京已经从战争转向和平建设。①

这些文字与图像相结合,既呈现了光华门的破败形象,以证明光华门之战的惨烈;又通过一些具体而微的景象,表明南京已经走出战争的阴影,走上"和平建设"的道路。事实上,除了报纸,这种对光华门战迹的表象还不时出现在画册和写真集上。② 此时,光华门战迹承载了破败与建设两种意义,反映了被表象的现实与表象者的期待之间存在着很大的差异,甚至是矛盾。

绘画作品的战迹表象又如何呢?中村研一(1895—1967)是日本著名的西洋画家,日本艺术院会员。就目前所见,他至少创作过两幅以光华门为对象的作品,其中《光华门外丁字路》尤为著名。③这幅画描绘的是光华门之战的"现场"状况,在这幅画中,中村研一将视角放在光华门外丁字路口的一个堑壕中,眼前的日军士兵正瞄准射击,身边还有炮弹爆炸扬起的黑烟。往城门的方向是连续不断的铁条网,远处则是光华门和坍塌的城墙,以及漫天蔽日的烟尘。1939 年 7 月,这幅画与其他诸多战争画一起进入"圣战美术

---

① 「忍び寄る大陸の秋=写真」『読売新聞』1938 年 8 月 16 日夕刊、第 1 版。
② 三橋五顯『武顯戰跡画集』塔影社、1939 年、无页码;宇原義豊『江南紀行:写真と国防』山水社、1943 年、30—35 頁。
③ 另一幅画为《光华门伊藤少佐之墓》,目前已没有较为清晰复制品,且关于这幅画的文字资料极少,故其在战时的知名度和影响应该有限。相关信息参见「聖戦 2 周年に寄す(2)/"光華門伊藤中佐の墓"/中村研一画伯」『東京朝日新聞』1939 年 7 月 4 日夕刊、第 3 版。

展"。而展览会正式开始前,报社就找到胁坂次郎,就已经被报道过多次的光华门之战进行采访。① 这种对战斗过程而非绘画本身的关注并非个例,著名画家小矶良平创作的《南京中华门的战斗》也参与了此次展出,但被记者采访的仍然是参加中华门战斗的士兵,而非小矶良平。② 此时,绘画作品不过是战斗的插图与注解而已。

与描绘光华门的战斗场面相比,更多的画作注重呈现战斗结束后的光华门。③ 此类画作中,《弹痕之迹》和《弹痕光华门外》是较为特殊的两幅,值得着重介绍。两幅画均以光华门的弹痕为刻画的重点,描绘了夕阳西下时光华门的景象,但差异也较为明显。就观看的角度而言,从地面的墓标和城墙位置可以推断,《弹痕之迹》的视角是从城外的第一道城门看向城内;而从城墙上的墓标可以推断,《弹痕光华门外》的视角是从第二个城门洞看向城外。就绘图的用色而言,二者均描绘了夕阳西下时昏黄的光线,但《弹痕之迹》所绘的墓标前的女性身着鲜红色衣裤,旁边的男性则着深蓝色上衣,其色彩较为明艳;而《弹痕光华门外》则以昏黄暗淡的低沉色调为主。就所绘人物的活动而言,《弹痕之迹》重点呈现了红衣女性在墓标前瞻拜的样态,另外身旁还有一名男子伫立;而《弹痕光华门外》则呈

---

① 「カンバスに偲ぶ戦場　迫る聖戦美術展(1)/"死ねずに残念"　激戦を思って涙の脇坂部隊長　中村画伯『光華門外丁字路』」『東京朝日新聞』1939年6月16日朝刊、第11版。

② 河田明久「昭和の戦争と美術」、村田真編集『いかに戦争は描かれたか』、150—152頁。

③ 如猪熊弦一郎所绘的《南京光华门》和佐藤敬所绘的南京光华门等,参见网址:https://tcstudio10.exblog.jp/14377132/,查看时间:2020年2月16日。

现了一人一马,以及一人一独轮车各自出城的孤寂景象。就光与影的使用而言,《弹痕之迹》所绘的阴影较为平实,看不出表达其他寓意的作用;而《弹痕光华门外》则细致地呈现了城墙上的墓标垂落在地面的阴影,以及一人一马低头行走的影子。综合比较,前者仅对光华门进行了"写实性"地呈现,绘画者的主观情感几乎没有流露出来;后者所表象的光华门则弥漫着孤寂与伤感的气氛,但这种伤感并不仅是为了日军的战死者,也内含着对中国平民困苦生活

图 1-3 《弹痕之迹》

图片说明:

该幅画的作者为花冈万舟(1895—1945)。

图片来源:

网址:https://www.museum.or.jp/modules/topics/? action=viewphoto&id=751&c=2。查看时间:2020 年 2 月 16 日)

图 1-4 《弹痕光华门外》

图片说明：
该幅图画的作者至今不详。

图片来源：
网址：http://www.tokyoconservation.com/research/pdf/kokamon.pdf。查看时间：2020年2月16日）

的同情和怜悯——若进一步推想，弹痕也不是对日本士兵"英勇奋战"的赞扬，反而有一种反对战争的意味。退一步说，即使《弹痕光华门外》不是一幅反战的作品，至少也不愿讴歌战争，不愿赞扬"率先入城"的胁坂部队与占领南京的日军。总之，这是一幅与战时日本社会不相一致的作品。或许也正因此，这幅画的作者才没有留下姓名。

对于这样一种不符合战争需求的作品，日本社会是如何回应的呢？目前笔者没有看到直接相关的资料，但另一幅画所引起的事件可以提供参考。在伊原宇三郎（1894—1976）所创作的《守卫汾河（一夜未眠的警备）》中，画家本人的形象出现在画面之中，他独自坐着，士兵们则倒头而睡。这里所呈现的画家与士兵之间的距离感，以及画家身处其中的寂寞与苦闷都较为直白地呈现出来。应该说，这是画家在作为从军画家跟随部队的过程中十分真切的感受，但将这种感受呈现出来则与战争时局和日本国内的舆论有所龃龉。因此，尽管伊原此时已在画界声名卓著，却遭到了年轻批评家荒木季夫的批评。① 与《守卫汾河》相比，《弹痕光华门外》所呈现的内容更为冷寂，不为当时所接受甚而受到打压也就可想而知了。

最后，通过电影进行的战迹表象也应留意。电影是一种融合了图像、文字、音乐等不同媒介的新型媒介，在战争时期扮演了极为重要的角色。② 伴随着"八·一三"事变的爆发，著名的战争三部曲《上海》《南京》和《北京》先后被制作出来，并分别在1938年的2月1日、2月23日和8月23日公开上映。毫无疑问，这些影片均是经过筛选和剪辑的产物，与当时的实况差距较大。也正因此，"南京大屠杀"否定论者就将影片《南京》作为没有发生南京大屠杀的论据之一。对此，笠原十九司已予以批驳③，这里不再展开。但即使如此，这些影片也在一定程度上呈现了日本侵华战争的实态。④ 而且，由于影片是在战争进行的过程中拍摄的，战迹自然成为重要的取景

---

① 河田明久「昭和の戦争と美術」、村田真編集『いかに戦争は描かれたか』、145頁。
② 岩本憲児編『映画と「大東亜共栄圏」』森話社、2004年。
③ 笠原十九司「南京大虐殺はニセ写真の宝庫ではない」、南京事件調査研究会編『南京大虐殺否定論13のウソ』柏書房、1999年、232—233頁。
④ 古舘嘉「日本占領下の北京を描く亀井文夫の『北京』」、『千葉大学人文公共学研究論集』第35号、2017年9月、1—20頁。

对象,甚至可以说战迹就是影片展开的舞台——因为无处不是战迹。它记录了战争经过之地战火弥漫、一片狼藉的惨象。例如,影片《南京》的第 7 分钟开始持续了 30 秒左右的画面,记录的就是南京残破的城墙、城墙下丢弃的军服、军刀、残破的钢盔以及被封堵的南京挹江门等景象。[①] 这些画面直接反映了战争的惨烈及其对城市破坏之严重,与其后南京入城式的整齐画面形成了鲜明的对比。

以上,本节概要叙述了不同媒介所进行的战迹表象。整体而言,大多数的战迹表象都是以战迹之地的战斗为重点。其次,无处不在的战争遗迹是日军"勇猛奋战"的证明,当地民众"安居乐业"的生活状态则成为日军美化占领统治、动员国内民众的具体表现。当然,这些并非真实的光华门,也非真实的南京。在日本国内及其占领地,那些相对真实的一面无不受到集体的遮蔽与压抑。

六、小结

阿莱达·阿斯曼曾对"地点的记忆"这种看似模糊的说法做过如下点评:首先,这种说法是省事的,它可以指关于地点的记忆,也可以指地点之中的记忆;另外,这种说法也是有启发性的,它暗示"地点本身可以成为回忆的主体,成为回忆的载体,甚至可能拥有一

---

① 《南京》(東宝文化映画部作品),视频网址:https://www.youtube.com/watch?v=_dmQxstHIqY,查看时间:2020 年 1 月 6 日。

种超出于人的记忆之外的记忆"。① 同样地,"'战迹'的记忆"这种模糊的表述,也可以展现战迹与记忆之间的密切关联。

光华门因是日军"率先入城"之地而注定要成为战争的"圣地",也注定要成为日本国民的记忆之场。在关于光华门的战斗神话转化为日本集体记忆的过程中,日本国民所进行的战迹巡礼便在寻求验证的意义之外,又多了一层"朝圣"的意义。另一方面,战迹自身以及战迹表象所传递的信息表明:战迹不仅是记忆的载体,也是记忆的主体。作为记忆的主体,战迹中的遗骨、破旧的钢盔,以及坍塌的城墙和城墙上的弹痕,都在无言地诉说着战斗之时炮火的猛烈,死伤之惨重。而那些战斗结束后日军留下的墓标,则明确标示着某某士兵战死之地、日军攻城突击之处。这些信息无需解说人员说明,就已经成为记忆的一部分。作为记忆的载体,它兼具扩展性与封闭性:光华门上出现过表露中国人国耻记忆的"誓復國仇"四个字,但很快被抹除;绘画作品《弹痕光华门外》是部分有良知的日本人对战争进行反思的间接表达,但知之者少,甚至作者为谁还至今不明。结果,光华门成为一种扭曲的、几乎封闭的存在。只有符合日本占领当局意愿的内容,才可能在光华门上展现出来。光华门战迹所承载的,也只剩下占领当局所规定的、并不断向巡礼者解说的、单一的战斗神话。

最后,需要补充说明的是,虽然作为记忆之场的光华门已经被建构起来,但日军对作为实体的光华门的掌控并非始终如一。前文

---

① 阿莱达·阿斯曼(Aleida Assmann):《回忆空间:文化记忆的形式和变迁》,潘璐译,北京大学出版社,2016年,第343—344页。

提到,1939年1月,伪维新政府曾有意整修光华门城墙及城外的道路,但遭到日军限制。同年5月和8月,伪维新政府又筹划整修工程①,依然没有完全落实。而自汪伪政权筹建始,这里出现了新的转变。不仅城墙上被涂写上汪伪方面的宣传标语,而且光华门外的道路也终于在1942年11月前后兴工修复,铺设为碎石路面。② 其后,伪政府又以"巩固城防,确保首都治安"之名,于1943年5月开始对光华门城墙进行修复。③ 至此,实体层面的光华门"圣地"终于在修复的名义之下被解构了,而日本人记忆中的光华门战迹则依然存在。1944年,交响曲《光华门》不还获得"唱片文化奖"了吗?

---

① 《定期招标修建光华门城墙》,《南京新报》1939年5月28日,第5版;《市府拨三万八千元兴修光华门外道路》,《南京新报》1939年8月20日,第3版。
② 《光华门外马路月内可竣工》,《中报》1942年11月20日,第3版。
③ 《市工务局继续赶修太平门光华门城墙》,《中报》1943年5月14日,第3版。

第二章 ——————

菊花台

日军慰灵设施的生成与变异

一、引言

日军占领南京时期,一处沉默千年的丘陵走入历史的舞台。在此之前,它是南京郊外无人问津的"小石子冈";在此之后,它是听起来可与"雨花台"齐名的"菊花台"。[①]

1939年12月12日上午9时半,一场规模盛大的纪念碑揭幕式和招魂祭典在此举行,"菊花台"的历史正式开启。纪念碑位于菊花台的最高处,高约17.83米,以74 000日元建成。碑的正面有"表忠碑"三字,由原日军第十军司令官、时任兴亚院总务长官柳川平助书写。文字下方有一铜质飞鹰[②],双翼展开,俯视。碑的背面刻着第十军自杭州湾登陆以来的战斗经历,夸耀着该部队的赫赫"战功"。[③]

[①] 该地的名称曾有多次变动:抗战前这里名为"小石子冈",抗战期间改名为"菊花台"。抗战胜利后,这里先后更名为"安德公园"和"忠烈公园",其后重新启用"菊花台"之名(详见下文)。简省起见,除特定语境外,本文统一使用"菊花台"指称该地。
[②] 抗战胜利后,该铜质飞鹰被卸下置于第一民教馆中作陈列展览之用。现已不知去向。《据园林管理处呈以忠烈公园碑塔上铜质飞鹰已经凿卸送交教育部转第一民教馆陈列签请鉴核转由》(1948年7月),南京市档案馆藏,1003—1—1383。
[③]「興亜の武勲を菊花台に匂はせ　復興南京に仰ぐ表忠碑　記念の旧臘十二日全神派遣神職団奉仕　除幕招魂の大祭典執行」『皇国時報』1940年1月1日;转引自小笠原省三编述『海外神社史』(上卷)、ゆまに書房2004年復刻版(1953年初版)、212頁。

这座表忠碑,正是为显彰第十军,"宣慰忠魂"而建立。

据报道,本次仪式的参与者达数千之多。日本占领军方面包括日本中国派遣军总司令官西尾寿造等高层军官,伪维新政府方面包括伪绥靖部长任援道等,另外还有日伪方面的宾客,以及南京市伪青年团的学生。从参加的人员和人数来看,本次活动几乎达到了沦陷区的最高规格——只有伪维新政府首脑梁鸿志没有出席。仪式中,神职人员包括官币大社稻荷神社宫司(斋主)、官币大社鹿岛神宫宫司(副斋主),以及来自日本的县社、乡社、村社等各个层级的神社神职人员,另外还有上海神社的社司。① 这些神职人员的身份表明了此次典礼的隆重程度,也突出了神道教而非佛教在南京菊花台慰灵设施中的主导地位。另外,由于此时南京神社尚在规划之中,南京本地并无神职人员可以参加。

典礼的具体程序如下:1.一般参列者入座;2.祭主入座;3.斋主入座;4.修祓;5.揭幕,奏军乐;6.迎神;7.献馔;8.斋主祝词;9.祭主祭文;10.祝词祝文;11.玉串奉奠,奏乐;12.撤馔;13.送神;14.斋主祭员退场;15.典礼委员长致词;16.退场。整个祭祀典礼"呈庄严悲壮之概",至10时50分方告结束。② 这场"庄严悲壮"的典礼是占领者在沦陷区内进行战死者慰灵的一次直观展现,而菊花台内以表忠

---

① 小笠原省三编述『海外神社史』(上卷)、214页。
② 关于以上活动的基本信息,参见《柳川兵团表忠碑行隆重揭幕礼 中日长官贲临参加》,《南京新报》1939年12月13日,第1张第3版。值得注意的是祭典的第六项和第十三项,即"迎神"和"送神",也就是将第十军战死者作为神灵加以迎接和祭祀。这表明,菊花台的慰灵设施不仅具有表达哀悼和纪念的功能,也具有宗教属性。更确切地说,它是神道教主导下的宗教设施。

碑为中心的慰灵设施则为此提供了具有"神圣性"的舞台。事实上，战死者的慰灵、显彰问题在近代日本占据非常重要的地位。所谓慰灵，就是抚慰亡灵；所谓"显彰"，就是宣扬不为人知的事迹。慰灵和显彰均需举行祭祀仪式、建造纪念设施，但二者也有不同：慰灵的对象不分敌我，而显彰则因其颂扬意味而只面向己方战死者。慰灵和显彰不仅关系到战死者与战死者遗属，更重要的是，它还为战争时期的国民统合与精神动员提供动力。可以说，它既是日本国民的，更是日本帝国的记忆之场。

对于战死者慰灵和显彰的作用与意义，学界向来关注。早在十多年前，日本学界就曾对近代日本慰灵与显彰的主要研究文献做过整理，其中仅论著目录就长达 20 页。[①] 不过，这些研究主要关注日本国内的慰灵与显彰问题，仅横山笃夫等少数人注意到日军占领地的情形。研究中，横山细致梳理了日军在中国建造忠灵塔（包括伪满十座和北京、上海、张家口各一座）的历史，发现它们在日军占领地发挥着相当重要的作用：首先，它们是组织与统合日本居留民的重要场域；其次，日本国内的忠灵塔不是祭祀设施，而建于占领地的忠灵塔则发挥着祭祀的职能；另外，忠灵塔的建设者还期待中国人能"重新回到正确的道路"，向忠灵塔表达对日本的"感谢之情"。[②] 由于立场和角度的不同，中国学者更关注日军在中国沦陷区

---

① 国学院大学研究開発推進センター編『慰霊と顕彰の間——近現代日本の戦死者観をめぐって』錦正社、2008 年、283—302 頁。
② 横山篤夫「日本軍が中国に建設した十三基の忠霊塔」『日本研究』第 49 巻、2014 年 3 月、104—106 頁。

的慰灵与显彰问题,并已取得了不少成果。① 笔者曾对日军在南京菊花台建造的表忠碑有所关注,但未能将其置于近代日本慰灵与显彰问题的更大视野中加以考察,而且,对于菊花台内的慰灵对象(尤其是中国战死者)、慰灵设施,以及战后慰灵空间的瓦解与重构等问题,亦缺乏更为细致的探究。② 鄢海亮注意到日军在北京八宝山建造的忠灵塔,但作者更关注不同历史时期的空间改造与记忆变迁,而对慰灵与显彰问题本身,特别是慰灵与显彰之地的空间与记忆问题着墨不多。③

鉴于此,本章以日军在南京的慰灵设施为研究对象,但首先会对近代日本的战死者慰灵,尤其是日本侵华战争时期推动的"忠灵显彰运动"做简要梳理,从而了解日军在南京建设慰灵设施的时代背景。在此基础上,再对日军在南京建设的慰灵设施做具体探究,包括表忠碑、残灰奉安所和护国神社三处。另外,在菊花台,除了

---

① 如曹大臣:《日本人在中国的墓地(1871—1945)》,《历史研究》2011年第3期,第112—129页。杨秀云:《日本侵华战争与葬仪:"大日本忠灵显彰会"考论(1939—1945)》,《日本侵华史研究》2017年第4卷,第39—48页;杨秀云:《伪满军事葬仪研究(1931—1945)》,《民国研究》2018年春季号,第104—115页。任其怿:《忠灵塔与慰灵祭——侵华战争中日本对内蒙古地区进行文化侵略的特殊形式》,《内蒙古师范大学学报》(哲学社会科学版)2005年第5期,第15—17页;刘锐:《齐齐哈尔日军"忠灵塔"探析》,《理论观察》2017年第5期,第8—11页;崔再尚、李丽:《大连忠灵塔鸟居建设由绪之碑考》,《大连近代史研究》第16卷,2019年12月,第175—182页。
② 谢任:《恶的象征:南京沦陷期间日伪的政治符号》,《江海学刊》2017年第5期,第172—177页。
③ 鄢海亮:《从忠灵塔到革命公墓——空间变更与北京八宝山社会记忆的演变》,《北京社会科学》2021年第3期,第69—83页。

日军的慰灵设施,还有一处没有被报道的、边缘性的存在,即中国无名将士墓。中国无名将士墓埋葬的是中国的抗战将士,墓呈圆形,由人造石砌成。① 中国无名将士墓与日军的表忠碑处在同一空间内,又承载着完全不同甚至互相冲突的历史记忆,极具张力。因此,本章也将探索其存在的历史脉络,进而尝试理解其象征意义。

二、战争中的"忠灵显彰"

近代日本战争连绵,因而对战死者的慰灵与显彰始终是一个重大课题。随着日本对外扩张,慰灵与显彰事业进入他国的土地,给包括南京在内的中国各地留下了不容抹除的印记。早在南京沦陷后的第五天,即1937年12月18日,明故宫机场就举行了一场声势浩大的"陆海军合同慰灵祭"。当日,机场内白布翻飞,祭坛面向东方,坛上有酒水及各类祭品。祭坛后方有一个高达8米的四角白木,上书"中支那方面陆海军战病殁将士之灵标"字样。斋主二人,分别为时任"中支那方面军"司令官松井石根,与时任"支那方面舰队"司令官长谷川清。② 此外,还有数万日军士兵参加了此次慰灵祭。辎重兵小原孝太郎就是其中的一员,他的日记记录了当时的观感:

---

① 铃木松太郎「支满鲜旅行記拔萃」、小笠原省三編述『海外神社史』(上卷)、511頁。
② 「紫金山麓に悲雪舞う きのう南京で戦歿勇士慰霊」『東京朝日新聞』1937年12月19日朝刊、第11版。

举办祭奠仪式的祭场位于郊外的中央飞机场。各师团几万士兵整齐地排列在祭场上,在嘹亮的喇叭声中将士们威严地走入祭场。从上海登陆到攻陷南京期间化为护国鬼魂的众多勇士们,无论陆军、海军,他们的灵魂都得到了虔诚地祭拜。地下的勇士们一定能够在梦想已久的南京陷落地安详地长眠了吧!在呼啸的寒风、刺骨的严寒中,祭场内的士兵都在为地下的勇士祈祷。①

虽然慰灵祭转瞬即逝,但在中国土地上进行的慰灵与显彰活动则在不断上演。在此过程中,樱井德太郎及由他提倡的"忠灵显彰运动"是绕不开的话题。

九一八事变后,日军为收集战死者遗骨,在新京(今长春)、哈尔滨、齐齐哈尔等地建立起了忠灵塔。1935年4月2日,一个由关东军支持的机构——"财团法人忠灵显彰会"正式成立。该会首任理事长为板垣征四郎(1885—1948,菊花台的表忠碑落成时他在南京担任中国派遣军总参谋长),时任关东军副参谋长。其工作主要分为三项:一、辅助建设、管理忠灵塔;二、祭祀忠灵塔的合祀者;三、经营和保全战迹的必要设施。② 伪满的忠灵显彰会成立后积极活动,至1942年9月,伪满地区日方管辖的忠灵塔有十座,此外还有伪满民生部管辖的设施。③ 不过,该会的活动范围仅限于伪满,起初并未

---

① 《小原孝太郎日记》(1937年12月18日),王卫星编:《南京大屠杀史料集8·日军官兵日记》,江苏人民出版社,2005年,第664—665页。
② 大原康男『忠魂碑の研究』暁書房、1984年、120—121頁。
③ 満洲帝国政府編『満洲建国十年史』、滝川政次郎解題;衛藤瀋吉校註、原書房、1969年復刻版(1942年初版)、853—854頁。

直接影响到日本国内。在日本国内发起"忠灵显彰运动"并将其推向中国沦陷区的,乃是樱井德太郎。

樱井德太郎出身福冈县,陆军军人。1925 年 11 月,他毕业于日本陆军大学,此后便一直在军界任职,并曾应中国政府之聘任北京陆军大学教官。1933 年 8 月,他被晋升为陆军少佐,随后担任步兵第 24 联队大队长,驻地在其家乡福冈。① 其间,他发现陆军墓地有荒废之象,于是开始呼吁整备、翻修现有墓地。他的活动得到本地居民的积极响应,捐款与义务劳动者甚多。从 1935 至 1936 年 4 月,他们不仅整修了陆军墓地,还为中日甲午战争、日俄战争、西伯利亚出兵的战死者以及一般殉职者建成了四座墓碑。② 1939 年春,他直接找到曾任关东军司令官、推动伪满"忠灵显彰"事业的菱刈隆,请他出面将"显彰"事业向全日本推广。樱井提议:

> 将每一位战死者的遗骨送还乡里,葬于市町村,不仅要尽可能厚葬,更要再进一步,在每个市町村建立一座忠灵塔。忠灵塔中收纳全部的遗骨,市町村民也要全力伸出保护之手,将其作为名誉墓地,永远不断地祭祀下去。③

这一提议得到了菱刈隆的赞赏和支持,陆军方面也极力促成。1939 年 7 月 7 日,即日本侵华战争全面爆发两周年时,"财团法人大

---

① 秦郁彦『日本陸海軍総合事典』東京大学出版会、2005 年第 2 版、75 頁。
② 大原康男『忠魂碑の研究』、122 頁。
③ 菱刈隆『忠霊塔物語』童話春秋社、1942 年、30—35 頁。

日本忠灵显彰会"（以下简称"日显会"）正式成立。该会以"合祀殉职于皇战之忠死者的遗骨，显彰其忠灵"为目的，主要事业包括：1. 推动日军主要会战地的忠灵塔建设，并维持、祭祀之；2. 推动、指导内外地的忠灵塔建设；3. 其他忠灵显彰事业。① 在其后的"忠灵显彰运动"中，樱井扮演了极为积极的角色②，各种动员活动也纷然而起。7月22日，日显会成立后的第一次理事会决定了行动方针，包括：向全社会募集忠灵塔的建筑形式；向各重要都市派遣讲师；向地方和学校宣传普及忠灵显彰之旨趣；设立支部；东京率先建立忠灵塔；向财经界宣传忠灵显彰的旨趣；邀请全国主要报纸的负责人加入日显会；向首相及各大臣寻求协助，推行"一日战死"，即捐出一天的薪俸作为日显会的活动经费。③ 很快，日显会的活动得到了日本各界的响应，协助募捐、团体与个人捐款、义务劳动等等连绵不断。④ 在此过程中，日显会不仅迅速筹集到大量资金，同时也激发了日本国民

---

① 大原康男『忠魂碑の研究』，116—117頁。
② 关于樱井在日显会中的角色，可以从《财团法人大日本忠灵显彰会日志拔萃》中看出，参见「本邦ニ於ケル忠霊表会　分割1」、JACAR（アジア歴史資料センター）Ref.B04012331200，62—66画像、戦前期外務省記録/I門　文化、宗教、衛生、労働及社会問題/1類　文化、文化施設/7項　史跡、記念物/0目/本邦記念物関係雑件/忠霊顕彰会関係　第一卷（外務省外交史料館）。
③ 「忠霊顕彰会の方針を決定　"一日戦死"の俸給献金」『東京朝日新聞』1939年7月23日朝刊、第11版。
④ 相关的事例极多，参见「忠霊顕彰会への献金」『東京朝日新聞』1939年7月19日朝刊、第11版；「全僧侶起つ　忠霊顕彰運動」『東京朝日新聞』1939年7月20日朝刊、第11版；「忠霊塔の建設に全陸軍の力瘤　前線へも協力方通牒/道府県に支部」『東京朝日新聞』1939年8月9日夕刊、第2版；「海軍も"一日戦死"　忠霊塔に捧ぐ　来13日の記念日」『東京朝日新聞』1939年8月10日夕刊、第2版。如此等等。

的热情，有效推动了国民精神的动员工作。

不过，在日本上下全力建设忠灵塔的表象之下，佛教界与神道界的争端也愈演愈烈。近代以来，围绕战死者慰灵问题，日本佛教界与神道界的对立几乎是贯彻始终的。从一场慰灵祭中神式祭典与佛式祭典的次序，到战死者合葬中由谁担任主吊，再到战死者慰灵体系中的地位，神佛两方各不相让。在日本，以佛教仪式祭吊死者更符合传统，因而也更能获得民众的青睐。而神道凭借其超越其他所有宗教的政治地位，掌握了官方慰灵体系的主导权。例如，南京菊花台的慰灵设施就是神道教主导下落成的。于是，神佛双方的争执持续激化。① 1939 年 7 月 19 日，全日本佛教界五十六宗派的中央机关"佛教联合会"召开会议，表示将全面支持忠灵显彰事业。他们决定向全国所有寺院僧侣发起动员，准备于 8 月开始在全国实行"感谢皇军忠灵显彰报国托钵"活动，以为显彰事业募集资金。② 很快，东京寺院起而响应，定于 8 月 15 日开始，动员一千名僧侣出发募捐。③ 相较而言，神道界的态度极为消极，他们担心这将使原有的慰灵体系变得更加复杂乃至混乱——更根本地，原来由神道界垄断的对战死者的慰灵事业，将会受到佛教界的直接威胁。

9 月 1 日，日本全国神职会机关报《皇国时报》将这种态度直白

---

① 白川哲夫「『戦没者慰霊』と近代日本——殉難者護国神社の成立史」勉誠出版株式會社、2015 年、104—108 頁。
② 「全僧侶起つ　忠霊顕彰運動」『東京朝日新聞』1939 年 7 月 20 日朝刊，第 11 版。
③ 「帝都寺院の僧侶 1000 名が托鉢　忠霊顕彰資金の募集」『東京朝日新聞』1939 年 8 月 10 日朝刊，第 11 版。

地表露出来。他们没有反对忠灵显彰本身,但也明确提出:"关于所谓的忠灵塔,必须注意不得妄然跨越既有的界限。"这一界限就是,"将忠死的英灵作为靖国神社及其分身各地护国神社的神,进行国家性的祭祀,此为绝对不离的铁则"。可见,他们关心的是,忠灵塔是否会在既有的将战死者祭祀为神的国家典礼之外,创造出新的慰灵体系,而这一体系又不为神道所掌握。由于忠灵塔内部设置了纳骨室,这很自然地让人联想到佛塔。对于佛教界而言,显彰忠灵的过程也就是向民众传播佛教信仰的过程。但对神道界而言,如果将忠灵塔与神道结合,神道祭祀的纯粹性或将受到影响。① 为缓和神佛分歧,凝聚各方共识,日显会决定与神道界权威人士开会座谈。1939年11月4日,他们形成了一个折中的决议:忠灵塔为国民永远敬仰和显彰英灵的坟墓,不管是神道还是佛教,都可以进行祭祀。② 从菊花台的表忠碑来看,神道教仍然占据优势地位。

那么,这些建造忠灵塔的规划实施情况如何呢? 由于伪满、内蒙古、华北、华东地区各自成立了忠灵显彰会③,它们分别负责所在地的战死者慰灵事业,限于主题和篇幅,这里暂不做完整的概述,而仅就南京所在的华东地区,以"中支那忠灵显彰会"(以下简称为"中

---

① 「所謂忠霊塔の問題:忠霊祭祀の大原則と顕彰事業の範域」『皇国時報』1939年9月1日;转引自大原康男『忠魂碑の研究』、128—129頁。
② 「神職界も支持　忠霊顕彰運動」『東京朝日新聞』1939年11月5日朝刊、第11版。
③ 关于沦陷各地区"忠灵显彰会"的成立及活动概况,参见杨秀云《日本侵华战争与葬仪:"大日本忠灵显彰会"考论(1939—1945)》,《日本侵华史研究》2017年第4卷,第39—48页。

显会")的活动为中心做简要说明。

1939年8月13日,中显会成立于南京,此日为淞沪会战爆发的两周年纪念日。23日,中显会就向日显会提交了事业要纲的报告。报告提到,上海吴淞炮台附近将建设忠灵塔,并且已经举行了地镇祭(一种开工仪式);南京五台山和汉口将建造忠魂碑;战迹纪念碑的建筑式样正由陆海军商讨。除此以外,正在建设的上海派遣军表忠塔(上海大场镇)、海军上海战表忠塔、第十军表忠碑(南京菊花台)、海军航空战表忠塔(南京大校场飞机场)等,也将参照忠灵塔碑的标准进行建造。① 一年多后,中显会筹集到378万元活动资金,并称上海忠灵塔的建设正在计划之中。② 此外,相关报道也提到,建设用地已经解决,建造式样也已确定③,似乎一切都在顺利推进。但事实上,作为日军在中国沦陷区建造的三座大型忠灵塔之一(另两座分别在北京和张家口),上海忠灵塔直到1942年初都没有真正动工——直到战争结束也并未建成。最后,真正建成的只有位于大场镇的"上海派遣军表忠塔"。④ 具体情形目前并不清楚,但有档案称,

---

① 「中支の忠霊顕彰運動」『東京朝日新聞』1939年8月23日朝刊、第11版。
② 「本邦ニ於ケル忠霊表会 分割1」、JACAR(アジア歴史資料センター)Ref. B04012331200、38画像、戦前期外務省記録/I門 文化、宗教、衛生、労働及社会問題/1類 文化、文化施設/7項 史跡、記念物/0目/本邦記念物関係雑件/忠霊顕彰会関係 第一巻(外務省外交史料館)。
③ 「当選の忠霊塔図案 まず中支へ"応召" 急ぎ検分に・軍の使い」『東京朝日新聞』1940年1月18日朝刊、第9版。
④ 菱刈隆『忠霊塔物語』、125—134頁;另参见横山篤夫「日本軍が中国に建設した十三基の忠霊塔」、88—89頁。

建材缺乏是原因之一。①

类似的现象也出现在南京，原计划在大校场建造的海军航空战表忠塔没有出现在后来的史料中，五台山的忠魂碑建设计划也被取消，转而建造了一座护国神社（详见下文）。只有以第十军表忠碑为中心的菊花台公园如期建成，不断迎来日方军政人员的参拜。

三、南京的菊花台与表忠碑

日军在南京的慰灵设施主要有三处，分别是安德门外的菊花台，上乘庵的残灰奉安所②，以及五台山的护国神社。从慰灵对象看，表忠碑以第十军战死者为限，而残灰奉安所和护国神社不限于某一支部队；从建筑形制看，表忠碑属于塔碑式建筑，而残灰奉安所和护国神社属于祠社式建筑；从所在位置看，表忠碑位于南京城外，而残灰奉安所与护国神社在城内，且均位于新街口一带。

尽管如此，表忠碑的实际社会影响却高于后二者，这从日本派

---

① 「大日本忠霊表彰会ニ関スル件（2）中華民国」、JACAR（アジア歴史資料センター）Ref.B04012331500、第8画像、戦前期外務省記録/I門　文化、宗教、衛生、労働及社会問題/1類　文化、文化施設/7項　史跡、記念物/0目/本邦記念物関係雑件/忠霊顕彰会関係　第一巻（外務省外交史料館）。

② 一些新闻报道也将其称为"英灵奉安所"，相较于"残灰奉安所"，这显然是一种美化的名称。参见《今日为大东亚战争一周年　首都民众热烈纪念　上午举行兴亚大会暨游行》，《中报》1942年12月8日，第3版；《谷大使昨谒汪主席》，《申报》1943年5月19日，第1张第2版。等等。

驻汪伪政府的历任"大使"的参拜活动便可以看出。他们在来到南京后，都会立即前往菊花台参拜：1940年4月27日，阿部信行参拜表忠碑。[1] 1940年12月29日，本多胜一参拜表忠碑。[2] 1942年1月13日，重光葵参拜表忠碑。[3] 1943年5月18日，谷正之参拜表忠碑。与此相对照的是，谷正之只是派遣一名参事官为代表，前往残灰奉安所致敬。[4] 此外，伪满洲国驻汪伪政府的"使领馆"官员也会到菊花台参拜表忠碑。[5] 从某种意义上说，菊花台的表忠碑成为所有战死南京的日军士兵的"忠灵"寄寓之所，到这里参拜就是向所有战死南京的日军士兵致敬。

前面提到，南京规划的塔碑式的慰灵设施共有三座：五台山忠魂碑的慰灵对象不限于某一支部队，是所有参加南京攻略战的日军战死者；菊花台表忠碑的慰灵对象则是第十军战死者，大校场的表忠塔以海军航空兵战死者为对象。由于另两座均未建成，这就使菊花台表忠碑成为南京地区唯一一座规模较大的塔碑形制的慰灵设施。因此，尽管菊花台的表忠碑并非供奉所有在南京战死的日军士

---

[1]《日阿部大使一行　昨凭吊雨花台后　恭谒中山陵致敬》，《中报》1940年4月28日，第1张第4版。

[2]《日新任驻华大使　本多恭谒总理陵寝　昨下午特访谒汪主席　晚宴外长褚大使等》，《中报》1940年12月30日，第1张第1版。

[3]《日驻华大使重光　昨晨谒陵致敬　下午谒主席作首次拜谒》，《中报》1942年1月14日，第1版。

[4]《日新任大使谷正之　昨晨谒陵致敬　并谒主席述一般问题》，《中报》1943年5月19日，第1版。

[5]《"满"在华使领会议　昨在京隆重揭幕　晚间各代表出席褚外长招待宴会》，《中报》1944年6月9日，第2版。

兵,却受到日本占领当局的重视。换个角度来看,占领当局将菊花台的表忠碑作为首选的参拜对象,实际也是无奈的选择。直到南京神社建成后,表忠碑的地位才有所下降,甚至不再是日方官员必须参拜的对象。① 那么,在此之前,第十军的什么表现使其成为菊花台表忠碑的显彰对象呢? 菊花台的选址、表忠碑的形制与建造,以及整个空间的布局又有何特点呢?

第十军是日军临时组编的部队。1937年淞沪会战打响后,日军遭到了中国军队的顽强阻击。10月初,陆军参谋本部决定选择杭州湾作为登陆地点,进行包抄作战。此时,上海方面的战斗仍在拉锯之中,没有多余的兵力,于是从华北调兵。10月20日,参谋本部正式下达第十军战斗序列令,后来占领南京菊花台的第6师团就隶属于第十军。11月5日,第十军突袭杭州湾,登陆成功,其后立即向黄浦江突进。第十军的行动极大改变了上海的战局,11月12日上海沦陷,15日昆山沦陷。② 此后,围绕是否突破苏州—嘉兴一线继续向南京追击的问题,日军内部形成了不同的意见:参谋本部希望暂缓追击,但华中方面军和第十军都主张继续追击,攻占南京。至11月27日,参谋本部决定向南京进军。于是,第十军于12月2日做好了攻击南京的部署。8日,第十军第114师团和第6师团夺取了雨花台方向的第一线阵地,次日突破第二线阵地,10日开

---

① 谢任:《神社与它的躯壳:对南京五台山日本神社的考察》,《学海》2016年第3期,第95—96页。
② 日本防卫厅防卫研究所战史室:《中国事变陆军作战史》第一卷第二分册,齐福霖译,宋绍柏校,中华书局,1981年,第84—97页。

始攻击第三线阵地及城郭阵地。① 几日间,中国军队且战且退,最

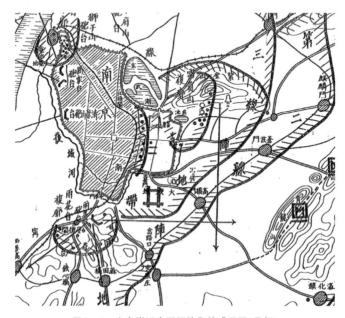

图 2-1　南京附近中国军防御编成要图(局部)

图片说明:

该图作于 1937 年 12 月 3 日,左侧偏下的半圆形阵地即为雨花台阵地,后来建造表忠碑的"菊花台"也在此范围内,不过没有"菊花台"的地名。

图片来源:

「挿図第 1〜第 11　南京付近支那軍防禦編成表要図他」、JACAR(アジア歴史資料センター)Ref. C11111745200、昭和 12 年 11 月 19 日至 12 年 12 月 12 日「南京攻略戦の概要」(防衛省防衛研究所)。

---

① 日本防卫厅防卫研究所战史室:《中国事变陆军作战史》第一卷第二分册,齐福霖译,宋绍柏校,第 106—113 页。

后凭借雨花台的有利地形和防御工事,与日军展开激战。后来建造表忠碑的"菊花台公园"也是一处高地,第6师团为抢占这一阵地付出了不小的代价。战斗结束后,日军特将此地命名为"六师山",第6师团的司令部也设置于此。而且,按照第十军参谋长谷田勇的说法:"夺取了六师山菊花台附近,导致敌军全线崩溃,敌军乱了阵脚,朝北撤退。"①或许谷田的表述有夸张的成分,但菊花台对第十军尤其是第6师团的纪念意义是显而易见的。

基于以上缘由,第十军得以建造专门的表忠碑,并选址于菊花台。需要说明的是,菊花台的建设工程始于1938年12月②,此时日显会与中显会均未成立。换言之,此项工程虽属于"忠灵显彰"的范畴,却并非由"忠灵显彰会"这样的组织直接发起。上文提到的谷田勇就明确指出:"原第十军将士共同合计,相中此地,命名为菊花台,并建立表忠碑,清扫四周,开辟菊花台公园。"③这段话不仅道出了建造表忠碑的缘由,也提示了一个至今没有引起注意的问题:"菊花台"之名实为日本人所取。

确实,查明清及民国时期的方志,此地历来被称为"石子冈"或

---

① 谷田勇:《南京菊花台附近谷兵团奋战记》(1942年12月16日油印版),何慈毅译,王卫星、雷国山编《南京大屠杀史料集11·日本军方文件》,江苏人民出版社,2006年,第317页。
② 「興亜の武勲を菊花台に匂はせ 復興南京に仰ぐ表忠碑 記念の旧臘十二日全神派遣神職団奉仕 除幕招魂の大祭典執行」『皇国時報』1940年1月1日;转引自小笠原省三编述『海外神社史』(上卷)、212頁。
③ 谷田勇:《南京菊花台附近谷兵团奋战记》(1942年12月16日油印版),何慈毅译,王卫星、雷国山编《南京大屠杀史料集11·日本军方文件》,第321页。

"小石子冈"①,并无"菊花台"之名。战后的一份档案也明确指出:"窃民等有己产坟墓山地,于(民国)二十七年(1938)被敌日池田部队强占山顶,建筑日寇阵亡将士纪念塔,改称菊花台。"②除了追述性的史料,当时的新闻报道也可证明:1939年2月表忠碑动工之初,报道仅称此地为雨花台(与上图相吻合)③,而在后来的报道中,则有如是描述:"(表忠碑的)位置在雨花台一公里处,雨花台则在登陆兵团突入的中华门南边的两公里处。'菊花台'这个名字很美,这片五万坪的土地就被命名为'菊花台公园'。"④此外,表忠碑落成时的日方报道也称:"在南京城中华门南方二千米处构筑的天然要塞,支那三国史中有名的雨花台是完成攻略敌都的令人感激的、历史性伟业的激战之地。在这个名字已经被改为令人思慕的菊花台的高地上,高耸入云的表忠碑夸耀着赫赫武勋。"⑤那么日军为何将此地命名为"菊花台"呢?笔者推测,"石子冈"或"小石子冈"不足以宣扬日军的"赫赫武勋",而附近恰有一处叫作"菊花里"的地方。⑥将

---

① 《康熙江宁府志》卷之五,山川上;《嘉庆新修江宁府志》卷之六,山水;《同治上江两县志》卷三,山;王焕镳编纂:《首都志》,中正书局,1935年,第331页。
② 《为市民供献土地恳请铲除敌伪建筑物,撤销菊花台名称,改建南京阵亡将士忠烈祠,以慰忠魂等情的公函》(1947年5月7日),南京市档案馆藏,1003—12—184。
③ 「ニュース縮刷版」『東京朝日新聞』1939年2月17日朝刊、第11版。
④ 「南京に戦跡公園 菊花台に表忠碑 思出の杭州湾上陸」『東京朝日新聞』1939年7月4日夕刊、第2版。
⑤ 「興亜の武勲を菊花台に匂はせ 復興南京に仰ぐ表忠碑 記念の旧臘十二日全神派遣神職団奉仕 除幕招魂の大祭典執行」『皇国時報』1940年1月1日;转引自小笠原省三編述『海外神社史』(上巻)、212—213頁。
⑥ 《六朝陵墓调查报告》插图2.南京,参见张璜著,(民国)中央古物保管委员(转下页)

"菊花里"与著名的"雨花台"相结合,便出现了"菊花台"这一名称。此外,菊花不仅表达哀婉的情绪,也是日本皇室的象征。在南京为日军建立表忠碑而将此地命名为"菊花台",或许还有尊崇日本皇室的用意。

选定建设用地后,工程进展迅速。大约用了一年的时间,就完成了设计、整备土地、建造等所有工程。设计者为"中支那派遣军最高司令部"技师赤木周三,施工者包括小关兵站司令部、池田贤兵站司令部(笔者按:此与前引战后档案中的"池田部队"相呼应)、藤原工兵队。① 另外,从现存的照片来看,此项工程还有不少被俘虏的中国军人参与建设。② 至1939年12月12日,该项工程正式告竣。③ 不过,这一工程看似顺利,实则是日军携占领和屠杀之余威,没有解决土地产权问题便直接动工的结果。

事实上,菊花台一带的土地归多户业主所有,日军投降后土地产权问题才浮出水面。1946年7月24日下午,菊花台的管理员正

(接上页)会编辑委员会编《梁代陵墓考·六朝陵墓调查报告》,南京出版社,2010年。

① 「14 皇軍南京攻略戦史研究」、JACAR(アジア歴史資料センター)Ref. C11110634000、昭和15年10月「支那派遣軍第2次幹部 集合教育記事第1輯~2輯」(防衛省防衛研究所)。另参见「当選の忠霊塔図案 まず中支へ"応召" 急ぎ検分に・軍の使い」『東京朝日新聞』1940年1月18日朝刊、第9版。

② 「南京忠霊塔建設作業ニ従事スル俘虜」(1939年3月、8月)、朝日新聞歴史写真アーカイブ、アイテム番号:F011-018-031、F011-018-011、F011-018-006、F011-018-014。

③ 《柳川兵团表忠碑行隆重揭幕礼 中日长官莅临参加》,《南京新报》1939年12月13日,第1张第3版。

分派工人清理园中杂草,忽然有一妇人前来阻止,并与管理员吵闹起来,妇人说:"地是我们的,现在日本人走了,什么人也不许弄山上的东西,你们住的房子还要拆呢!我们不懂什么叫公园……□谓你们再割草,我就割掉你们的树,打毁你们的东西。我们卅余家,自有办法对你们。我们只知道山是我们的,管你什么政府。"①管理员非常生气,在给园林处的报告中强烈要求严惩"泼妇"。更重要的是,他还注意到这位妇人提到菊花台的土地产权分属多家业主。此后,园林处与土地业主之间的纠纷时断时续,至迟到1947年4月,地政局已经掌握了一份菊花台各户业主的土地清册。② 尽管这份清册并不完整,但足以表明菊花台的土地分属多户业主,并非无主之地。这些业主可以与中国官员相争,却不敢对残暴的日本占领者提出反对意见或赔偿诉求。五万坪,即十六万五千余平米的土地就这样在毫无阻力的情况下为日军所有。

菊花台的核心建筑是表忠碑。之所以取名"表忠碑"而非"忠灵显彰会"所提倡的"忠灵塔",主要是因为建筑物内没有战死者遗骨。1939年2月,日本内务省警保局的一份通牒表明,"忠魂碑、表忠塔等纪念碑"与"收纳战殁者遗骨的所谓忠灵塔"被区分为两种不同的慰灵设施。③ 而从现存表忠碑的照片也可以清楚地看出,

---

① 《据呈附近居民近来竟有自称产权人不时到园阻碍园政给安德公园的指令及原呈与第十一区公所的往来函》,1946年8月14日,南京市档案馆藏,1003-12-184。
② 《请求征收忠烈公园民地给地政局的呈文以及地政局的市政府的请示和市政府有关训令》,1947年4月,南京市档案馆藏,1003-1-1506。
③ 「支那事変に関する碑表建設の件」、JACAR(アジア歴史資料センター)Ref. C01005099400、昭和14年2月27日「昭和14年『陸普綴』 記室」(防衛(转下页)

菊花台的表忠碑确实没有纳骨设施。① 除了名称的差异,表忠碑与"忠灵塔"的建筑规格也有所不同。日显会将"忠灵塔"分为三种:第一种建设于主要会战地(南京属于此列),第二种建设于日本国内的主要都市,第三种建设于日本国内的市町村。日显会曾公开募集设计图样,并获得了日本社会的积极回应。从最终的评选结果看,第一种皆规模巨大,仅就高度而言,基本都在 40 至 80 米之间;第二种与第一种类似,也极为高大;第三种则相对较小,且分为大、中、小三种类型,大者 20 米左右,小者仅数米。按说,若在南京建造"忠灵塔",应以第一种作为建筑标准,高度不会低于 40 米。但实际上,菊花台的表忠碑为 17.83 米,只达到第三种的大型规格。尽管菊花台的整备与筹建时间早于日显会的成立,但其表忠碑与日本理想中的"忠灵塔"之间显而易见的差异也足以说明问题。当然,同为碑塔式慰灵设施,表忠碑与"忠灵塔"的外观仍有许多相似之处。其中最具代表性与象征性的,便是飞鹰形象的存在。②

由此看来,菊花台的表忠碑实际上可视为折衷调和的产物。一方面,它没有达到日本理想中的"忠灵塔"的标准;另一方面,二者又有相通之处。另外,菊花台的表忠碑虽无纳骨设施,但在落成典礼中包含了"迎神""送神"仪式,这就强化了菊花台的宗教色彩与"神

(接上页)省防卫研究所)。
① 叶兆言、卢海鸣、韩文宁撰文:《老照片·南京旧影》,南京出版社,2012 年,第 217 页。
② アサヒグラフ編『忠霊塔図案』大日本忠霊顕彰会、1940 年、19、32、36、62、64 頁。

圣"意义。1941年,在参观了菊花台以后,来自台湾的吴萱草就写出如下诗句:

> 表忠纪念铸高台,蹑屦登临徊又徘。
> 戎马亡身功永在,杜鹃啼血唤难回。
> 伤观碣上新名字,忍见亭前旧战灰。
> 最是大和魂不泯,樱花争与菊花开。①

这首诗是站在日本的立场上写就的,从中可以看出空间设置对参观者情感与思绪的影响。表忠碑高高矗立,参观者身在远处便已处于表忠碑所营造的氛围之中。在前往参拜的途中,参道与台阶使参拜者只能缓慢前行,强化了仪式感。在凭吊之后,吴萱草祝愿日本能够国魂不泯,国运永昌。可以说,这是一个持日本立场的参拜者比较完整的参观过程与体验,也是以表忠碑为中心构建起来的空间塑造参观者的记忆与认同的具体案例。

除主体建筑表忠碑外,菊花台内"还有吉良中尉等战死者的碑,并仿照第十军登陆地杭州湾李家大宅的六角堂,建有若干个园亭"。② 表忠碑将战争"神圣化",而针对特定战死者的纪念碑则将个

---

① 吴萱草:《菊花台吊战死皇军》,《诗报》第250号,1941年6月22日,第21页;《南方》第139期,1941年10月1日,第28页。转引自徐淑贤:《台湾士绅的三京书写:以1930—1940年代〈风月报〉、〈南方〉、〈诗报〉为中心》,花木兰文化出版社,2013年,第183页。

② 谷田勇:《南京菊花台附近谷兵团奋战记》(1942年12月16日油印版),何慈毅译,王卫星、雷国山编《南京大屠杀史料集11·日本军方文件》,第321页。

图片说明：

上方左图描绘的是"日军杭州湾上陆"的画面，其中特别突出了六角亭；上方右图为菊花台建设过程中的照片，这里的亭子应即谷田勇所说的"仿照第十军登陆地杭州湾李家大宅的六角堂"所建。下方左图为现在的六角亭。

图片来源：

上方左图为笔者所持军事明信片，绘者铃木荣二郎；上方右图参见网址：http://kuaibao.qq.com/s/20180722A0IEVI00? refer = spider，查看时间 2020 年 4 月 7 日；下方左图为笔者所摄，2020 年 11 月 30 日。

图 2-2　六角亭

体生命凸显出来。另外,通过六角亭等建筑将杭州湾登陆这一已经逝去的事件拉回现实,将发生在浙江的事件移植到南京,就在时间上将过去引入当下,在空间上将关于杭州湾登陆的记忆纳入公园所创设的记忆场域之中。总之,通过建筑物与空间格局的设置,多重时空下的记忆被叠加展示和固定化。这些规划强化了对战死者的显彰与"神化",参拜者由此受到感染和动员。正如高桥哲哉所说:"国家之所以要彰显阵亡者,不是出于对被动员参加战争而死去的士兵的'悲痛'、'哀悼',而是为了准备下一次战争,动员人们像战死的士兵们一样以'为国捐躯'为荣,自愿牺牲自己的生命。"①

关于菊花台内的中国无名将士墓,本章第五节将具体讨论。这里要说明的是,中国无名将士墓被安排在通往表忠碑的参道旁,应是占领者有意为之。因为,这样的安排至少达到了两个效果:一、让几乎所有的参拜者都知道日军为中国的抗战将士建立了坟墓;二、眼前低矮的坟墓与远处高大的表忠碑形成鲜明的对照,进而凸显菊花台内日军为"主"而中国军人为"客"的畸形关系。

四、残灰奉安所与护国神社

所谓"奉安所",就是供奉和安置被尊崇对象的场所。近代日本最著名的奉安所当数各类学校(包括私立学校)中供奉日本天皇及

---

① 高桥哲哉:《靖国问题》,黄东兰译,孙江校,生活·读书·新知三联书店,2007年,第39页。

皇后肖像的奉安所。① 残灰奉安所则是存放日军战死者骨灰的地方。不过，奉安所内的日军骨灰是由各战地转运而来，此后还将转运回日本或供奉于忠灵塔中，因此其中的被供奉者是不断进入和搬出的，并非永久不变。② 在华东和华中地区，主要的残灰奉安所分别在汉口、南京和上海等日军占领的主要城市。③

南京的残灰奉安所位于新街口附近的上乘庵一带（今洪武北路路段）。此地在战前是国民政府进行首都建设的重点地区，交通便利，商贸繁荣；南京沦陷后便被日本人占据，成为日本居留民营业和生活的集聚地。由于位置相近，残灰奉安所自然成为居留民向日军战死者表达敬意的重要场所。1942年12月8日是日本所谓的"大东亚战争"一周年纪念日，日本居留民团为此举行了大诏捧读式、街头游行等活动。当天下午3时，还在残灰奉安所举行了一次战殁将兵慰灵祭。④ 1943年12月22日，南京日军某部队也在残灰奉安所举行了联合慰灵祭，到场者有日本军、官、民数百人。⑤ 除了居留民

---

① 都倉武之「慶應義塾における御真影奉戴と奉安所」『近代日本研究』第35号、2018年1月、65—97頁。
② 曹大臣：《日本人在中国的墓地（1871—1945）》，《历史研究》2011年第3期，第120页。
③ 「本邦ニ於ケル忠霊表会　分割1」、JACAR（アジア歴史資料センター）Ref. B04012331200、第38—39画像、戦前期外務省記録/I門　文化、宗教、衛生、労働及社会問題/1類　文化、文化施設/7項　史跡、記念物/0目/本邦記念物関係雑件/忠霊顕彰会関係　第一巻（外務省外交史料館）。
④《今日为大东亚战争一周年　首都民众热烈纪念　上午举行兴亚大会暨游行》，《中报》1942年12月8日，第3版。
⑤《京日军民纪念阵亡将士》，《申报》1943年12月23日，第1张第2版。

和军队方面,日本驻南京的"使领馆"方面也会前往祭拜,前面提到的日本驻汪伪政府"大使"谷正之在来到南京后,就曾派遣代表前往残灰奉安所致敬。① 此外,伪政权方面有时也会在残灰奉安所举行祭祀活动。1943年4月18日,日军联合舰队司令官、海军大将山本五十六被美军飞机击中毙命。为向日方致意,"南京佛教联合会"决定在6月4日举行追悼大会,而地点就选在残灰奉安所。② 可见,残灰奉安所不仅存放战死者骨灰,而且也是日本占领者和伪政权举行慰灵活动的场所。战死者骨灰的存在,为各种活动营造了"庄严肃穆"的氛围。

与残灰奉安所相比,护国神社更具"神圣性"。因为残灰奉安所仅临时存放战死者骨灰,护国神社则将战死者奉为神灵加以祭祀和显彰,而且具有永久性质——战败及其后果自然不是神社建造者所敢预料的。可以说,护国神社是除了靖国神社以外最具"神圣性"的慰灵设施。村上重良就曾指出:"从明治维新到太平洋战争战败的七十余年间,靖国神社与护国神社是完全反映了支配日本的近代天皇制构造的宗教设施。贯彻其中的原理便是国体的教义,也就是将效忠天皇与死亡设定为所有国民的一切行为的最终目标,这是一种排外性的集团原理。"③护国神社的特殊性使它没有像一般的神社那样普遍出现在日军占领地,从目前的史料来看,仅

---

① 《日新任大使谷正之　昨晨谒陵致敬　并谒主席述一般问题》,《中报》1943年5月19日,第1版。
② 《山本元帅国葬日　首都下半旗志哀》,《申报》1943年6月3日,第1张第2版。
③ 村上重良『慰霊と招魂:靖国の思想』、前言(まえがき)ⅱ頁。

上海、北京、南京、九江等地建有护国神社。① 1941年9月17日,日军在南京五台山举行护国神社地镇祭。② 但由于南京护国神社迟至1944年4月底才建成使用③,其存在的价值可能不在实际的慰灵功能,而更多地体现在象征性上。由于国内学界还没有专门讨论沦陷区内护国神社问题的论著,日本学者也仅关注日本国内的护国神社,因此,本节在梳理护国神社的发展脉络之后,将重点考察它来到南京的过程与遭遇的问题。尤其值得注意的是,南京护国神社与日本国内的护国神社是否有所异同? 异同之间又折射出怎样的历史讯息?

实际上,护国神社制度直到1939年4月1日才正式确立,是日本侵华战争持续演进的产物。当年3月15日,日本内务省发布第十二号公告,要求将原有的招魂社改名为护国神社,护国神社的例祭、

---

① 关于上海护国神社,其前身可能是供奉1932年上海事变中死亡的日军士兵与居留民的上海招魂社,该社位于上海神社境内(江湾路)。参见ジャパン・ツーリスト・ビューロー編『上海』ジャパン・ツーリスト・ビューロー(日本国際観光局)、1939年、83頁;另参见辻子実『侵略神社:靖国思想を考えるために』新幹社、2003年、92頁。关于北京的护国神社,其名称为"南苑护国神社",但其祭神并非日军战死者,而是天照大神、神武天皇、明治天皇,此点较为特殊。参见岩下傳四郎編『大陸神社大観』ゆまに書房、2005年復刻版(大陸神道聯盟1942年初版)、624頁。关于南京护国神社和九江护国神社,详见下文。
② 「本邦神社関係雑件　第五巻　9.南京神社」、JACAR(アジア歴史資料センター) Ref.B04012566100、第2画像、戦前期外務省記録/I門　文化、宗教、衛生、労働及社会問題/2類　宗教、神社、寺院、教会/2項　神社、寺院/0目/本邦神社関係雑件　第五巻(外務省外交史料館)。
③ 《旅京日侨庆祝天长节》,《中报》1944年4月30日,第3版。

镇座祭以及合祀祭等由官方提供经费。① 从此，原本并不完全受官方控制的招魂社被纳入到统一的管理体系之中，地方的慰灵事业与中央的慰灵事业也更为密切地结合起来。

招魂社是幕末维新以来，京都、东京以及日本各地先后建立起来的慰灵设施，以祭祀和显彰为天皇效忠的死者。其中，东京招魂社于1879年6月改称为"靖国神社"，合祀来自全国的所有战死者。各地的招魂社并未随之改名，奉祀的对象也基本都是本地区的战死者。从创立者与管理者来看，靖国神社由日本政府创立，管理主要交陆海军方面；各地的招魂社则情形各异。由藩主创立者有之，由本地居民和遗族创立者有之，还有一些是由本地民众与军队合作创立的。② 相应地，招魂社被区分为官祭招魂社和私祭招魂社两种，分别由政府和民间进行管理与祭祀。据统计，当时日本全国有招魂社131座。这些招魂社的名称、祭祀、神职制度、财产会计等各方面多是自然发展的结果，没有实现真正的体系化。③

以战争的扩大为契机，日本政府决定加强对各地招魂社的统合与管控，使之成为"地方的靖国"。正因如此，在名称问题上，才会有

---

① 「官国幣社以下神社祭祀令中ヲ改正ス・(護国神社ノ鎮座祭及合祀祭)」、JACAR (アジア歴史資料センター)Ref.A14100766400、公文類聚・第六十三編・昭和十四年・第九十七卷・社寺門・神社・寺院(国立公文書館);另参见村上重良『慰霊と招魂：靖国の思想』、179頁。按："例祭"为神社每年举行的祭祀中，最为重要的一次；"鎮座祭"为神灵初次镇座的仪式，可视为神社落成的仪式；"合祀祭"为举行合祀典礼的仪式。

② 小林健三、照沼好文『招魂社成立史の研究』錦正社、1969年、17頁。

③ 内務省神社局「護国神社制度の確立」『週報』第131号、情報局、1939年4月19日号、2—4頁。

将"招魂社"改为"靖国神社"的意见。只是,陆军方面认为,"靖国神社"之名为明治天皇所赐,将其作为其他神社的名称,恐将令人困扰。① 所以,最后才选定与"靖国"同义的"护国"。至于各地护国神社的完整名称,则是在内务大臣的许可下,冠以所在地的道、府、县的名称,如北海道护国神社、大阪府护国神社、爱知县护国神社等。同时,护国神社的社格(即神社的等级)也参照府县社及其以下的标准。② 可见,尽管在制度上护国神社不是靖国神社的分社,但在实际上却担负着靖国神社分社的职能,将其视为靖国神社的分支并不为过。另一方面,由于护国神社是各地招魂社改造而来的,而且仅祭祀本地区的战死者,因而在担负国家指定的战死者慰灵与显彰职能的同时,也具有强烈的地域属性。某种程度上,它为本地居民,尤其是战死者遗属表达哀悼提供了场所。更重要的是,在合祀对象的问题中,地方的意见可能与国家意志之间存在矛盾。对此,白川哲夫的研究已经给予了充分的证明。③

　　一旦离开了地域的土壤,兼具国家意志和地域属性的护国神社将会有怎样的遭遇呢?南京提供了一个虽不普遍但极为典型的案例。1941年10月6日,日本驻南京总领事向外务大臣丰田贞次郎发出一份"秘"级电报,全文如下:

---

① 白川哲夫「『戦没者慰霊』と近代日本——殉難者護国神社の成立史」、217—218頁。
② 内務省神社局「護国神社制度の確立」、5—8頁。
③ 白川哲夫「『戦没者慰霊』と近代日本——殉難者護国神社の成立史」、246—256頁。

丰田外务大臣

第一二九号

军队方面强烈希望在建造南京神社的同时，于神社社殿的右侧建造护国神社，作为境内社存在。十七日也举行了地镇祭。本馆暂行许可，并已向本省（引者按：指外务省）提出追加手续。如右处理是否有当，祈请尽快回电。（完）

杉原总领事[①]

这份电报虽仅寥寥数语，却透露了两条重要信息：一、在南京建造护国神社的主张出自军队方面；二、护国神社建于南京神社内部。从后来的结果看，南京护国神社确实按照军队的意愿建成。那么，这两点信息说明了什么呢？首先，关于护国神社的创建者。日本国内的护国神社基本都是在地方招魂社的基础上扩充改建的，是对地域性慰灵设施的利用与改造。但南京从来都不是日本的领土，也没有日本的租界，没有可资利用的招魂社。而且，直到日军占领南京前，在南京的日本居留民仅有154人。[②] 日军占领南京后虽有所增加，但他们并没为死于"敌国"的本国士兵在"敌国"的领土建造护

[①]「本邦神社関係雑件　第五巻　9.南京神社」、JACAR（アジア歴史資料センター）Ref.B04012566100、第2画像、戦前期外務省記録/I門　文化、宗教、衛生、労働及社会問題/2類　宗教、神社、寺院、教会/2項　神社、寺院/0目/本邦神社関係雑件　第五巻（外務省外交史料館）。

[②]「管内一般概況」、JACAR（アジア歴史資料センター）Ref.B15100137300、第3画像、戦前期外務省記録/M門　官制、官職/2類　官職/3項　会議/0目/領事会議関係雑件/議事録　第六巻（外務省外交史料館）。

国神社的意愿。于是,护国神社原有的地域属性完全脱落,而成为宣扬国家(尤其是军方)意志,进行战死者显彰的重要工具。另一方面,日本国内的护国神社以出身于本地区的战死者为奉祀对象,南京护国神社显然不会祭祀出身南京的战死者。因此,它只能将在南京地区战死的日军士兵及军属作为祭神。① 创建者与祭神的不同体现了南京护国神社与日本国内护国神社的差异,而将护国神社设置于其他神社境内,则更加凸显了日军在占领地建造护国神社的独特性。

日本国内的护国神社虽由原来的招魂社改建,但几乎没有将护国神社作为其他神社之境内社的情况。不仅如此,招魂社改称护国神社后,相应的扩建事业也同时进行。② 显然,这些建设事业需要地方人士的支持,也需要一定的财力和物力才能实现。而这些,在居留民数量有限的日军占领地上,自然会受到相当的限制。或许正因如此,南京护国神社才设置于南京神社境内。

事实上,九江护国神社也设置在九江神社境内。虽然目前可见的关于南京护国神社的资料很少,但关于九江护国神社的档案似可从侧面予以说明。1942 年 3 月 18 日,外务大臣东乡茂德就南昌神社、九江护国神社问题给九江领事发了一封电报。其中,关于九江护国神社的部分,东乡希望最好不要将九江护国神社设置于九江神

---

① 「管内一般概况」、JACAR(アジア歴史資料センター)Ref.B15100137300、第 17 画像、戦前期外務省記録/M 門　官制、官職/2 類　官職/3 項　会議/0 目/領事会議関係雑件/議事録　第六巻(外務省外交史料館)。

② 今井昭彦『近代日本と戦死者祭祀』東洋書林、2005 年、232—237 頁。

社境内;如只能如此,也应尽可能将二者区隔开来。如种植树木,设置栅栏,为护国神社建立单独的鸟居和洗手池等。①

由此可见,建立独立的护国神社更符合日本国内的一般做法;而在日军的占领地内,建立护国神社的不再是与战死者具有血缘或地缘关系的日本民众,而是日本在当地的驻军。神社建立者的不同直接导致了占领地的护国神社与日本国内的护国神社的诸多差异。而日军之所以极力推进护国神社的建设,首先是为了显彰曾经的战友、而今的战死者。只是,在具体的建设与运营过程中,由于护国神社并不具备独立的地位,其显彰战死者的职能难免受到削弱。更何况,南京护国神社建成之时已是日军穷途末路之际,其显彰战死者、动员生者的确切效果虽难以考证,但也大体可以想见了。

五、中国无名将士墓的由来

由陈健、张前执导的抗日名剧《亮剑》第6集中有这样一个片段,独立团骑兵连与日军骑兵联队展开战斗,全部牺牲。日军联队长下令:"厚葬这些支那军人,他们都是勇士!"作为一种反衬中国军人"亮剑"精神的艺术表现形式,这种编排无可厚非。但中国的抗战将

---

① 「本邦神社関係雑件 第五巻 1.一般及雑」、JACAR(アジア歴史資料センター)Ref.B04012565300、第4画像、戦前期外務省記録/I門 文化、宗教、衛生、労働及社会問題/2類 宗教、神社、寺院、教会/2項 神社、寺院/0目 本邦神社関係雑件 第五巻(外務省外交史料館)。

士与侵华日军毕竟是死敌,日军因敬重抗战将士而举行厚葬的解释,终究有待验证。何况,在南京菊花台,中国无名将士墓还与日军的表忠碑处于同一场域之内。关于此点,学界还缺乏专门的解析。

事实上,早在近代以前,日本就有安葬敌方战死者的习俗;但在倒幕运动中,此种习俗被中止,只有效忠天皇的一方才能得到安葬并受到显彰。吊诡的是,日本开始对外扩张后,又形成了一种埋葬敌国战死者的惯例。菊花台内的中国无名将士墓,就需要置于此一脉络之下才能理解。

在古代日本,神道与佛教、儒教、阴阳道等思想深度融合,神灵观念由此发展起来。在此背景下,政争或战乱中含恨而死的人会被视为"怨灵"。为免怨灵作祟,将怨灵作为"御灵"进行祭祀的活动也逐渐普及。尤其是自平安时代的菅原道真(845—903)冤死之后,京都的贵族和民众都心生恐惧,于是将其敬奉为"天满大自在德威天神",并为其建立天满宫。其后,各地也纷纷建宫祭祀。另一方面,在古代末期到中世的日本,对战死者进行不分敌我地供养也极为常见,这种做法恰与佛教的怨亲平等思想相契合。

幕末维新以后,上述传统发生重大变异。在幕末的政争中,只有尊(皇)攘(夷)派的殉难者才能得到祭祀,幕府一方的死者则无人问津,明治初期的内战亦是如此。作为"敌人"的战死者是对抗天皇的"贼"与"寇",因而即使死后也不能得到祭祀。村上重良批评道:"这种特异的人类观、灵魂观不仅破坏了日本历史上的人道主义(humanism),而且在近代天皇制的七十余年间歪曲了日本国民的人性,敌视人类的博爱,阻碍了与其他民族、其他国民之间作为人的共通感。"①关于此点,最直接的案例是在倒幕时期的戊辰战争中,新政府军对支持幕府的会津藩的战死者的残忍处置。当时,新政府的长州藩军取得胜利,但没有收埋敌方遗体,而且明令禁止任何人为其收埋,违者重罚。于是,这些遗体被抛尸荒野,不久便沦为鸟兽之食,极其悲惨。② 从此,会津藩与长州藩之间,尤其是会津若松市与萩市之间便结下仇怨,以致一百多年后两地的市长都无法握手,更谈不上真正的和解。③

与此相对应的是,明治政府对新政府一方的战死者备极尊崇,各地举行的祭祀与招魂仪式且不必说,更在京都、东京等地建立永久性的慰灵设施——招魂社。1879 年 6 月,东京招魂社改称为靖国神社,不久其管辖权从内务省转移给陆海军省。④ 从此,靖国神社便成为合祀着日本所有效忠天皇的战死者的慰灵设施,至今仍在。至于地方建立的招魂社,则在 1939 年改称为护国神社,成为府县一级的"靖国";更下一级的市町村,则在樱井德太郎等人提倡的"忠灵显彰运动"之下,建立了忠灵塔或忠魂碑,成为最基层的"靖国"。⑤ 这些慰灵设施遍布日本,形成一个从上至下的完整的慰灵体系。而被慰灵和显彰的对象,只是那些效忠天皇的战死者。

当日军走向海外,情况又有不同。甲午战争时期,日本全国各

---

① 村上重良『慰霊と招魂:靖国の思想』岩波書店、1974 年、51—55 頁。
② 今井昭彦『近代日本と戦死者祭祀』、39 頁。
③ 孙江:《解构靖国神社的政治话语》,《读书》2006 年第 3 期,第 3 页。
④ 白川哲夫『「戦没者慰霊」と近代日本——殉難者護国神社の成立史』、21—27 頁。
⑤ 大原康男『忠魂碑の研究』暁書房、1984 年、100—111 頁、135—143 頁。

地都举行了各种战死者祭祀与祈祷战胜的宗教仪式①，与此同时，也曾举行过不止一次包括中国战死者在内的祭祀活动。1894年8月19日，在战争爆发不到一个月的时候，高野山千藏院（位于日本和歌山县）就举行了一场"战胜祈愿与敌我双方战死者追善法会"。对于为何要对"敌我双方"的战死者均进行祭祀，他们的解释是："日清韩死者怨亲平等，一莲托生。"次年5月，即《马关条约》签订之后，参与战争的从军僧们又联名发表了一篇名为《祭清国战亡军人》的祭文。文中，他们再次提出："夫我佛教之要旨，在怨亲平等之大慈悲，以此遍及一切众生，转迷开悟。"②如果说这些只是佛教群体的行为，并不代表官方，那么"旅顺阵殁者露军将卒之碑"则是日本官方祭祀敌国战死者的典型案例。日俄战争后的1906年8月，日军成立了以旅顺要塞司令官税所笃文为委员长的"旅顺战殁露兵遗骸合埋委员会"，负责俄军战死者遗体的掩埋工作。1908年3月，俄军将士碑建成，同年6月10日正式举行揭幕式。③

那么，这是否意味着，在经历了短暂的倒幕运动之后，传统的怨亲平等思想与实践重新恢复了呢？事实也非如此。靖国神社内

---

① 白川哲夫「『戦没者慰霊』と近代日本——殉難者護国神社の成立史」、114—127頁。
② 李世渊「日清・日露戦争と怨親平等」『日本仏教綜合研究』第10巻、2012年、75—76頁。
③ 「旅順二於ケル露国戦死者弔魂碑除幕式挙行一件」、JACAR（アジア歴史資料センター）Ref.B07090961700、戦前期外務省記録/5門 軍事/2類 戦争/9項 墓地、埋葬、戦跡及記念（外務省外交史料館）。另参见日本外务省网站：https://www.mofa.go.jp/mofaj/annai/honsho/shiryo/qa/meiji_05.html#21，查看时间：2020年3月29日。

图 2-3 "旅顺阵殁者露军将卒之碑"

供奉的战死者不断增加,但幕府军的战死者至今未能进入,这是最直观而明确的证明。围绕怨亲平等与"忠灵显彰"之间的错位问题,日本学者主要有三种见解。第一种认为,怨亲平等与"忠灵显彰"针对不同的祭祀对象,二者为平行关系。前者侧重于对战死者,尤其是敌方战死者的安抚;后者则强调对优秀人物的显彰,进而将其奉为神灵。在近代日本,这两种思想与行动同时存在,并不矛盾。[①] 第二种观点与第一种类似,但强调"忠灵显彰"为近代日本的主流,而怨亲平等的实践为支流。[②] 第三种观点认为,怨亲平等思想虽是

---

① 山田雄司「怨霊と怨親平等との間」、國學院大學研究開発推進センター編『霊魂・慰霊・顕彰——死者への記憶装置』錦正社、2010 年、7—29 頁。
② 藤田大誠:「近代日本における『怨親平等』観の系譜」『明治聖徳記念学会紀要』第 44 号、2007 年 11 月、101—117 頁。

"古已有之",但其含义与实践经历了"近代化"的过程。换言之,近代日本的"怨亲平等"与近代以前的"怨亲平等"已是两个不同的概念。研究表明,这种改变至迟在甲午战争中就已出现。当时,日本将自己标榜为"文明"国家,宣称将以国际法为基准进行此次战争。而直接展现战争的"文明"程度的,便是遵守红十字条约,对战争中的伤员不分敌我皆予救治。这种"不分敌我"的主张恰与佛教所主张的怨亲平等相近,而日军内部即有随军僧存在。于是,佛教界,特别是随军僧便将怨亲平等与当时的"文明"和"野蛮"话语结合起来,日本以怨亲平等/文明的姿态对待清军士兵及其战死者,实际上是为了强调这场战争是"文明"与"野蛮"之间的战争。

日俄战争时期,面对基督教/白种人出身的对手,日本以怨亲平等的姿态展现自身"文明"的需求更加迫切。当然,日本之所以能够在怨亲平等与"文明"之间建立联系,还因为有一个宗教的脉络和政治的脉络。宗教方面如前所述,政治上则是突出怨亲平等体现了天皇的"仁"与"慈",同时也是佛教界企图稳固与明治政府的关系,从而缓和维新以来政府推崇神道、压制佛教的态势。[①] 总之,怨亲平等思想虽承自中世,但必须将其置于近代语境之中才能准确地理解。同样地,对于日军为中国将士建立坟墓的现象,也要结合当时的时代语境,乃至具体的时空语境。

不可否认,日军为中国将士中的战死者举行慰灵仪式、建造坟墓的现象确实存在。1938年2月8日,南京特务机关就在挹江门举办了一次"中国军战死者慰灵祭",中日两方的僧侣及伪自治会成员

---

① 李世渊「日清・日露戦争と怨親平等」,71—76頁。

均参与其中。① 其后，1939年成立的日显会也延续了这一做法，具体而言就是为中国人建造供养塔。在向民间人士说明建造供养塔的理由时，樱井德太郎提起在中国时见到中国人被抛尸野外的惨象，他说："遗骨遗灵是东洋人的共通观念，因此，我们必须考虑那些成为抗日战争的牺牲者，那些曝尸荒野的纯情的支那青少年，以及直接间接因事变而死的男女老幼。"原来，供养塔的对象并非只是战死的中国将士，而是各类因战争而死去的中国人。樱井直言：据不完全统计，因战争而死亡的中国人已经达到四百五十万以上，必须为这些牺牲者建立专门的供养塔，以祈祷冥福。当然，具体的建设工作交给伪政权，日显会则负责"指导"与"援助"。② 此后，日军果然将建造供养塔的工作推进到中国沦陷区。1940年11月，天津、太原、石门（今石家庄）、徐州、连云港五处被确定为供养塔建设地，与日军在该地所建的忠灵塔、忠魂碑处于同一地点。在相关报道中，中国的抗战士兵被描述为"纯真无知的牺牲品"，日军建塔则是为了"日支融合"，体现了武士道的精神。③

从佛教主张的怨亲平等到武士道，这种表述上的差异体现了日本人对祭奠敌方死者的认知差异，而"日支融合"的现实目标则更为时人所重视。他们都将中国的抗战士兵视作没有必要的牺牲，一方面贬低了中国的抗战，另一方面又彰显了日军的"仁慈"。此时已经

---

① 「上村利道日記」(1938年2月8日)、南京戦史編集委員会編『南京戦史資料集』偕行社、1989年、299頁。
② 「支那側の霊に供養塔　武士道発揮の忠霊顕彰」『東京朝日新聞』1939年9月10日朝刊、第11版。
③ 「大陸に忠魂碑と供養塔」『東京朝日新聞』1940年11月22日夕刊、第2版。

赋闲的松井石根甚至提议，应建立"日支合同精灵（供养）塔（碑）"，使中日两国的人可以共同祭吊，从而建设所谓的"日支协同体"。① 后来，这一提议进入了中显会在华东沦陷区的规划中，并称这将"在精神上使日支永远地结合与融合在一起"。② 不过，目前没有史料证明这一规划得到落实，而松井石根本人则在1940年树立了一尊"兴亚观音"，供奉中日双方的战死者。

在此脉络之下，菊花台内中国无名将士墓的存在就不难理解了。那么，日本人是如何面对中国无名将士墓的呢？据笔者观察，在面向不同的"观众"时，日本人的表现会有所不同。当他们面对中国方面时，日本人会表现出一定的礼节。例如，日本外交官员参拜表忠碑时，也会向中国无名将士墓鞠躬致敬。1940年4月，刚刚辞去首相职务的阿部信行来到南京，以"特派大使"的身份与汪伪政府交涉各项"条约"事宜。而他初到南京就参拜了日军表忠碑，同时到中国将士墓前致意。③ 同年11月，日汪"建交"。12月，被任命为日汪"建交"后第一任"大使"的本多熊太郎来到南京。与阿部信

---

① 「本邦ニ於ケル忠霊表会　分割1」、JACAR（アジア歴史資料センター）Ref. B04012331200、22画像、戦前期外務省記録/I門　文化、宗教、衛生、労働及社会問題/1類　文化、文化施設/7項　史跡、記念物/0目/本邦記念物関係雑件/忠霊顕彰会関係　第一巻（外務省外交史料館）。

② 「本邦ニ於ケル忠霊表会　分割1」、JACAR（アジア歴史資料センター）Ref. B04012331200、39画像、戦前期外務省記録/I門　文化、宗教、衛生、労働及社会問題/1類　文化、文化施設/7項　史跡、記念物/0目/本邦記念物関係雑件/忠霊顕彰会関係　第一巻（外務省外交史料館）。

③ 《日阿部大使一行　昨凭吊雨花台后　恭谒中山陵致敬》，《中报》1940年4月28日，第1张第4版。

行一样,他也向中国将士墓行一鞠躬礼,并向表忠碑行三鞠躬礼。①

然而,在面向本国人时,他们就会表现出另一种姿态。在一场对日本居留民做的演讲中,曾在第十军任职的谷田勇说:"希望来参拜表忠碑的人,为误作抗战牺牲品的蒋军将士洒上一掬之泪。"②在他看来,中国的战死者只是"误作抗战牺牲品",是日本占领者怜悯的对象。而这种表述与前面樱井德太郎所说的"抗日战争的牺牲者""纯情的支那青少年",以及日本国内的新闻报道中所说的"纯真无知的牺牲品"等等何其相似!就此而言,占领者在面对中国无名将士墓时的反应与为中国阵亡将士建造坟墓的立场是一致的:一方面,他们对"敌国"表现出"文明"与"友好"的姿态;另一方面,他又以"胜利者"的立场"怜悯"中国将士的"纯真无知"。究其实,他们是在否定中国抗战的基础上,建构自身的正面形象。

六、小结

以上,本章对日军在南京建立的慰灵设施进行了初步的探究。与中显会最初的设想相比,虽然部分工程没有在南京实现,但菊花台及表忠碑的建设顺利完成,五台山的忠魂碑则在改为护国神社后于1944年建成。另外,菊花台内中国无名将士坟墓的存在也极具象

---

① 《日新任驻华大使 本多恭谒总理陵寝 昨下午特访谒汪主席 晚宴外长褚大使等》,《中报》1940年12月30日,第1张第1版。
② 谷田勇:《南京菊花台附近谷兵团奋战记》(1942年12月16日油印版),何慈毅译,王卫星、雷国山编:《南京大屠杀史料集11·日本军方文件》,第321页。

征意义,占领者对"敌国"战死者的暧昧态度在此得到生动地呈现。可以说,作为"帝国"的日本在"敌国"领土上建立的慰灵设施,因社会环境与政治经济环境均与日本国内不同,故而引发了不少问题。概括而言,主要包括在地化与空洞化两个方面。

在地化意味着妥协和改变。在日本国内,慰灵设施虽由日本政府主导,但同时也得到了日本社会各阶层的普遍支持。因此,日本国内慰灵设施的建造与维持大多较为顺利,即使有所停滞,一旦有事,相关整备与扩张工程也会很快就开展起来(如樱井德太郎鼓吹的"忠灵显彰运动")。而在南京——可能也包括日军占领的其他地区,尽管日军制定了不少用以显彰战死者的塔或碑的建设计划,但很难全部实现。而且,即使是建成的菊花台表忠碑,由于它仅以第十军为慰灵对象,严格来说并不能成为本地最重要的碑塔式慰灵设施。日本的历任"大使"来此参拜其实只是无奈之举。至于将护国神社建成其他神社的境内社,更是只会出现在日军占领地的特殊现象——而且只出现在日军少数的几个占领地上。此外,安葬"敌方"的战死者,为其建造坟墓,这也是日军占领地独有的现象,没有出现在日本国内。从某种程度上说,慰灵设施的在地化显示了日本帝国在南京进行军事占领和统治的限制与限度。

空洞化是指慰灵的"哀悼"与"显彰"职能被抽空。高桥哲哉认为,国家组织的战死者慰灵并非为了表达哀悼之情,而是要借此实现国民动员与统合,以准备下一场战争。[①] 高桥所强调的是慰灵的"显彰"职能,即动员国民精神的社会职能。但是,显彰并不意味着对哀悼的

---

① 高桥哲哉:《靖国问题》,黄东兰译,孙江校,第39页。

否定,毋宁说,国家通过对国民(特别是遗属)哀悼之情的引导与利用,在显彰战死者的同时,追求国民统合与国家动员的目标。慰灵设施是国民与国家之间的纽带,它同时内含着哀悼与显彰两种职能。但当日军的慰灵设施走出日本,进入"敌国"的领土,随着外在环境的变化,慰灵设施本身也变得扭曲起来。尽管南京也有日本侨民,但他们数量有限,且很少与战死者有直接的血缘或地缘关系。南京的慰灵设施由日军而非侨民建设起来,就明确体现了生者与死者之间关系的疏远,于是哀悼的职能也就无从谈起。或许,日军建造慰灵设施本就有强化生者与死者之间联系的动机,亦即显彰的动机。其效果固然不能完全否认,但终究失去了相应的社会基础。表面上,占领者通过不时组织的慰灵活动实现了国民统合,但记忆之场本身却变得空洞。

结果,日本在南京建造的慰灵设施只能成为徒具外表的、象征性的存在。关于此点,战争时期的一个日本人给出了很好的注解:"在敌国领土上兴建表忠塔或者神社这样的做法,不是太露骨地表现出象征战胜并夺得领土的野心又是什么呢?"[1]

---

[1] 日高琼琼彦:《支那事变不是复仇的奖赏》(1942年3月),木村英夫:《战败前夕》,罗萃萃译,周雪莲校,江苏古籍出版社,2001年,第199页。

第三章

纪元节
日本纪元二千六百年庆典的南京境遇

一、引言

1940年2月11日,农历正月初四,南京民众刚刚迎来沦陷后的第三个旧历新年。此日,也是日本人"百年一遇"的纪念节日——日本纪元二千六百年的纪元节。

纪元节确立于明治初期。当时,日本政府将传说中的第一代天皇即位之年(公元前660年)定为"皇纪"元年,亦即日本纪元元年。随后,太政官布告规定每年的2月11日为纪元节,届时全国放假,并举行相应的庆祝活动。① 依照这一算法,1940年正是日本纪元二千六百年,2月11日则是日本纪元二千六百年的纪元节。

为庆贺这一重大时刻,也借此强化国民统合与动员,在南京的日本军方、"使领馆"以及居留民团体都举行了相应的活动。当天上午,一千余名军、官、民代表在日本人小学校举行庆祝典礼;同时,日军宪兵队整队前往菊花台,举行遥拜式,并种植松树五百株。另外,中国派遣军总司令西尾寿造等人还在五台山举行了南京神社兴工奉告祭,并举行遥拜式。正午,这里还发射了一百零一发礼炮,情形颇为热烈。其后,日本居留民又举行了庆祝游行活动。他们从五台

---

① 村上重良:《国家神道》,聂长振译,商务印书馆,1990年,第124页。

山出发，途经中山东路、太平路等主要街道。或许由于此时正是旧历春节，途中旁观者极众。① 但中国民众也仅是旁观者，并未被组织到庆贺活动之中。

这些只是日本诸多庆贺活动中很小的一部分。除了纪元节当天的仪式，日本还筹划了各种"奉祝行事"和"奉祝事业"（详见下文），特别是 11 月 10 日、11 日两天在东京举行的规模盛大的庆典活动。而且，正如南京所呈现的，日本纪元二千六百年的庆贺活动（以下概称为"纪元庆典"）并不限于日本国内，而是波及几乎所有的日本殖民地与占领地。可以说，纪元庆典以时间为主题，在东亚各地（主要在日军势力所及之地）的广阔空间中形成了一个巨大的"场"。围绕这样一个巨大的"场"，产生了诸多值得探讨的问题。

关于纪元庆典的研究，日本学界早已展开，主要可分为以下几类：（一）对庆典确立过程的研究②；（二）对庆典具体内容的研究③；（三）对不同地区参与庆典情况的研究④；（四）对庆典中重要人物的研究⑤。

---

① 《京市日本军民庆祝二千六百年纪元节　举行遥拜式礼节异常隆重》，《南京新报》1940 年 2 月 12 日，第 1 张第 3 版。
② 古川隆久「紀元二千六百年奉祝記念事業をめぐる政治過程」『史学雑誌』第 103 巻第 9 号、1994 年、1573—1608 頁。
③ 寺内直子「『治乱太平』の響き：紀元二千六百年新作舞楽《悠久》と《昭和楽》」『東洋音楽研究』第 81 号、2015 年、1—24 頁。
④ 倉真一「大阪の枚方遊園で開催された日向博覧会：紀元二千六百年奉祝と地方・新聞社・鉄道会社」『宮崎公立大学人文学部紀要』第 19 巻第 1 号、2012 年 3 月、1—15 頁。
⑤ 西尾林太郎「貴族院議員・阪谷芳郎と『紀元二千六百年』奉祝事業」『愛知淑徳大学論集・交流文化学部篇』第 8 号、2018 年 3 月、71—87 頁。

整体而言,日方关注的主题有逐步细化的趋势,研究范围则多限于日本国内,对日本以外的情形鲜有论述。我国台湾学者蔡锦堂以古川隆久的专著《皇纪·万博·奥林匹克》为基础①,详细梳理了纪元庆典期间日本与我国台湾地区的相关活动,并揭示了其间民众生活的艰辛。作者指出:"行政当局利用纪元二千六百年此一机会,试图展开令[另]一波的国民精神总动员运动,但却又交织纠葛着人民生活物质与经济遭受统制的战争非常时局的矛盾情境。"②肯尼斯·鲁夫(Kenneth J. Ruoff)则将研究视野从日本国内延伸到朝鲜、中国东北等地区。通过对庆典前后日本人"圣地观光"以及与之相关的消费主义的研究,作者质疑了1940年的日本处于"黑暗年代"的流行说法。在他看来,此时的日本没有走向衰弱,而恰恰处于近代性的顶峰时刻。③ 蔡锦堂与鲁夫的研究范围与论点并不相同,但他们的关注点是一致的,即纪元庆典中所折射的战争动员、国民统合与社会经济、民众生活的关联。

然而,以上研究均未关注到全面抗战爆发后的中国沦陷区,特别是南京参与纪元庆典的情形。不同于台湾地区和朝鲜直接受到日本的统治,也不同于东北已被日本经营多年,沦陷区虽处于日军的占领之下,但毕竟时间较短,而且还存在着伪政权这种特殊的政治组织。那么,中国沦陷区是如何因应日本纪元庆典的?与日本国

---

① 古川隆久『皇紀·万博·オリンピック』中央公論社、1998年。
② 蔡锦堂:《"纪元二千六百年"的日本与台湾》,《师大台湾史学报》第1期,2007年12月,第83页。
③ ケネス·ルオフ(Kenneth J. Ruoff)著、木村剛久訳『紀元二千六百年:消費と観光のナショナリズム』朝日新聞出版、2010年。

内及其殖民地相比,又有何异同?本章首先分析时人对日本纪元二千六百年的认识与理解,其次考察包括南京在内不同沦陷地区参与纪元庆典的具体行动,最后通过与日本统治的其他地区的对比,揭示中国沦陷区,尤其是南京参与纪元庆典的特殊性所在。

二、被表述的"历史"

最早记述日本第一代天皇事迹的《古事记》与《日本书纪》是充满神话色彩的书籍,其中的信息自非确切无疑的史实。然而对近代日本来说,这并不重要。黄东兰指出:明治维新以后,"随着天皇制意识形态的确立,民族-国家叙事与《古事记》《日本书纪》中关于大和王朝起源的神话传说,以及江户时代具有神话色彩的国学传统相结合,形成了以天皇谱系为中心的皇国史观"。① 在纪元庆典中,无论是官方还是非官方的表述,都严格遵循着这一"以天皇谱系为中心的皇国史观"。

纪元二千六百年祝典记录委员会是隶属于日本内阁的重要机关,专门负责记录、整理纪元庆典的筹备与具体活动等事宜。在《纪元二千六百年奉祝之意义》一文中,该委员会对纪元庆典的意义进行了较为全面的阐述。开篇首句该委员会便说:"充满光辉的纪元二千六百年实表现我悠久之国运。"②而这"悠久之国运"则以"万世

---

① 黄东兰:《儒学叙事下的中国史——以明治时期日本的汉文中国史著作为中心》,朱庆葆、孙江主编《新学衡》第1辑,南京大学出版社,2016年,第97页。
② 「第一輯 紀元二千六百年奉祝ノ意義」、JACAR(アジア歴史資料センター)Ref. A10110000500、紀元二千六百年祝典記録・第1冊、9頁(国立公文書館)。

一系"的皇室为中心。因此,文章反复强调纪元庆典不是一次简单的庆贺仪式,而是为了"尊崇国体",从而"显扬惟神之道"。① "国体"一词在战争时期的日本受到特别的重视,它可以理解为"以众神之后绵延不绝、万世一系的天皇家系为中心,并以天皇家系为信仰核心的概念"。② 在"尊崇国体"的前提下,官方对于日本二千六百年的阐述自然是完全统一于"皇国史观"之下,而那些非官方的表述则会受到严格的束缚。

纪元庆典前后,日本方面的不同组织或个人撰写了不少关于日本历史的著作,并翻译成中文传到中国。同时,中国沦陷区内也有类似的翻译与出版活动。③ 其中,大川周明的著作最受关注。大川

---

① 「第一輯　紀元二千六百年奉祝ノ意義」、JACAR(アジア歴史資料センター)Ref. A10110000500、紀元二千六百年祝典記録・第1冊、27頁(国立公文書館)。
② 鹤见俊辅:《战争时期日本人精神史(1931—1945)》,邱振瑞译,四川教育出版社,2013年,第38页。
③ 大川周明所著《日本二千六百年史》(第一書房、1939年)出版后,很快就被雷鸣译出,先后连载于上海的《兴建月刊》和《政治月刊》,1941年由政治月刊社出版单行本。《兴建月刊》是日伪组织"兴亚建国运动本部"的机关刊物,而"兴建本部"则是在日本驻上海总领事馆副领事岩井英一的指示下由袁殊等人创立的。后该伪组织与汪伪政府发生矛盾,于1940年12月撤销,《兴建月刊》随之解体,连载转到《政治月刊》继续进行。关于"兴亚建国运动",参见罗君强《伪廷幽影录——对汪伪政权的回忆纪实》,黄美真编著《伪廷幽影录:对汪伪政权的回忆》,东方出版社,2010年,第50—51页。《政治月刊》亦属日伪杂志,参见中国第二历史档案馆《中国抗日战争大辞典》编写组编《中国抗日战争大辞典》,湖北教育出版社,1995年,第483页。另外,大阪每日新闻社亦向全日本征集书稿,最终选定藤谷操所著的《日本二千六百年史》,随即在日本出版发行。1940年,武田胜雄将其翻译成中文由中华法令编印馆(北京)出版。此外,1941年,补庐等编译的《日本综合二千六百年史》由"国立编译馆"(南京)出版;1941年,"日本纪元二千六百年满洲帝国庆祝（转下页）

是日本极端民族主义者,法西斯主义的理论家。1911年他从东京帝国大学文科毕业,后在满铁任职十余年。期间,他先后创建右翼团体犹存社、行地社、神武会。对内主张军部法西斯主义独裁,对外鼓吹大亚细亚主义。① 战后他是甲级战犯之一,战时则为声名显赫的学者与作家。1939年7月5日,他的《日本二千六百年史》由东京第一书房初版初印,短短半年内,第一书房就连续加印了18次,共21万7000册。其在日本受欢迎程度之深与接受范围之广可以想见。② 就在该书出版的同一年,中国的南北两地也分别对该书进行了翻译。南方有上海的《兴建月刊》和《政治月刊》连载该书的中文版③,全部译出共耗时四五百日④,随即于1941年7月由政治月刊社以"政治丛刊第五种"的形式推出单行本。北方则有北平的《新民周刊》自1939年11月起开始连载中文版。⑤ 可见,此书不仅在日本被广泛接受,在中国沦陷区同样有其传播的渠道。

按照大川的表述,日本的历史观优于古希腊,它强调历史的连

(接上页)委员会"制作并发行《日本史概观》(非卖品);1942年,菊池宽著,邵士荫译《日本史话》(又名《日本二千六百年史抄》)由春明服务社(北京)出版。

① 靳文翰等主编《世界历史辞典》,上海辞书出版社,1985年,第22页。
② 大川周明『日本二千六百年史』(第一書房、1940年)第1版第20刷(1940年2月1日)版权页的前1页注有1939年的历次印刷情况。
③ 雷鸣:《日本二千六百年史·译序》,政治月刊社,1941年,第3页。
④ 范青:《介绍〈日本二千六百年史〉》,《政治月刊》第2卷第5期,1941年11月,第138页。
⑤ 绍良:《〈日本二千六百年史〉序》,《新民周刊》第40期,1939年11月,第16页。《新民周刊》为新民会机关刊物,1938年4月创刊于北平。参见中国第二历史档案馆《中国抗日战争大辞典》编写组编《中国抗日战争大辞典》,第681页。

续性,并将之比拟为"生命之流"。① 这种比拟不仅是文学性的,更是一种具有历史与现实指涉的修辞。一方面,与其他国家相比,日本皇室具有"万世一系"的鲜明特征,如历史悠久而未曾断绝的"生命之流"。这是其他国家均不具备的,是"人类历史上一个不可思议的事"。另一方面,在古代的亚洲,作为"文明国"的中国与印度皆比日本先进,而日本则在坚守本国发展方向的同时,吸收中国的儒教文化与印度的佛教文化。如今,中国与印度皆已"堕落",只有日本仍然坚守着自己的方向。进一步而言,日本的现在与未来将给包括中国和印度在内的亚洲各国导以方向。导示他物以方向,正是伟大的体现。② 以此认识为基准,大川开始对日本2 600年间的历史展开论述。除一般史实性的陈述外,大川在行文中尤其突出了日本遭遇的诸多困难,以及在此困难面前日本人之坚毅顽强,最终克服困难,取得胜利。循此表述,该书末章《世界维新潮流中之日本》回顾了明治维新以来日本遭遇的种种挑战与困难,以及由此带来的国内危机。大川认为,日本国内的危机在1931年九一八事变中获得了转机,及至侵华战争全面爆发,更使日本登上了2 600年来未有的"伟大之舞台"。大川坚信:"东亚新秩序之确立,不久即将成为全亚洲复兴之鹄的。全亚洲之复兴,亦即是世界维新之实现。"③

---

① 「紀元二千六百年奉祝ノ意義」一文也将日本的二千六百年称作"上下一贯、脉脉不断的大生命之流动"。参见「第一輯　紀元二千六百年奉祝ノ意義」、JACAR(アジア歴史資料センター)Ref.A10110000500、紀元二千六百年祝典記録・第1冊、15頁(国立公文書館)。
② 大川周明:《日本二千六百年史》,第14、7页。
③ 大川周明:《日本二千六百年史》,第194—198页。

大川对日本历史的表述与同时期的其他通史类著作具有相当的一致性。① 为纪念日本纪元二千六百年,《大阪每日新闻》向全国"无名的作家"征求一部"完全以日本国民的热情,观察民族生活的发展痕迹,要以全身的生命力而著作成"的历史书,最终选定"献身教育笃学而热心的一位女士"藤谷操所著的《日本二千六百年史》(中译本与大川周明所著同名)。①

藤谷认为,具有 2600 年历史的日本国最值得夸耀的地方有两点:第一,以"万国无比的万世一系的皇室为中心",大和民族总是处在顺利的发展中,即使遇到危机也能打开一条血路。第二,日本既不侵略他国,也不被他国侵略,而是"像一个大家族似的国家"发展壮大起来。这就牵涉到了日本在中国已经持续数年的战争的解释问题,对此,藤谷说:日本在中国的行动并不是要让中国割地赔款,而是要驱逐"赤俄",排击英法,将中国"由抗日的迷梦里救出来,使之脱掉欧美各国的殖民地似的现状,与日、满、华各民族一致携手建设东亚新秩序,要向确立永远的和平上迈进去"。② 总之,在上述表述中,日本 2600 年的历史是以万世一系的皇室为中心的,"万古不

---

① 同在中国出版的日本通史类著作还有菊池宽《日本史话》(又名《日本二千六百年史抄》),邵士荫译,春明服务社,1942 年;"日本纪元二千六百年满洲帝国庆祝委员会"制作发行《日本史概观》(非卖品)1941 年;补庐等编译《日本综合二千六百年史》,"国立编译馆",1941 年。因资料所限,笔者未能将日本方面的全部同类著作列出,但上列各书既能被引入中国,其影响力与代表性也能够支撑本章的论述。谨此说明。

① 藤谷操:《日本二千六百年史》,武田胜雄译,中华法令编印馆,1940 年,"大阪每日新闻社原序"第 3 页。

② 藤谷操:《日本二千六百年史》,第 188—189 页。

易之国体"也必须受到尊崇。① 而实际上,日本的起源神话与时下相隔久远,二者之间存在着显而易见的区隔,但在上述关于日本历史的表述中,更为作者所强调的是,二者有着高度统一的核心:天皇是日本的中心,万世一系的皇室亦将永远作为日本的中心而存在。

日本人的相关表述如上,沦陷区内的中国人又是如何回应的呢?大川所著《日本二千六百年史》的中文版译者为雷鸣,据雷鸣自述:在抗战之初,他以为日本会在一年内自然崩溃,故而支持抗战;但战争爆发已近四年,结果却并非如此,因而转向"和平运动"。而要保证真正永久的和平,就必须了解对方的历史与文化。在此思想指导之下,他翻译了大川的这一著作。② 诚然,译者真正的用意现在已经无法辨明,但至少在公开的表述中,"和平"(而非日本的历史)才是他最为看重的。退一步说,即使雷鸣并非真的持此观点,至少也可说明,在他看来"和平"最可能迎合沦陷区读者的心理。通过大川的著作了解日本的历史,则是谋求"和平"的途径与手段。

作为汪伪政府的"宣传部长",林柏生也在纪元庆典来临之际,于《中央导报》上发表了署名文章。他提出,对于日本的纪元庆典"有应认识者三事":

其一,日本自建国以来,国统绵延,万世一系,实有赖于其国民固有之民族精神。其所恃以求民族之独立生存者亦以此,其所恃以

---

① 「第一輯 紀元二千六百年奉祝ノ意義」、JACAR(アジア歴史資料センター)Ref. A10110000500、紀元二千六百年祝典記録・第 1 冊、11 頁(国立公文書館)。
② 雷鸣:《日本二千六百年史・译序》,第 1—3 页。

谋国家之安全发达而与他民族共存共荣者亦以此。

其二,自欧力东渐,东亚民族同受帝国主义之侵凌。然日本民族既能保持其固有之民族精神以与欧美势力相抗,复能迎头赶上,取人之长,补己之短。用是于数十年间,一变而为世界上之一等强国,以为东亚民族独立运动之首倡。

其三,人类共存为民族主义之最高目的,亦为东方道义精神之大本。日本与中国同处于东亚,既同有保卫东亚之义务,日本之强盛已为东亚之复兴任其前卫,中国之复兴更当为东亚之建设固其基地。中日两国,只宜为友,不宜为敌,实为两国国民应有之共同信念,亘万古而不可磨灭者。①

以上三点虽为纪元庆典而发,但并非只是表达庆贺之义,而是分别涉及历史上的日本、现在的日本,以及今后的日本、中国与东亚三个问题。具体而言,历史上的日本万世一系,民族精神根基稳固;现在的日本为一等强国,与欧美帝国主义相抗争,为"东亚民族独立运动之首倡";今后,中国应与日本友好相处,共同保卫东亚,复兴东亚。在林柏生的表述中,日本2600年的历史固然值得称赞,但更为他强调的则是当下与未来的"东亚"。尤其是对当时的中国而言,日本的强盛是既成的事实,中国与日本"只宜为友,不宜为敌"。他的潜台词似乎是,与强盛的日本为敌,只会让"中国之复兴"更加无望。

---

① 林柏生:《对于日本纪元二千六百年庆典之认识》,《中央导报》第1卷第15期,1940年11月,第7页。

汪精卫本人也发表了一篇与林柏生论调相似而略有不同的祝词。祝词中,他赞美了日本两个方面的特点:日本的皇室万世一系,日本的政策"根据八纮一宇之格言"。在他的表述中,"八纮一宇"等同于中国的天下一家,也就是孙中山所畅想的大同世界。因此,汪精卫表示要以日本为榜样,努力实现中国的独立自由,分担建设"东亚新秩序"的责任,进而共谋世界之和平。① 值得注意的是,汪将"八纮一宇"视为中国的文化主张乃至孙中山的政治主张,从而在赞颂日本的同时突出了自身的主体地位。正如他在祝词结尾所宣称的,其首要目标是实现中国的独立与自由(至于如何实现、能否实现则是另一问题),其次才是参与到日本的癫狂妄想之中。另一方面,汪提出的中国的独立与自由问题,是林柏生没有言及的。而此时,日军依然占领着包括南京在内的中国大片领土。

回顾以上关于日本二千六百年的表述可以发现,其内容并非仅是对过去的简单叙述。它以日本皇室为中心,同时容纳了过去、现在与未来。② 它使所有的日本臣民都被束缚在"尊崇国体"的名义之下,失去了作为独立个体的主体性,而仅是帝国臣民之一员。战争时期,这种表述具有无可争议的正当性与权威性,"以'现人神'——天皇的无谬性为中心所建构出的国体观念"被灌输到日本人的思想

---

① 《日本纪元二千六百年庆典 汪院长祝词》(11月10日),《外交公报》第17期,1940年11月,第14页。
② 《紀元二千六百年奉祝ノ意義》一文就明言:"纪元二千六百年奉祝与过去、现在及未来均有密切关联。"参见「第一輯 紀元二千六百年奉祝ノ意義」,JACAR(アジア歴史資料センター)Ref.A10110000500、紀元二千六百年祝典記録・第1冊、9頁(国立公文書館)。

深处,而悖逆者则必然遭到严厉的惩处。① 相较而言,沦陷区内中国人的回应存在着微妙又不容忽视的不同,单做文本的分析或许会有"过度阐释"的嫌疑。因此,下文将围绕日本纪元庆典期间包括南京在内的各沦陷区的具体应对展开论述,从而揭示沦陷区内日伪双方政治互动的实态。

三、纪元庆典与沦陷区

在论述纪元庆典之前,首先需要了解1940年的东亚局势。限于篇幅,这里就以田中隆吉(1893—1972)作于1940年的一首诗略作说明。当时,田中在山西太原担任日军第一军参谋长。就在各地庆祝日本纪元二千六百年时,田中的心里却极其忧虑。他回忆道:"从那时起,对于中日事变的前途已抱着深刻的绝望。"这首诗正是他当时心境的写照:

禹域干戈尚未收,太平洋上暗云流。
休论战阵功多少,正是邦家兴废秋。②

"禹域"是中国的别称,太平洋上暗云流动则是指日美关系处于变动不安之中。诗的前两句说的是日本与中国之间的战争尚未结

---

① 鹤见俊辅:《战争时期日本人精神史(1931—1945)》,第45—49页。
② 田中隆吉:《日本的军阀:日本军阀祸国的真相》,赵南柔译,改造出版社,1947年,第1—2页。

束,与美国的矛盾又激化起来。当此之时,田中所在的第一军司令部正忙于功绩调查,以便翌年公布。田中支持对义务兵的行赏,但坚决反对对将校及下级士官的行赏,他认为这只会煽动将士的功名心,徒劳无益。他在诗中说的"休论战阵功多少"即暗含着对功绩调查的不满。因为,在他看来,这时正是国家面临兴亡考验的关键时刻。1940年1月日美商约废除后,美国逐步收紧对日本的物资输出。当年1月,美国就通知日本原定出口的锡、废铁量减半;6月,美国决定禁止加工机械对日输出;7月,完全禁止优质航空汽油向西半球以外地区输出;9月,禁止废铁输出。到1941年7月,美国直接冻结了日本在美资产并对石油禁运。至此,"日本事实上已经断绝了所有对外贸易,经济陷入窒息状态"。①

在此处境下,日本必须做出新的选择——向美国妥协,或者用武力打破经济封锁。"禹域干戈尚未收,太平洋上暗云流"就是在述说此事。在事实的叙述之外,田中还带着深深的忧虑观察着当时的形势。他本人并不支持与英美开战,认为在中国的战事尚未结束的情况下便对英美这样的强国作战,日本的前途将唯有灭亡。② 田中隆吉知道,无论是选择妥协还是付诸武力,都会对日本的未来产生重大影响,所谓"正是邦家兴废秋"是也。

正是在这样的局势之下,日本迎来了它的纪元庆典。1940年11月10日,东京举行了规模盛大的庆祝典礼。为表隆重,日本还邀请了世界各地的代表参与庆典。其中,中国沦陷区就组织了一

---

① 五百旗头真编著:《日美关系史》,周永生等译,世界知识出版社,2012年,第129页。
② 田中隆吉:《日本的军阀:日本军阀祸国的真相》,赵南柔译,第2页。

个百人代表团前往祝贺。① 当然,派出代表团前往道贺只是"外交礼仪"的需要,沦陷区内部关于纪元庆典的活动才值得关注,它们更直接地展现了占领者与伪政权之间的政治关系与互动实态。

上海是日本人在中国的主要集聚地之一,在日本国内举行庆典的两日间,这里的庆贺活动也同时举行。据旁观者描述,11月10日这天,所有的日本机关、团体、商店等一律悬旗休业,上海神社、虹口公园等地亦纷纷举行了各种庆祝仪式。仪式完毕后便是游行大会,游行之中,有军队维持秩序,游行前列有日本海军陆战队及工部局的武装开道车。游行队伍中有上海神社的神职人员,亦有一般的日本居留民,此外还有乐队和神舆等。他们高呼万岁,浩荡前行,极其热闹。11日,白天为运动大会,晚上则为提灯游行大会。两日间的庆典活动虽然使人疲劳,但即使在旁观者眼中,它也"不特表示出一般日本国民的爱国心理,并且十足显示着勇猛前进的精神"。② 不仅如此,这种强调时间上的同时性——国外庆祝活动与国内同时举行——的做法,还消弭了空间上的距离感,甚至会在某一时刻忘记自己身在异国他乡。毕竟,这片土地已为日本军队所占领。

需要注意的是,以上描述只涉及日本人的活动,根据日方的记录,11月10日上午8时,汪伪政权方面的"要人"也参加了在上海神社举行的奉祝仪式,但并没有中国民众参与的记录,且在众多活动

---

① (汪伪)"外交部参事室":《中国外交年鉴》,三通书局,1941年,第87—88页。
② 高勋:《奉祝二千六百年典礼在上海》,《上海民众》第1卷第1期,1940年11月,第59—60页。

中汪伪政权仅参与了这一礼节性仪式。① 汪伪政府"中央社"在报道上海的纪元庆典时,同样称"情形至为热烈",但没有提到有中国平民加入庆典之列,而仅说这是"日军民"的行为。② 当然,上海市的伪政府自不能无所表示,但未组织民众参与庆典则应是实情。前文提及的译者雷鸣在此前后正在上海。按照前述分析,雷鸣在公开的表述中并不关注庆典本身,更不必说参与到庆典之中,他只是想通过了解日本的历史寻求中日和平的可能。问题是,这样的表述能在何种程度上落实到政治实践之中,又是否同等程度地存在于不同沦陷地区的亲日投日者之中呢?

苏州是沦陷时期江苏的伪省政府所在地。1940年2月11日,日军驻苏州的部队为庆祝纪元节的到来,特设盛大酒宴,于是伪政府的省长、厅长和处长们纷纷"联袂趋祝",伪绥靖司令亦率员往贺。③ 在此次庆贺活动中,伪政府的举措大体与上海相当,并未将苏州市民拉入庆贺活动之中。但到了11月10日正式的纪元庆典时,苏州的情形便不同了。在苏州的报道中,中日两国为兄弟之邦,"本睦邻修好之旨,双方有喜同庆,有患同当。则日本有事,中国应予庆祝;而中国有事,日本亦应予庆祝。故此届日本庆祝,我人应予热烈同情"。这里所说的"同情"绝不仅仅是口头上的,伪省政府的主要

---

① 「第十二輯　奉祝行事　第六編　其ノ他内外各地ニ於ケル行事　第三章　海外」、JACAR(アジア歴史資料センター)Ref.A10110019400、紀元二千六百年祝典記録・第13冊、344頁(国立公文書館)。
② 《京沪日军民庆祝开国纪念》,《南京新报》,1940年11月11日,第1张第1版。
③ 《驻苏友军司令官式辞　中日提携复兴东亚　警备队昨日特设盛大祝宴　省军政长官率僚属纷往祝贺》,《苏州新报》1940年2月12日,第2版。

官员以及部分小学五六年级的学生都参与到庆典活动中。11月10日上午10时,日、伪双方各要员集会于日军在苏州最高部队所在地,举行了隆重的庆祝典礼。① 仪式完成之后,日本方面便开始持旗游行,当天晚上又举行了提灯游行。需要注意的是,报道中明确了游行的成员只是日本人,并无中国人加入,这一点可作为上海的参考。此外,10日晚上的苏州电台还进行了多个节目的广播,包括庆典歌曲、伪省政府主席高冠吾致祝词、中日小学生的演唱等。次日,苏州城内各街道张灯结彩,金门城外与草桥运动场又分别举行了燃放焰火的表演。不仅如此,伪省政府之下的伪县政府还通令各机关团体以至辖区内的各商店,在纪元庆典之日均须悬挂日旗,以示庆贺之意。②

可以说,苏州的伪政府以及整个苏州城都或多或少地被纳入纪元庆典的体系之中。在庆典的集会上,当日本方面举行敬礼、升国旗唱国歌、遥拜宫城、默祷、三呼万岁、大诏捧读等仪式时,无论在场的中国人是否愿意,他们都必须作为仪式中的一员而默默存在。官员如此,城市亦然。与上海庆典期间仅有日本方面的机关团体悬旗志庆不同,苏州整座城市的主要街道都被布置起来。可见,苏州参与日本纪元庆典的程度是高于上海的。

作为浙江伪省政府的驻地,杭州的情形与苏州大体相当。在2

---

① 《日本纪元二千六百年　苏省垣热烈举行　中日为兄弟之邦　有喜应同庆》,《南京新报》1940年11月11日,第2张第1版。
② 《明日日本纪元纪念　各界热烈庆祝　高主席机关长作播音演讲》,《苏州新报》1940年11月9日,第5版。

月的纪元节中,伪省、市长官及伪大民会数十人参与了日本占领者的庆贺活动,但没有平民参与庆祝大会或游行等活动。①而在11月的庆典活动中,则有"中日军、官、民"共同参与。除庆祝仪式外,并有游艺会、广播、焰火大会等庆贺活动,"情况热烈,颇极一时之盛"。②

相较而言,"行政级别"略低的无锡有更加积极的表现。在2月的纪元节中,驻无锡的日军司令官举行了"中日军官民祝贺会宴"。庆贺活动由日本的特务班和伪县公署共同筹备,并经日本人布置。"嘉会堂上,国旗飘扬,红白布幔围挂四周,警卫森严。天虽微雨,而参加各界人士跻跻跄跄,鱼贯而入礼堂。多寿楼前并由男女工人千余名,颇极一时盛况。"③此外,伪大民会青年团还专门派遣宣传队到各乡宣传日本的纪元节,并张贴标语、发放传单。可以说,与苏州、杭州伪省政府在纪元节中的表现相比,无锡伪县政府已经揭去了最后的遮羞布,完全沦为占领者的办事员与传声筒。

这样的状况也出现在山西运城。按照《山西通讯》的说法,运城在纪元庆典中的表现可谓是"全体官民联合总动员"。与日本国内的庆典仪式一样,上海、苏州的庆贺活动都安排在11月10、11两日,

---

① 《日本开国纪念昨举行隆重典礼 中日各机关团体热烈参加》,《杭州新报》1940年2月12日,第5版。
② 《昨为日本纪元盛典 杭市举行庆祝大会 中日官民均参加情况热烈》,《杭州新报》1940年11月11日,第1张第3版。另参见「軍官民合同杭州の奉祝」『大阪朝日新聞』(北支版)1940年11月14日,第5版。
③ 《祝贺日本纪元佳节 各界代表干杯交欢 宣传队出发各乡宣传张贴标语传单 中日两国共同建设新东亚》,《新锡日报》1940年2月12日,第2版。

而运城的伪政府似犹嫌不足,竟安排了从11月9日至11日连续三天的庆贺活动。其中,11月9日的活动属于前期的"预热"阶段。当天,伪新民会将全城各地乃至各街各户都装饰起来,并在各处张贴标语。此外,还有演戏、广播、答谢以及散发传单等活动。11月10日为正式举行庆典的时间,三日庆贺活动中的核心内容也汇集在此日。除摔跤、剑术两项外,包括"日华共同庆祝大会""日华两国国民在市内游行"以及"日华演艺大会"等几乎所有活动,都是由中国与日本两个方面的人员共同完成的。11日的活动同样如此:

十日行事

△庆祝典礼。于居留民会主办之下,在纪念运动场举行此典礼,为庆祝中之最主要部。二千居留民均行参加,呼应于日本帝都宫城前广场之庆祝典礼,三呼天皇陛下万岁。

△庆祝电报。于庆祝礼后将庆祝决议致电于东京、北京、太原各机关。

△庆祝讲演。庆祝典礼终后,由〇〇部队长松本特务机关长作纪念讲演。

△日华共同庆祝大会。在特务机关、新民会主办之下,庆祝讲演终了后,由中国方面各公署、警察队、盐警队、省立第三师范学校学生、新民小学学生、各公会人民团体等举行盛大庆祝大会。

△举旗游行。日华大会终后,日华两国国民在市内游行。

△特别放送。午后由运城放送局放送王道尹公瓦、新民会教化科长两氏之演说。

△摔跤大会。〇〇部队主办,于午后一时二十分在纪念运动场

由驻运城代表选手及一般人举行。

△剑术大会。日本武士道之精华剑术大会于午后二时三十分在纪念运动场举行。

△日华演艺大会。午后七时三十分由日本居留民会、放送局共同主办,开日华演艺大会,由□□转播于日本。

十一日行事

庆祝提灯游行。特务机关、居留民会、新民会、地方事务局共同主办,午后七时三十分举行日华两国民大提灯游行,集合于居留民会事务所前,绕北大街。中国方面集合于城东公署前,绕东大街,在〇〇部队前相会,高呼"纪元二千六百年万岁"于是三天盛大庆祝终了。①

与其他沦陷区相比,运城伪政权的回应最为热烈。就本节的几个案例来说,作为中国最大的城市之一,上海有限地参与了纪元庆典的活动,但并未直接将纪元庆典引入平民生活的范围。而作为伪省政府所在地,苏州和杭州则将纪元庆典扩大到平民生活的环境之中。与这些城市相比,运城伪政权的谄媚姿态一目了然。纵使与无锡相比,运城方面也有过之而无不及,可以说它已完全沦为了占领者的傀儡。诚然,这种现象是多种因素造成的,但其所表征的当时当地的日伪关系,则为了解沦陷区的政治生态提供了线索。

当然,尽管各沦陷区的参与程度有所不同,但都不得不立身于

---

① 《庆祝皇纪二千六百年　运城热烈庆祝三天　全体官民联合总动员》,《山西通讯》第33期,1940年11月,第20—23页。另参见「多彩な奉祝絵巻前線基地運城の奉祝」,「大阪朝日新聞」(北支版)、1940年11月13日、第5版。

纪元庆典所营造出来的或有形或无形的"场"中。在这样一个"场"中,空间的距离感被削弱,通过空间表征出的政治等级却得到加强。以在东京举行的有天皇和皇后参加的庆典为顶点,日本国内以及各占领地都依次开展了相应的庆祝活动,并与东京的活动相互呼应。或许,上海的中国民众并未直接参与到日本的庆贺活动中,但1940年前后的上海对"日本纪元二千六百年"并不陌生。除上述在上海发行的大川周明的《日本二千六百年史》等著作以及庆典之日的相关活动外,报刊媒体中也时常可以看到相关的报道。[①] 同时,日本国内的庆典活动也在上海的刊物中有所宣传。[②] 因此,日本的纪元庆典可谓是不同沦陷区都要面对并给出相当回应的政治事件,南京亦不例外。

四、纪元庆典与南京

1940年的世界形势正在酝酿着重大的变局,沦陷区的政治生态也比此前更加复杂。这一年不仅是日本纪元二千六百年的庆典之期,也是沦陷区(特别是南京)的伪政权发生权力更迭的一个时间节点。自1938年底汪精卫发表"艳电"以来,汪与日本方面的"合作"便逐渐表面化。1939年5月,汪及其追随者从越南河内来到日军占领

---

① 如许竹园:《日本纪元二千六百年之意义》,《上海民众》第1卷第1期,1940年11月,第24—27页。
② 如《出席友邦纪元二千六百年盛典之华中青年代表团游(奈良)时留影》,《新女性》新年特大号,1941年1月,第7页;《参加日本纪元二千六百年庆祝典礼》,《上海民众》第1卷第1期,1940年11月,第64页。此类报道甚多,兹不一一列举。

之下的上海,开始筹划建立伪政权的工作。此时,华北方面有王克敏、王揖唐等人在北平组织的伪临时政府,江浙一带则有梁鸿志等人在南京组织的伪维新政府。汪的到来意味着南北两个伪政权均将发生改组,尤其是位于南京的伪维新政府,更将面临被完全取代的命运。

1940年3月30日,汪精卫组织的伪政府以"还都"的名义正式在南京建立。因此,从1940年初到当年11月日本纪元庆典之时,恰是南京的伪政权发生权力更迭的时期。将前后两个伪政权对纪元庆典的回应结合起来考察,或许能够更好地将沦陷区的政治生态呈现出来。

1940年1月1日,伪维新政府所办报纸《南京新报》的第1版登满了各色人等的新年献词。其中,时任日本首相阿部信行称,"皇纪二千六百年"是具有非凡意义的一年,所有日本人都应为国家的伟大事业而努力奉献,以报答圣恩。虽然战争已历有年,但在当下的中国,"向兴亚大道迈进之中央政府"即将建立,今后的发展道路必然更加顺畅、更加光明。① 谁都知道,这些不过是阿部的官面文章,现实远比想象的复杂。周佛海在元旦当天的日记中感叹道:"中国及世界局势未知呈何现象,殊令人无从臆测。"此时,汪精卫、周佛海等人正在南京筹建沦陷区范围内的"中央政府"。相应地,原来的"维新政府"行将撤销,原有成员的人事安排则仍未确定。② 在此情形之

---

① 《日首相阿部信一(行)发表元旦献辞》,《南京新报》,1940年1月1日,第1张第1版。
② 蔡德金编著:《周佛海日记》(1940年1月1、3日),中国社会科学出版社,1986年,第216、219页。

下,伪维新政府的大小头目们似乎无心关注日本的节庆,这从他们在纪元节中的表现便可见一斑。

2月11日,在南京的日本人如期迎来了他们的纪元节,驻南京的日本军、政当局以及居留民等按照固有的礼仪举行了相应的庆祝活动。当日,《南京新报》有如下报道:

> 十一日午前九时,全居留民奉祝式在日本小学校,日本总领事馆亦同时举行。十川宪兵司令官以下奉祝式则在菊花台举行,同时培植松树五百株以留纪念。同时,午前十时在五台山举行南京神社营造奉告祭,正午十二时持旗游行。所有小学校学生、在乡军人青年会、国防妇人会及一般居留民均可参加。午后三时在国民大会堂开映电影,奏演军乐并演讲。[1]

该报道表明,南京的日本人——包括居留民、领事馆官员、军队及其他团体——都参与到了庆祝活动之中,但不同身份的人却在不同的地方举行仪式:居留民举行仪式的日本小学校是比较一般的集会场所,领事馆则是具有官方性质的场所,军队的仪式则在建有表忠碑的菊花台举行。[2] 此外,五台山还举行了"南京神社营造奉告

---

[1] 《南京日本居民今日行盛大奉祝式 庆祝皇纪二千六百年纪念节》,《南京新报》1940年2月11日,第2版。

[2] 关于菊花台,详见本书第二章的相关论述。1940年11月日本出版的《南京の全眺》(出版信息不明)也做了这样的介绍:"菊花台,雨花台西南方的丘陵,建有柳川中将为纪念这场战争而亲笔题字的表忠碑。雨花台、菊花台都是当时的激战地。"参见卢海鸣、钱长江编:《老画册·南京旧影》,南京出版社,2014年,第142页。

祭"。南京神社是战争时期在南京的日本人极其重要的精神家园，也是举行各类活动的首选场所。① 总之，为庆贺纪元节，占领者举行了众多活动。而在如此之多的活动报道中，却没有出现伪维新政府的踪影。尽管目前还没有更直接的资料，但伪政权即将更迭似不可避免地影响到伪维新政府参与庆贺活动的积极性。至于游行，南京与上海、苏州的情形一样，都是日本人自己的事，并无中国人参加；放映电影、演奏军乐以及演讲同样如此。

3月30日，汪精卫及其追随者在南京建立了伪国民政府，伪维新政府随之瓦解。不过，南京毕竟是日军的占领之地，而且还是1927至1937十年间国民政府的首都，地位极其特殊。因此，占领者不会轻易便将其拱手让于汪精卫等人。在此情形下，日本占领者与汪伪政府之间就形成了一种既"合作"又互存芥蒂的关系，这种政治关系远比一般的殖民者与被殖民者或占领者与被占领者的关系复杂得多。

表面上，与伪维新政府对纪元节的冷淡态度相比，汪伪政府对纪元庆典投入了较大的财力与人力。例如，前文提到的百人代表团就是一笔不小的开支：以每人1000元计，一百人则至少需要10万元。② 在物资紧缺的战时，这是一笔不小的花费。不仅如此，1940年11月10日的《南京新报》与《中报》还用了大幅的版面刊登各"院、

---

① 关于南京神社，参见拙文《神社与它的躯壳：对南京五台山日本神社的考察》，《学海》2016年第3期，第91—103页。另参见本书第五章。
② 《内政部呈：为呈复关于参加日本纪元二千六百年庆祝典礼一案遵于篠日分电各市市长速办具报祈鉴核由》，(汪伪)《内政公报》第6期，1940年9月，第32—33页。

部、会"长官的感想文章。① 此外,上至汪精卫本人,下至并无名望的一般人士都在报刊媒体中发表庆贺日本纪元二千六百年的言论。11月3日,一个名为"金陵艺文会"的组织在"中日文化协会"举办了"日皇纪二千六百年纪念会"。② 关于"金陵艺文会",现有信息甚少,"中日文化协会"则是汪伪与日本方面共同建立的文化组织,该组织以褚民谊为理事长、傅式说为总干事,与日本方面往来颇多。③ 尽管"皇纪二千六百年纪念会"的报道并未明确说明参加者是哪些人,但提到了"招待中日名流",想必所谓的"中日名流"也非一般之人。这样看来,汪伪政府对庆典确实是高度重视并参与其中的。然而,在11月10日南京纪元庆典的报道中,汪伪政府亦未出面:

> 十日为日本举行皇纪二千六百年庆典之日,上午十时十五分,日军总司令部西尾总司令官主持庆祝典礼,亲自领导高唱日皇万岁向东方遥拜。礼毕,举行露天聚餐。同时,日本大使馆、总领事馆等机关亦作同样庆祝。全体在京日侨则齐集中山东路日本人小学校,向东遥拜表示庆祝。所有全市友邦军民人员,莫不兴高采烈。④

---

① 参见《对日本纪元二千六百年之感想文》,《南京新报》1940年11月10日,第2张第2版、第2张第3版;《对于日本纪元二千六百年之感想》,《中报》1940年11月10日,第2张第6版。
② 《金陵艺文会庆祝日本皇纪　明日盛大举行》,《京报》1940年11月2日,第4版。
③ 陈辽:《从"中日文化协会"透视沦陷区敌伪文化的本质》,《陈辽文存》第11卷,香港银河出版社,2013年,第173—180页。另参见罗君强《伪廷幽影录——对汪伪政权的回忆纪实》,黄美真编著《伪廷幽影录:对汪伪政权的回忆》,第47页。
④ 《京日军民庆祝开国纪念》,《京报》1940年11月11日,第1版。

在当日的庆典中,日本中国派遣军总司令西尾寿造亲自主持仪式,而此前苏州、杭州等沦陷区的庆典皆是日、伪两方人员共同参加,难道南京的伪政府真的缺席了吗？日方的记录提供了一条信息:11月10日和11日南京还举行了书道展览大会,"中国方面要人及学生的特别参展作品博得了众人的好评"。① 可见,伪政权方面是以提供书法作品的形式出现的,而其人员则并未到场。上述中方报道的最后一句特别强调"所有全市友邦军民人员,莫不兴高采烈",这既表现了日本军民的兴奋情状,又暗示着本次活动仅仅是对方的庆典,与己无涉。实际上,南京几种主要报纸《中报》《南京新报》《京报》对这一事件的报道也侧面反映了汪伪政府的态度。三种报纸的报道内容完全相同,仅标题略有调整。它们都被编排在第1版,但由于文本内容短小,仅一百余字,因而均不在显眼位置。② 他们似乎要表明,日本的纪元庆典固然是值得报道的事,但又不必(不应)过于突出。概言之,他们有意与日本纪元庆典保持距离:一方面,他们确实发表了各种感想与议论,并派出庞大的代表团赴日参与庆贺;另一方面,关于11月10日南京的正式庆典只发布了极其短小的报道,且汪伪方面集体缺席。这究竟该如何解释呢？或许,以汪伪方面的视角重新审视日本的纪元庆典,就会发现新的线索。

---

① 「第十二輯　奉祝行事　第六編　其ノ他内外各地ニ於ケル行事　第三章　海外」,JACAR(アジア歴史資料センター)Ref.A10110019400、紀元二千六百年祝典記録・第13冊、344頁(国立公文書館)。
② 《京沪日军民庆祝开国纪念》,《南京新报》1940年11月11日,第1张第1版;《旅京日本军民庆祝开国纪念》,《中报》1940年11月11日,第1张第1版;《京日军民庆祝开国纪念》,《京报》1940年11月11日,第1版。

1940年11月,汪伪政府刚刚成立半年,谋求"中央政府"的权威性与合法性是他们的首要目标。而在此时,汪伪政府甚至还没有获得日本方面的正式"承认"。直到1940年11月30日,汪伪政府才与日本签订了所谓的《国交调整条约》,以出卖国家权益与尊严的代价,获得了日本的"承认"。① 因此,纪元庆典前后的汪伪政府没有像运城所做的那样,强行组织民众参与到日本的庆典中。尽管如此,这并不意味着汪伪对日本的庆典避之唯恐不及——事实上也做不到。纪元庆典是"友邦"日本的盛大节庆,作为日本"友邦"的中华民国"国民政府"——尽管仍未获得正式的承认,汪伪政府自然应当致以问候,并派员道贺。这不仅是"外交"礼仪的需要,也是在政治上、文化上强化双方关系的契机。于是,便有了百人代表团的出访,以及汪伪政府各主要部门的长官联合在庆典当日刊发的感想文章。如果说这一解释仍然只是推测的话,那么日本庆典的前后几日间,南京"国民政府"以及南京"市政府"围绕总理诞辰纪念而举行的一系列活动则提供了进一步的证明。

陈蕴茜指出,在众多孙中山的纪念日中,只有逝世日与诞辰日被定为法定节日,举办仪式的规模与形式与"双十"国庆相似。其中,逝世纪念日强调庄严肃穆的沉重感,诞辰纪念日则更加突出喜庆气氛。② 汪伪政府完全继承了此前关于总理诞辰纪念的形式规

---

① 蔡德金:《历史的怪胎——汪精卫国民政府》,广西师范大学出版社,1993年,第126—134页。
② 陈蕴茜:《崇拜与记忆——孙中山符号的建构与传播》,南京大学出版社,2009年,第281—302页。

范,11月9日,亦即日本纪元庆典的前一日,南京"市政府"召集"首都警察厅、南京市党部、市商会暨各区公所、各中小学校代表等三十余人"在大礼堂召开会议,商讨纪念总理诞辰的相关事宜。会议决定:纪念日当天放假一天,全市悬旗志庆;召开纪念大会,行礼如仪;开放中山陵半日,以便民众自由瞻谒;在"国立中央大学"大礼堂举行歌咏比赛决赛。① 南京之外,其他各地区也广泛组织了纪念活动。② 由于这是汪伪政府"还都"以后的第一次总理诞辰纪念,更由于汪伪政权的非法性,南京及各沦陷地区的伪政府都希望通过对孙中山诞辰的纪念"证明"自己的"合法"身份。尤其为它们所强调的是,与日本"合作"乃是孙中山的遗教。③ 与此同时,汪伪需要日本的支持才能在南京立足,因而它又要对日本表示特别的友好与亲密。在此情形下,孙中山所提的大亚洲主义因与日本的大亚细亚主义具有表面的相似性,在实践层面上又为汪伪"联合"日本而不失独立自主提供了依据,因而受到高度重视,并被广为传播。

此外,汪精卫还为总理诞辰发表了纪念文章。文中,汪首先从1940年是鸦片战争的百年纪念说起,指出中国不仅遭受帝国主义的侵略,还有共产主义的威胁。按照孙中山遗嘱的指示,中国要实现独立自由,就"必须唤起民众,及联合世界上以平等待我之民族,共同斗争"。汪认为,无民族主义则不足以唤起民众,无大亚洲主义则

---

① 《市府昨邀各界代表会商总理诞辰纪念办法 决定是日在市政府举行纪念大会 全体放假一日并开放陵园三小时》,《南京新报》1940年11月10日,第1张第3版。
② 《总理诞辰纪念 各地纷筹庆祝》,《苏州新报》1940年11月11日,第4版。
③ 褚民谊:《总理诞辰应如何纪念》,《南京新报》1940年11月13日,第1张第3版。

不足以团结东亚各民族,因此他主张"联合"日本,共同"努力"。最后,汪着重强调,中国的独立自由与(日本所谓的)东亚之解放必须同时推进。在他看来,"中国若不能得到独立自由,则无分担东亚之资格;东亚若不解放,则中国之独立自由不能得到保障"。① 在他的表述中,中国可以通过和平的方式实现自己的独立自由。当然,现实并非如此,这样的想法不过是与虎谋皮,根本不可能实现。

以汪伪政府对总理诞辰的重视以及汪的表述做参考,再回看日本纪元庆典前后汪伪政府的回应,此前的推论便可得到进一步的验证:汪伪政府之所以一面热烈祝贺日本的纪元庆典,一面又与南京的庆贺活动保持距离,主要还是其尴尬的身份决定的。它不会像运城所做的那样一味讨好作为占领者和实际统治者的日本人,也不会像国统区或解放区那样漠不关心。② 汪伪政府的所有回应,都是要表明自己作为日本的"友邦",应该——也只能做到的地步。在总理诞辰纪念日中,从活动安排到演说文章,无一不在强调着汪伪政府与日本之间既"相互提携"又保持距离和警惕的复杂关系。

五、纪元庆典在东亚

以上主要探讨了纪元庆典与包括南京在内的中国沦陷各地区

---

① 汪精卫:《民族主义与大亚洲主义——二十九年十一月十二日总理孙先生诞辰纪念作》,《南京新报》1940年11月12日,第1张第1版。
② 蒋介石在日记中提到了日本的"建国纪念典礼",但他关心的是"倭秩父宫托辞肺炎而未出席"庆祝典礼,参见《蒋介石日记》(手稿),1940年11月16日,"上星期反省录",斯坦福大学胡佛研究院档案馆藏。

的政治互动,可以发现不同地区参与庆典的程度存在着较为明显的差异。另一方面,纪元庆典是日本国内及其势力所及的东亚各地区均须面对的重大事件。要进一步明晰南京以及其他关内沦陷区独有的特征及其与其他地区的异同,就需要对日本国内、殖民地以及伪满洲国的相关情形进行整体把握。

根据古川隆久的研究,日本国内在1930年便开始考虑纪元二千六百年的庆祝问题。① 经过长期的商讨和筹划,到1936年2月,日本中央层面的纪元二千六百年祝典准备委员会确定要从六个方面开展庆贺活动:(一)宫中祝典;(二)国家级神社的祭典;(三)与肇国创业有关之神社的临时祭典;(四)大阅兵式、大阅舰式;(五)国民祝典;(六)"奉祝纪念事业",即建筑、出版等纪念物。② 据统计,纪元庆典前后所举行的"奉祝行事",即仪式、集会等活动共13 000项,"奉祝事业"15 000项,所用经费达1.6亿日元之多。③ 这些活动规模宏大,涉及面广,有的纯粹由官方操办,如宫中祝典、阅兵式、阅舰式等,有的则是在官方的指导和监督之下,由所谓的民间团体组织和落实。

官方层面最受关注的活动,是11月10日在宫城前广场举行的"纪元二千六百年式典"与次日在同一地点举行的"纪元二千六百年奉祝会"。对于现场的情形,《青岛新民报》记者有如下记述:

---

① 古川隆久「紀元二千六百年奉祝記念事業をめぐる政治過程」、1575頁。
② 「紀元2600年祝典準備事業等に関する件」、JACAR(アジア歴史資料センター)Ref.C01001425500、昭和11年2月14日「永存書類甲輯 第6類 昭和11年」(防衛省防衛研究所)。
③ 『紀元二千六百年祝典記録』(別巻)、ゆまに書房、2002年、182—183頁。

会场设于宫城外院之广场,此次之近卫首相为奉祝会会长,办理至为周密。会场正面,原有式殿一座,专为国家大典之用。两日来参加者共计五万人,场内所设五万之座位,均为临时建筑者。警备森严,极其大观。式殿上一面为各王公、大臣、元老、近卫军、海陆军,一面为各国大、公使,及大、公使夫人。场中右侧为海陆军乐队,左侧为新闻记者,前排为各省王公大臣,后排为各县代表等。新闻记者参加者共三十六人,中国记者仅三人(包括华北,华中,华南,本团仅黄道明团长一人参加),官吏参加者至少为三品以上者,军人之少佐阶级者在场中可谓绝无仅有。北京市余市长,青岛市署赵市长代表谢总务局长等,亦参加此大会。两日来,大会之秩序大致相同。天皇皇后陛下,两日均御临式殿,全体行最敬礼,然后唱国歌,奏上寿词及奉祝词,并三呼万岁,全体再敬礼,天皇皇后陛下于乐声中即返宫。十一日并鸣炮一百零一响,午间举行御前宴,参加者均入宴。宴时并表演祝舞乐,由宫内省乐部担任,及吹奏乐(大欢喜)"奉祝赞歌"等,又陆海军乐队分别担任。懿欤盛哉,可谓千百年来难遇之盛会也。①

这种五万人规模的庆祝活动显示了日本政府对纪元庆典的重视,然而正如记者记录的,如此盛大的庆贺典礼只有高级军政官僚才有资格参加,完全没有普通民众的身影。而在宫前广场之外,如上所述,纪元庆典既有政府加以指导,也有地方和民间团体积极推动,是自上而下与自下而上共同筹划的结果。从具体的操办情形

---

① 周理卿:《奉祝二千六百年盛况》,《北京新闻协会会报》第7号,1941年3月,第45页。

看,按照上述中央层面的规划,日本国内的各个地方均举行了庆祝活动。以福冈县为例,在县级层面,先后举行了新年奉祝式、纪元节奉祝式及建国祭、后方奉公祈誓大会以及纪元二千六百年奉祝式等活动。在市级层面,还有体操大会、展览会、游行、歌舞等活动。町一级的庆典同样丰富,除奉祝式、奉祝大会等外,还包括运动会、游行、相扑大会、武道大会、参拜神社等各式活动。此外,各公私团体还分别举行了庆贺活动。如"大日本飞行协会福冈县支部"举行的建国祭空中式典,大阪朝日新闻九州支社和日本观光联盟九州支部举行的圣火接力跑等。① 通过这些活动,日本政府最大限度地动员了全国民众,几乎每一个日本人都无法置身事外。

　　日本国内举行的各种"奉祝行事"和"奉祝事业"同样出现在其占据的中国台湾地区和朝鲜。据日本的官方记录,台湾的"奉祝行事"共300项,有运动会、学校大会、展览会等形式;"奉祝事业"共465项,包括植树造林、整备运动场、建造忠魂碑等活动。② 尽管这里的统计数字未必准确,但也在一定程度上展现了殖民地与殖民者的密切关联。不过,需要强调的是,台湾地区和朝鲜毕竟是相对于日本"内地"的"外地"③,

---

① 「第十二輯　奉祝行事　第六編　其ノ他内外各地ニ於ケル行事　第一章　内地」、JACAR(アジア歴史資料センター)Ref.A10110019200、紀元二千六百年祝典記録・第13冊、156—162頁(国立公文書館)。
② 蔡锦堂:《"纪元二千六百年"的日本与台湾》,第76—77页。
③ "外地"是日本明治维新以后产生的概念,它与"内地"(日本本土)相对,指日本扩张以后占领和统治的区域,具体包括中国台湾地区、朝鲜、关东州,以及属于国际联盟托管的南洋地区。在当时日本官方编纂的『紀元二千六百年祝典記録』中,台湾地区和朝鲜亦被称为"外地",与日本的"内地"分开叙述。

其参与纪元庆典的表现与日本"内地"不可避免地存在一定的差异。蔡锦堂对台湾"奉祝事业"的研究值得注意,他发现,许多学校以奉祝纪念的名义建造楠木正成和二宫尊德的铜像。楠木是日本历史上忠于天皇的代表人物,二宫则是出身贫苦但通过努力终有所成的农政专家,学校为二者树立铜像是要对学生进行"忠君爱国"和"勤劳奉仕"的精神教育。与此相近的是,放置天皇、皇后肖像以及教育敕语的"奉安殿"或"奉安库"也在奉祝纪念的名义下进入校园,使校园之内充斥着"忠君爱国"的教育理念。此外,建造、扩充、整备神社也是台湾奉祝事业的重点。① 与日本国内相比,台湾地区所进行的关于神社的"奉祝事业"并无特别之处,但在学校内的活动则确实与日本国内略有不同。日本国内的学校也是奉祝纪念的一个环节,但与其他机关团体相比并无明显的优先地位。而在其占据的台湾地区,由于"内外有别",台湾民众对日本的忠诚度与日本"内地"显然不同,因而需要借助纪元庆典加强对民众的思想统合。统合的重点,自然是心智尚未成熟的在校学生。这种通过纪元庆典加强对殖民地学校和学生思想统合的做法同样出现在朝鲜。例如,在京畿道的"奉祝行事"中,京城师范学校在1940年先后举行了四次奉祝活动,其学生、学生家长以及附属小学学生均被组织到活动之中。在全罗南道,几乎所有的小学也都举行了相应的奉祝活动。②

---

① 蔡锦堂:《"纪元二千六百年"的日本与台湾》,第77—81页。
② 「第十二輯 奉祝行事 第六編 其ノ他内外各地ニ於ケル行事 第二章 外地」、JACAR(アジア歴史資料センター)Ref.A10110019300、紀元二千六百年祝典記録・第13冊、253頁、256—263頁(国立公文書館)。

伪满洲国与朝鲜和台湾地区不同,它是日本承认的"国家",就此而言其参与庆典的程度应更接近于沦陷区的情形。但实际上,伪满的表现与朝鲜和台湾地区几无二致,而与沦陷区的差异较为明显。1939年12月1日,伪满洲国正式设立"日本纪元二千六百年满洲帝国庆祝委员会"。该委员会以"国务总理"为委员长,其下有干事会和事务局,负责具体安排各项庆祝事宜。另外,"省、市、县、旗"等地方伪政府也设置了相应的委员会,从而将日本的纪元庆典全面纳入1940年伪满境内的重大政治工作之中。① 至1940年1月底,伪满政府已确定了庆典的具体安排。其中,"庆祝行事"包括:在"新京"(即长春)举行纪元节祝典、一德一心展览会和庆祝纪元体育大会;赴日参加纪元节庆典、国民动员大会,另外还会参加11月在日本举行的庆祝式典、兴亚都市大会以及兴亚神宫竞技大会等。"庆祝纪念事业"则包括向伪满皇帝献上五谷、向日本皇室献上物产、普及国民舞乐、建设神武殿、日满青少年通信交流等。② 除"新京"外,伪满各地也都在各地方委员会的组织之下举行了庆祝活动。③ 例如,伪满黑河省筹备的"纪念事业"就包括扩充黑河神社、编纂"国境

---

① 「第十二輯　奉祝行事　附説　日本紀元二千六百年満洲帝国慶祝事業」、JACAR(アジア歴史資料センター)Ref.A10110019500、紀元二千六百年祝典記録・第13冊、366—370頁(国立公文書館)。
② 「国都あげて奉祝　紀元節慶祝行事決る」『大阪朝日新聞』(満洲版)1940年1月31日、第7版。
③ 「第十二輯　奉祝行事　附説　日本紀元二千六百年満洲帝国慶祝事業」、JACAR(アジア歴史資料センター)Ref.A10110019500、紀元二千六百年祝典記録・第13冊、389—396頁(国立公文書館)。

史"、设立纪念碑等。① 伪满安东市(今丹东市)在11月10日庆典当日举行了"二千六百年庆祝兴亚国民动员安东市大会",10日凌晨1时,伪组织要求所谓义勇奉公队、青年队、国防妇人队、女子学生队等一万五千人集合,他们迎着深夜的寒风前行,然后与在乡军人队以及一般市民会合,召开市民动员大会。②

从上述情形来看,伪满参与纪元庆典的程度已经与中国台湾和朝鲜这些直接受日本统治的占领地无甚差异。如果说还有不同的话,就是伪满洲国名义上的政治首脑不是日本天皇,而是伪满皇帝。因此,在举行活动时要先向伪满皇宫遥拜,再向日本皇居遥拜。③ 但也正是在1940年的纪元庆典之时,伪满皇帝溥仪在关东军的授意之下,为自己和伪满境内的中国民众"请"来了日本的天照大神,并将其作为"建国之神"供奉在"建国神庙"之中。④ 天照大神出自日本神话,被奉为日本天皇和皇室的始祖。伪满洲国以天照大神为"建国之神"固然有更为复杂的政治原因⑤,但同时也的确强化了伪满洲国相对于日本的从属和傀儡地位。伪满洲国不仅要在纪元庆典之时

---

① 「招魂碑を移転 国境史の編纂など 黒河省の皇紀記念事業」『大阪朝日新聞』(満洲版)1940年2月28日、第7版。
② 「安東市の慶祝興亜国民大会 歴史的感激の大動員」『大阪朝日新聞』(満洲版)1940年11月20日、第5版。
③ 这样的仪式安排有很多,参见「佳木斯市の紀元節 奉祝盛典行事決る」『大阪朝日新聞』(満洲版)1940年1月26日、第7版;「輝く紀元節慶祝 至誠捧ぐ安東省民」『大阪朝日新聞』(満洲版)1940年2月4日、第7版。等等。
④ 溥仪:《我的前半生》,东方出版社,2007年,第321—325页。
⑤ 樋口秀実「満洲国『建国神廟』創設をめぐる政治過程」『東洋学報』第93巻第1号、2011年6月、27—59頁。

与日本同调,在任何时候也都要铭记建立伪满洲国的是日本,因而在任何时候都要追随日本。

与日本国内、朝鲜、我国台湾和东北地区相比,包括南京在内的沦陷区举行的庆祝活动几乎不值一提。即使是表现最积极的运城,伪政权也没有举办具备规模的"奉祝事业",而仅是在庆典前后加入当地日本人的"奉祝行事"之中。笔者认为,沦陷区内的此类行为更多的是一种向占领者表示"合作"态度的政治表演,是一种日、伪之间的政治互动。但是,沦陷区毕竟与日本国内及其殖民统治之地不同,也与伪满洲国存在巨大差异。这里的纪元庆典没有,也不可能达到统合中国民众的目的。在南京这样的城市里,中国民众甚至没有被强迫纳入到庆典之中。可以说,纪元庆典在东亚引起的波澜是以日本国内为中心,而后向中国台湾和朝鲜等地("外地")传导,其次是伪满洲国,最后是沦陷区。愈往外,这一波澜的影响力和渗透力愈弱。

六、小结

在内外局势急剧变动的 1940 年,纪元庆典旨在唤起日本人对"万世一系"的日本皇室的忠诚与信仰,强化日本人作为"皇国"/"神国"之臣民的身份认同。而在日本以外,尤其是在包括南京在内的中国沦陷区,则是另一番情形。

在文本层面上,与日方相比,沦陷区的伪政权及其支持者的表述存在着细微而不可忽视的差异;在实践层面上,各沦陷区均被卷入纪元庆典之中,但不同地区表现出的差异显而易见。笔者认为,这种差异是各地占领者与伪政权之间政治互动的直接反映。基层伪政权的运作主要基于现实利害的考量，很少有十分明确且"坚定"的政治诉求；南京的汪伪政权则追求作为"中央政府"的合法性，因而有意与日方的庆典保持距离。

若将沦陷区作为一个整体分析，其对纪元庆典的因应也有共性。无论是有意与日本保持距离的南京，还是进行"官民总动员"的运城，其参与庆典的程度大体都限制在政治任务或"外交"仪式的层面。在汪伪政府自称继承了国民政府法统的前提下，沦陷区的纪元庆典难以跨越政治礼仪的界限。作为佐证的是，即使是高度配合占领者的运城，也没有台湾地区、朝鲜及伪满洲国所出现的"奉祝事业"。

说到底，日本在这些地区已经营多年，其控制与统治的能力也更高，因而能够动员诸多的人力、物力和财力参与纪元庆典。在战争仍在持续、经济状况日益紧张的时期，这些活动一方面起到战争动员的作用，另一方面也给社会经济带来了直接的影响。而在包括南京在内的沦陷区，由于占领者的统治基础极为薄弱，不具备大规模举办庆典的现实条件。结果，在日本直接统治地区发挥战争动员与刺激经济作用的纪元庆典，在沦陷区便成为展示日伪关系的政治表演。在这场表演中，南京是表现最为"黯淡"的地方之一，但这里所涌动的占领者与伪政权之间的潜流也最为激荡。

第四章

明孝陵
一个日本人的祭祀之行与『国统阐弘』

一、引言

谁会想到,在中日两国正在交战的时代背景下,一个日本人会专程来南京祭祀明太祖？1940年7月4日上午,就发生了这样一场祭祀。当日,明孝陵内的"治隆唐宋"碑殿前放置了用于摆放供品的桌案,左右墙壁上悬挂着云龙爪珠的纹章旗,旗底上半为蓝色,下半为黄色,象天地之意。殿前阶下分置长凳三十余条,日本占领当局和伪政权方面凡百余人参加祭典。①

日本占领当局的参加者包括中国派遣军总司令部樱井德太郎大佐、南京特务机关、驻南京的日军部队、日本驻南京总领事馆等各机关代表,以及《朝日新闻》《每日新闻》等报社记者,南京日本居留民会、国防妇人会南京分会、南京日本高等女学校以及南京神社造营奉斋会等团体代表。伪政权方面的参加者包括伪南京市长蔡培、伪军事训练部总务厅长张永乐、伪考试院副院长江亢虎代表、龚维疆等官僚,《中报》《南京新报》等报社记者,以及大民会相关

---

① 《明孝陵庄严祭典 日本保育明裔存灭继绝 市长蔡培阐述忠孝意义》,《南京新报》1940年7月5月,第1张第3版。

人员。① 从参与者的身份来看，这次祭祀明显具有官方背景。不过，这场祭祀的发起者和主祭者却是一个无官无职的日本人。他叫山下清一，自称"明庙禋祀事务所所长"，代表明室后裔祭拜祖先。

上午8时，祭祀正式开始。首先进行的是日本神式祭典：修祓、献馔、斋主祝词、告文、宣词、玉串奉奠、撤馔。仪式完毕后举行中国佛式回向：向佛之礼、导师献香、读经；随后是日本佛式回向：伽陀告请弥陀、导师烧香、读经。与此同时，参与祭祀的人员烧香。最后，日本和伪政权方面代表分别发表祝辞，并由祭主山下清一作答谢词。② 在《斋主祝词》中，神职人员前田清简要说明了本次祭祀的由来与意义：

中日名为两国，实属同种，其间虽有征战，但亦时有交流。彼此一心，实为千百年的兄弟之国。明朝三百年间，儒教之学与绘画之技、陶器之术繁兴，中日两国共同进步。清朝兴起后，明太祖子孙之末裔有逃来大日本而定居者，其子孙后世已为日本皇国之公民，代代繁荣。今中国忘此深缘而不顾，轻侮大日本，其抗争之丑态实令人无限遗憾。故此，子孙末裔令大日本国本会长兼明庙禋祀事务所所长山下清一与陆军步兵大佐樱井德太郎同心协力，于中支那派遣总军司令部商议八十日，选定今日昭和十五年七月四日，以报本返始之礼仪举行慰灵式……愿两国恢复古时和睦的兄弟之交，末裔子孙枝叶繁盛，两国长

---

① 山下清一『国統閥弘旅記：日本が託された明の淮王皇靈祭と明陵祭の復興』大陸国統義会明廟事務處、1940年11月、47—51頁。
② 山下清一『国統閥弘旅記：日本が託された明の淮王皇靈祭と明陵祭の復興』、11—12頁。

治久安,东洋风平浪静,天下永久太平。①

《斋主祝词》中所谓的明室后裔是谁？山下清一在《祭主告文》中如是说："往明末淮王常清闵宗社之颠覆,流亡日本而保佑,遗裔累世浴托孤寄命之恩泽,久怀乎故庙兮,远忧乎烈祖之陵寝。先乎亲祭,兹派特使诣谒乎灵庙兮,仰冀祖庙皇灵之裡祀,以可为遗孤泯不忠不孝之罪。"②按照这一说法,淮王朱常清因明朝灭亡而避难日本,其后裔即留日定居。数百年后,淮王后裔怀念祖先,故委托山下清一前往明孝陵祭祖。

那么,淮王后裔是如何从历史的"幕后"走到"台前"的呢？对此,孝陵祭祀的新闻报道给出了说明：明室后裔逃至日本后,德川幕府给予优待但秘而不宣,"幕末硕学佐藤信渊于其著作《宇内混同秘策》中将此一史实公布后,经史家之研究,确证张氏为明室之血脉"。③ 至此,事件的线索大体明晰：明朝末期,淮王朱常清逃至日本避难。其后裔改为张姓,在日本定居。这一"史实"虽被保密,但经"史家之研究"后终于被世人知晓。1940年,张氏家族以山下清一为特使,命其到南京明孝陵祭祀祖先。

---

① 「斎主祝詞」、山下清一『国統闡弘旅記：日本が託された明の淮王皇靈祭と明陵祭の復興』、44—45頁。
② 「祭主告文」、山下清一『国統闡弘旅記：日本が託された明の淮王皇靈祭と明陵祭の復興』、12—13頁。按：此书中有中文和日文两个版本的《祭主告文》,此处所引的内容中文与日文语义相通,故径引中文。
③ 「今ぞ跪拜す祖先の靈　張家三百年の願望つひに満たさる　縁こき紫金山下に追慕」『大阪朝日新聞』(北支版)1940年7月11日、第5版。

尽管这场祭祀借着明室后裔的名义，打着祭祀祖先、祈祷东亚和平的旗号，但在日军占领南京的特殊时期，孝陵祭祀的真实目的显然不会如此简单。早在数十年前，徐尧辉就注意到山下清一所发起的这场祭祀以及与之相关的著述，他认为这些活动的最终目的，就是"捏造借口，以便建立傀儡政府"。① 也就是说，通过这场祭祀，日本占领者要像建立伪满洲国一样，将明室后裔扶植为另一个"溥仪"，在南京建立另一个傀儡政权。

徐的批判不是没有道理，明孝陵对于近代中国而言具有极为特殊的象征意义。1912年2月15日，即清帝退位三天后，孙中山就率领文武百官到明孝陵举行规模盛大的祭祀活动。山下清一的祭祀固然不可与孙中山的祭祀相类比，但明太祖的象征意义则是两次祭祀共同的政治与文化前提。另一方面，山下清一似乎也预料到（或当时即遭遇到）人们的质疑，因而专门对祭祀与复辟的关系做过辩解。他强调，在他从事祭祀及相关活动之时，无论是日本国内还是日军占领地都没有出现复辟明室的运动。他所做的一切都是为了阐扬"国统"精神，为此他还专门写了一部《国统阐弘旅记》。② 于是，即使在山下清一本人的表述中也出现了难以理解的跳跃：既然山下清一是明室后裔派遣的特使，祭祀祖先应是其最为重要的任务，所谓的"国统阐弘"又所指者何呢？

---

① 徐尧辉：《明太子、福王亡命在日本：化名张振甫、张寿山》，中华书局（台北），2017年3月再版（1984年初版），第27页。
② 山下清一『國統闡弘旅記：日本が託された明の淮王皇靈祭と明陵祭の復興』、35—36頁。

总之，整个祭祀的来龙去脉有诸多疑点，需要重新梳理。首先要追问的是，作为祭主的山下清一究竟是何许人也，其思想倾向如何？其次，找到明室后裔——假设明室后裔确实存在的话——在日本之踪迹的所谓"史家之研究"，究竟是一种怎样的研究？再次，如此规格的祭祀活动是如何准备和展开的，其后续影响如何。另外，还要厘清此次祭祀的目的究竟是什么，复辟之说是否属实，"国统阐弘"的具体含义是什么？以下，本章将对这些问题逐一探究。

二、山下清一及其思想

作为孝陵祭祀的祭主，山下清一显然是整个事件的核心人物。就笔者目前所见，山下清一既非官僚或军人，也非真正意义上的学者，即使在当时的日本社会，山下也不是有重要地位和影响力的人物。以下对他的叙述，主要依据山下清一本人留下的资料，辅以笔者的个人推测。

山下清一大概是东京人①，家住东京市赤坂区青山南町五丁目六〇番地。② 其生卒年不详，但在 1935 年出版的《天皇道》一书中，他提到自己有"四十年以上的与各国人交往的经验，大抵能够判断其外语的优劣"。③ 这句话包含了两层含义：首先，假设他与外国人

---

① 山下清一『天皇道』大倉廣文堂、1935 年、6—7 頁。
② 「新東亜の黎明　明朝の後裔が祖廟に報告」『東京日日新聞』1940 年 7 月 5 日。转引自山下清一『国統闡弘旅記：日本が託された明の淮王皇靈祭と明陵祭の復興』、1940 年 11 月、56 頁。
③ 山下清一『天皇道』、245 頁。

的交往开始于 20 岁,那么 1935 年时山下清一至少已是 60 岁,1940 年孝陵祭祀时已 65 岁以上,甚至更高。其次,无论其所述的"能够判断其外语的优劣"是否属实,他既然有 40 余年的与外国人交往的经历,那么其出身应为中上之家。作为旁证的是,该团体所出版的《明君臣之亡命及庇护》一书的署名者为赤池浓(1879—1945),1940 年他已 71 岁,为警视厅总监、贵族院议员(详见下文)。山下清一与赤池浓属同一团体,又是"大日本国本协会"的会长,其年龄应与赤池浓相当或年长。但《明君臣之亡命及庇护》一书署名赤池浓而非山下清一,可以推断,山下清一的身份应低于赤池浓。进而言之,山下等人组织的"大日本国本协会"是一个以赤池浓为政治后盾,以山下清一为实际头目的团体。该会成立于 1920 年代中期①,至于其具体主张,可以从山下清一所著的《天皇道》和《大和魂与三种神器》略窥一斑。

《天皇道》是一部完整呈现山下清一的宇宙观、历史观与政治观的思想宣言,表达了他改造国民思想、更新国内和国际政治的现实意图。山下清一甚至专门写了一篇《奉奏文》,以臣子向天皇上奏的语气说明他写作此书的理由。在他看来,当时的日本"过食西洋文化,无视国体,动摇皇基,俨然学匪"。因此,他才"以微弱之力提倡国本之大精神,设立日本国本教会,起草国本大道论。以传承之国史为基,阐明神之实在……启示神州太古史之正确与权威,以使人

---

① 具体成立时间不详,但据山下清一 1937 年 1 月的自述,"大日本国本协会"当时已经成立十余年。参见山下清一『大和魂と三種神器』大日本国本协会,1936 年 12 月(版权页如此,实际出版时间应为 1937 年)、1 頁。

心归复,坚固皇国史之基础,声明天皇道为世界道之所以然"。① 山下清一所说的"学匪",主要是指那些接受西方思想,主张天皇为国家机关的一众学人,其中又以东京大学教授、贵族院议员美浓部达吉(1873—1948)为代表。1930年代,对日本现状不满的人认为,"从欧美输入的以个人为基础的教育及社会制度组织"是社会问题的根源,因而主张进行"日本主义国家改造运动"。② 从上述右翼色彩浓重的《奉奏文》来看,山下清一亦可归入"改造运动"的潮流之中。

在《天皇道》一书中,山下清一主要从三个层面阐述其思想主张:首先,宇宙之道即是天皇道。书中,山下清一反复使用"国本"这一概念,它既指日本之本源,也指整个宇宙的本源。③ 至于具体创造宇宙的神,山下否认了西方宗教的一元神论,提出所谓的"造化三元神"说。"造化三元神"是指天之御中主神、高皇产灵神,以及神皇产灵神。其中,天之御中主神居于核心地位,具有宏大无边之特点,发挥协同万有的作用。高皇产灵神和神皇产灵神则分别具有崇高无我和永远无穷的特点,相应地,二者分别发挥了牺牲和进化的作用。牺牲、协同和进化三者互相关联,共同组成所谓的"造化三元则"。④ 这些说法是以日本神话为基础发展而来的,但山下清一坚称这些并非虚构,日本太古史本就与神相连。"这就是惟神道的精神要素。简要地说,就是要与神同在,涵养神赋的本念,即国本精神,这就是

---

① 山下清一『天皇道』、6—7頁。
② 荒川幾男『1930年代——昭和思想史』(現代日本思想史 第5巻)、青木書店、1971年、137—138頁。
③ 山下清一『天皇道』、8頁。
④ 山下清一『天皇道』、9—24頁。

惟神道的内核。"他要强调的是,宇宙和世界的起源都是惟神道(天皇道),其内核则是国本精神。它超然于所有宗教之上,是宗教以外的"绝对道"。①

然而,这种被山下清一视为"绝对道"的天皇道并没有在日本占据绝对的统治地位。因此,他又从"天皇道的发现"和"向纯粹日本精神复归"两方面展开叙述。所谓"天皇道的发现",主要是针对日本的历史与现状。在他看来,"敬神崇祖"的传统绵延古今,但从日本的历史来看,历代幕府不仅没有将对现神天皇尽忠的精神传达到国民心中,反而让"佛教、儒教这些外来思想压迫着日本道,使其难以抬头,体悟天皇之神圣不可侵犯性的皇学也无法勃兴"。② 不仅如此,明治维新以来,伴随着所谓"文明开化"的推行,西方思想也渗透到日本国内。"急进主义与外化政策已经出现过食中毒的问题,而且还将举世无双的秘宝,上天赐予的国本精神也减弱不少,可以说毫无益处。"③因此,山下清一提出:无论是佛教、基督教还是其他任何宗教,都不能超越国本。相反,"基于国本的国政超越于所有宗教之上,是绝对的自然理法。所有宗教都要接受国政的统制与指导"。④

基于对天皇道(国本精神)的"信仰",以及对日本历史与现状的不满,山下清一使用了全书一半左右的篇幅阐述"向纯粹日本精神

---

① 山下清一『天皇道』、36—37頁。
② 山下清一『天皇道』、79—80頁。
③ 山下清一『天皇道』、66頁。
④ 山下清一『天皇道』、94—95頁。

复归"的问题。本部分叙述冗长,内容庞杂,大体可以分为三个层次。首先,山下清一强调了复归日本精神的意义。他认为,由于"愚蠢的客气的旧习",日本正面临严重的危机:"在谦让发源地的支那,日本的客气在对手那里行不通,不过是耳边风罢了,总是日本在吃亏上当。虚伪的信义、交错的礼仪,这些都是旧习的产物。旧习不仅使个人和社会文化发生退化,实际上还会毒害国家,将国家引向破灭。"①也就是说,日本应该不顾信义和礼仪,毫不"客气"地在中国掠夺权益,否则日本将会灭亡——这是何等露骨且无耻的侵略言论! 其次,山下清一详细阐述了复归日本精神的具体内涵。其中涉及语言、教育、国体、牺牲精神、宗教信仰等诸多方面。② 说到底,复归日本精神就是要抛弃个人的一切,全身心地投入神道与天皇信仰中。这种对天皇的推崇与信仰,正是战后日本学者所批判的天皇制意识形态。③ 最后,山下清一高度赞扬了信守着"日本精神"的日本妇人与军人。他认为,日本妇人富于牺牲精神,日本军人和日本军队则"以皇民一体的现神国父天皇陛下为大元帅,奉仕之节义极为深厚"。④ 可以说,日本妇人和日本军人是山下清一所倡导的复归日本精神的榜样和代表。

《大和魂与三种神器》(以下简称《大和魂》)是《天皇道》的压缩与精简版本。就其内容而言,两者大同小异,都强调信奉神道,遵守

---

① 山下清一『天皇道』、134—139页。
② 山下清一『天皇道』、157—158页、192页、206页、226页、258页。
③ 大江志乃夫:《靖国神社》,沈志平译,世界知识出版社,1990年,第54—67页。
④ 山下清一『天皇道』、292—298页。

牺牲、协同与进化的三元则。① 值得注意的是,《大和魂》是一本日英双语的书籍:自右向左翻页为竖排的日文版,自左向右翻页则为横排的英文版,两种语言的内容略有不同,但主要论点和思想并无差别。山下清一称,之所以出版英文版本,主要就是"想为在外国的第二代日本人提供阅读上的便利"。② 可见,山下清一不仅对日本国民,而且对国外日裔的思想取向也有意诱导。另外,这也呼应了他已经接触外语数十年的说法。

通过上述解析可以看出,山下清一所主张的天皇道/国本精神是一种日本至上主义的右翼思想。这些思想在哲学史上没有什么价值,但具有思想史的意义。近代以来,在内外交迫的危机之下,日本近代天皇制被生硬地制造出来。它以国学和神道的宗教学说为支撑,在明治初年以神政国家的形态登上历史舞台。它赋予了天皇制以宇宙学的能力,并被广泛地植根于日本国民的深层意识之中。一旦发生社会危机,天皇制的神话就会得到强化,并发挥巨大的影响力。③ 1930年代,因"天皇机关说"而引发的"国体明徵运动"就是其典型案例之一。④ 实际上,山下本人也多次表达了对天皇机关说的不满,这反过来也进一步强化了他对天皇道/国本精神的信奉,对"纯粹"日本精神的追求。

---

① 山下清一『大和魂と三種神器』、13—14頁。
② 山下清一『大和魂と三種神器』、3頁。
③ 安丸良夫『近代天皇像の形成』岩波書店、2001年再版、283—284頁。
④ 关于所谓的"国体明徵运动",参见社會問題資料研究會編,玉澤光三郎著「所謂『天皇機関說』を契機とする国体明徵運動」(思想研究資料特輯第七十二号 極秘,昭和十五年一月)、東洋文化社、1975年。

行文至此,有必要对日本的右翼问题稍做说明。右翼与左翼相对,前者立足于过去,以及过去延续至当下的存在;后者则攻击现存事物,期待从未出现过的未来。在近代日本,右翼思想与势力纷繁多样,但大体而言都对现状表示不满,希望能够以天皇为中心回到过去。① 丸山真男认为,右翼的意识形态有如下倾向:一,对国家的忠诚优先于对其他的忠诚;二,憎恶强调平等与国际性联系的思想或宗教;三,厌恶反战和平运动,赞美"武德";四,讴歌国家"使命";五,呼吁守护民族传统文化,使其免受外部"邪恶"因素的影响;六,一般而言,强调义务而非权利,重视秩序而非自由;七,对作为社会结合的基本纽带的家族与乡土十分重视;八,倾向于将一切人类关系编入权威主义之内;九,确定"正统"的民族宗教与道德;十,认为知识分子或自由职业者容易成为破坏性思想的普及者,因而对他们持警戒和猜疑态度。② 以上十点无疑与山下清一的思想主张相对应,这进一步验证了山下的右翼身份。

当然,在不同历史时期,不同右翼团体之间的关系也颇为复杂。丸山将其分为三个阶段:第一期从大正八、九年(1919、1920年)到九一八事变(1931年),为法西斯主义的准备期;第二期到二二六事件(1936年),为法西斯主义的全盛期;第三期到日本战败(1945年),为法西斯主义的成熟期。在此期间,尤其是二二六事件后,"统制派"掌控领导权,民间右翼失势。③ 从1920年代中期到1940年代,山下

---

① 片山杜秀『近代日本の右翼思想』講談社、2007年、5—12頁。
② 丸山真男『現代政治の思想と行動』(増補版)、未來社、1964年、191頁。
③ 丸山真男『現代政治の思想と行動』(増補版)、32頁。

清一的活动跨越了第二和第三期,此时也正是法西斯主义狂飙突进的时期。不过,山下清一及其"大日本国本协会"虽具有一定的政治背景,但他们并非掌权的统制派,而是民间性质的右翼团体。

一个日本民间右翼团体的头目专程来南京祭祀中国历史上的皇帝,这一点确实不易理解,而直接将其与扶植傀儡政权联系在一起似乎过于武断。要厘清此间的来龙去脉,就必须探明介于山下清一与孝陵祭祀之间的所谓"史家之研究"。

三、所谓"史家之研究"

前文提到,日本国内最早谈及明室后裔流落日本的,是佐藤信渊(1769—1850)所著的《宇内混同秘策》。佐藤为江户后期的农政学者、经世思想家,著有《经济要录》《海防策》等。《宇内混同秘策》成书于日本文政六年(1823年),作者从日本国为世界万国之根本的立场出发,系统叙述了日本占领世界、混同宇内的经略方针。作为近代日本对外扩张政策的先导,该书具有相当的影响力。

翻检《宇内混同秘策》可以发现,书中共有两处提到明室后裔。第一处出现在叙述日军进占江南之时:"立明室之子孙朱氏,封为上公,使其祗敬先祖之祭祀,大施慈德,厚加抚育支那人。信能用此策,十数年间,支那全国将悉数平定。"①值得注意的是,佐藤信渊希望日军侵占江南各地后,封明室子孙为"上公",但其权力或曰职责

---

① 佐藤信淵「宇内混同秘策」、『日本國粹全書』(第十九輯)、日本國粹全書刊行會、1919年第3版、19—20頁。

仅限于"祇敬先祖之祭祀",并不掌握实权。而且他还提出以南京为临时皇居,可见在佐藤信渊的谋划中,明室后裔有且仅有祭祀明室先祖的行动权限,甚至如溥仪那样的傀儡性质的"皇帝"名义也不会有。至于明室后裔是在中国还是在日本,他并未说明。

第二处出现的语境基本相同,也是在叙述日军进攻江南地区时:"江汉以南,势必瓦解土崩,皇师所到之处,城邑望风奔溃。既取诸州郡,即大施仁德,抚纳新附之支那人。首立宋氏(夹注:皇国内明之苗裔甚多,予亲戚中亦有一人为明之朱氏后裔。引者按:"宋氏"为"朱氏"之误)一人,封明室之后,厚祭其祖先宗庙。此外,登用支那人之有文才者,作制令,传檄周边诸州:皇国之讨满清,乃因应明遗族之请愿。盖江南之地,明家遗民甚多。且郑氏、吴氏之余党隐居于此者亦复不少。"①这里,佐藤信渊明确提到"皇国内明之苗裔甚多,予亲戚中亦有一人为明之朱氏后裔",这是一条十分重要的线索。从写作此书时的历史背景来看,作者似乎没有作假的需要,大体而言应属可信。换言之,当时的日本大概的确有明室后裔——至少有人自称是明室后裔。至于其人具体是谁,佐藤没有明言。

前引新闻报道称:"幕末硕学佐藤信渊于其著作《宇内混同秘策》中将此一史实公布后,经史家之研究,确证张氏为明室之血脉。"这句话暗示读者:《宇内混同秘策》出版之后,关于明室后裔的问题很快便引起史学家的注意,并得到证实。但事实上,此后一百余年间,关于明室后裔在日本的话题并未引起学者或公众的追问。所谓"史家之研究"中的"史家",实际上正是山下清一等人。山下自述:

---

① 佐藤信渊「宇内混同秘策」、84頁。

到文政六年佐藤信渊著《宇内混同秘策》,以彰明室遗裔朱子之存在,提唱"以应天府假为京师,立朱子之遗裔封皇,令祗敬明庙之禋祀,以可为东亚中兴建设之第一步"。惟名是好,恨乏实力而已。阅百余岁,今吾侪明庙禋祀事务所同志,搜讨索隐明室之所在兹数年。此间尝辛毒,吃诟訾,探书库,采古籍,分丛鉴根,昨春遂出版《明君臣之亡命及庇护》,今复发行《明裔托孤史》。斯短篇一以补其缺,一以正其误,方期当不肖渡华备携行之便。(引者按:原文即为中文。)①

这段话有几处需要辨析的地方,也提示了一些重要的信息。首先,山下清一所引《宇内混同秘策》的内容与原文有所出入。佐藤信渊原文提出封明室后裔为"上公",而非"封皇";更为重要的是,佐藤信渊是要让日本侵占中国进而统一世界,山下清一则无法用中文直白地表达出来,因而将佐藤信渊的本意改写为"东亚中兴建设之第一步"。其次,佐藤信渊揭露明室后裔的信息后,百余年间确实无人问津,山下清一等人为追寻其线索,花费数年时间"尝辛毒,吃诟訾,探书库,采古籍,分丛鉴根"。这既表明了所谓的"史家"就是山下清一等人,也表明前人提供的线索确实不多,"研究"的过程并不轻松。最后,山下清一明确列出了"研究"的成果,即《明君臣之亡命及庇护》(以下简称《庇护》)和《明裔托孤史》两种。据笔者调查,《庇护》

---

① 山下清一「国統闡弘旅記:日本が託された明の淮王皇靈祭と明陵祭の復興」、1頁。

一书于1938年6月由神乃日本社出版，《明裔托孤史》则尚未查到，但有一本1940年5月由善邻社出版的《淮王常清之研究》（以下简称《淮王》）符合"今复发行"与"短篇"两个描述。而且，《庇护》与《淮王》两本书有很明显的关联：首先，两本书的编辑兼发行者同为小畑利三郎；其次，两本书的内容有明显的连续性；最后，两本书所附的照片多有重合，特别是《坟茔与调查一行》两张照片，展示的调查团的人物合照完全相同。可以推断，两本书的背后有共同的推手，而山下清一所说的《明裔托孤史》或许就是《淮王》一书。退一步说，即使这是两本不同的书，《淮王》一书为山下清一等人出版也应属实。因此，以下将对《庇护》与《淮王》两本书逐一解读。

据《庇护》一书的凡例所说，该书为赤池浓的演讲记录。赤池浓为日本内务官僚、政治家，长野县人。他先后就读于东京府立一中、第一高等学校，1902年7月毕业于东京帝国大学法科大学法律学科。此后便进入仕途，曾任静冈县知事等职，1938年前后他担任警视厅总监，并为贵族院议员。[①] 具有贵族院议员身份且担任重要公职的人，是否真的亲自备尝苦辛，对明室后裔的踪迹摸索多年，或许是需要存疑的；但该书以赤池浓的名义出版，也足以说明赤池浓与山下清一等人所进行的明室后裔的调查与"研究"有密切关联。就思想主张而言，赤池浓是一个反犹主义者，而其反犹的主张又与中国问题结合在一起。他认为，通过与犹太财阀合作，中国的经济建设得以推进；而在经济建设的过程中，对内可以强化中央政府、促进

---

① 秦郁彦編『日本近現代人物履歴事典』東京大学出版会、2012年第2版、6—7頁。

统一，对外则起到排挤日本的作用。① 显然，赤池浓不能接受犹太财阀进入中国，更不能容忍中国出现抗日的思想与行动。

那么，赤池浓与明室后裔之间又有怎样的关联呢？目前没有直接的史料可以解答这一问题，笔者在此试作如下推测：赤池浓虽为长野县人，但在长野县邻近的爱知县，则有一个名为赤池城的地方。从赤池城到他们调查出的明室后裔（张氏家族）所在的名古屋市千种区振甫町，仅有十公里左右的路程。赤池浓或许因赤池城而听到关于张氏家族的传说，当然这也仅是推测，具体情况已很难弄清。尽管如此，从《坟茔与调查一行》以及其他现场照片可以确定，山下清一等人——或许也包括赤池浓——的确到过振甫町，调查过张家墓地。而且，《庇护》一书还透露，调查团一行与张氏家族有过接触。②

《庇护》一书凡一百余页，其中正文三十余页，其余为附录的考证及逸事传说。书中最值得关注的，是论证张家确为明室后裔的部分。按照书中的说法，张家一直都保守着自己是明室后裔的秘密，而且曾有过文献记录。只是在明治维新前后家族记录丢失，因而只剩下口头传说，没有文献资料。③ 至于为何称张家就是明室淮王而非其他诸王的后裔，作者并无直接资料，而仅说："从支那书籍来看，明室王子王孙尽数死亡，独常清无记载。张家则代代相传常清归化

---

① 赤池濃『支那事変と猶太人』政経書房、1939年、1—4頁。
② 赤池濃講演筆記『明の君臣の亡命其の庇護（附録考證）』神乃日本社、1938年、13頁。
③ 赤池濃講演筆記『明の君臣の亡命其の庇護（附録考證）』、4—5頁。

日本,成为张振甫。"①传说是否确切一时难以判断,作者所说的记述淮王历史的书籍则可以追索。

据《明史》记载,朱常清为淮王朱翊鉅的嫡长子。朱翊鉅死后,朱常清继承王位。但此时已是明末,其结局仅有"国亡不知所终"寥寥数字。② 山下清一所说的"支那书籍"显然就是《明史》。然而,在清人倪在田所辑的《续明纪事本末》中,关于朱常清的记载则具体一些:"顺治五年(永历二年、鲁王监国三年、朱成功称隆武四年)春正月,朱成功奉淮王常清监国于其军,改元'东武'。……(同年)冬十月,永历帝在肇庆;使晋成功威远侯,招讨大将军如故。成功改称永历,号召远近,军声颇振。淮王逊位。"③另外,近代学者钱海岳所著的《南明史》还有另一种说法:清军攻占南京后,淮王朱常清起兵反清,后退至江西景德镇。当时唐王朱聿键在福州称帝,朱常清前往依附。次年,清军攻占福州。朱常清与福州诸王退往广州。同年十二月,广州被陷,朱常清逃出广州。后被郑鸿逵迎至军中,不久去世。④ 郑鸿逵为郑成功叔父,同属抗清一支。换言之,尽管《明史》未记载朱常清在明亡之后的结局,但后世史学家则提出朱常清与郑氏合流之说。

虽然如此,《庇护》一书提出的不少证据也确能表明张家祖先的身份非同一般。首先,张家历代祖先的墓地和墓碑都较为特殊,不

---

① 赤池濃講演筆記『明の君臣の亡命其の庇護(附錄考證)』、13頁。
② 《明史·列传》第七,诸王四。
③ 倪在田辑:《续明纪事本末》卷七"闽海遗兵"。
④ 钱海岳:《南明史·淮王朱常清传》(第五册),中华书局,2006年,第1487页。

仅墓地的位置和面积超乎常人,而且墓碑的样式也与众不同:它不是普通的长方形石碑,而是以石质的地藏王(隐喻此地藏有王室成员?)像为正面,碑文则刻于石像背面。不仅如此,张家初代祖先"大明国张氏道延寿山振甫居士"的墓碑还是其生前本人所立,这极为罕见。① 此外,张家的家徽也暗示其超乎常人的身份。所谓家徽,就是一种表示家族血系、地位的图章。张家的家徽名为"云龙爪珠",由位于底部的一片祥云和上部的一个圆形图章构成。明治以后,张氏家徽略有改动,原来的一片祥云改为五个规则的云状图形,环绕于原来的圆形图章周围(见下图)。显然,这样的图案,尤其是龙爪握宝珠的意象,绝非一般身份的人所敢使用。甚至可以由此推测,张氏家族的祖先很有可能出自皇族。最后,幕府对张振甫超乎寻常的优待也暗示了这一点。例如,张氏家族所在的尾张藩藩主就送给了张振甫大片土地,并为其建造房屋;一方面任命其为自己的医士,另一方面又给予其超乎医士的礼遇。② 根据这些证据而推断张氏家族具有明室皇族的身份,并非完全没有道理。

但是,上述内容仅是《庇护》一书的一小部分,占全书更大篇幅的乃是对明末诸臣向日本"乞师"请援,希望在日本的帮助下抵抗清军的"考证"。书中,作者逐条列举了不同人员来到日本请援的记录,其中直接请求日本出兵的就有十七次,还有多次对物资、武器的请援。只是,他们的愿望没有达成,千里而来的使臣亦空手而归。③

---

① 赤池濃講演筆記「明の君臣の亡命其の庇護(附錄考證)」、17頁。
② 赤池濃講演筆記「明の君臣の亡命其の庇護(附錄考證)」、21—23頁。
③ 赤池濃講演筆記「明の君臣の亡命其の庇護(附錄考證)」、32—60頁。

第四章　明孝陵：一个日本人的祭祀之行与"国统阐弘"　177

图4-1　张氏家徽

图片说明：
左图为明治之前的张氏家徽，右图为明治之后使用的家徽。

图片来源：
赤池濃講演筆記『明の君臣の亡命其の庇護（附錄考證）』神乃日本社、1938年；善鄰社編纂『淮王常清之研究』善鄰社、1940年。

作者认为，当时的日本战争结束未久，诸大名对明朝请援多跃跃欲试。而当时的将军又是豪迈一世的第三代将军德川家光，他一直有经营大陆的雄图，寝室的屏风上就有一幅世界地图。① 因此，幕府希望将张振甫（即作者认为是淮王朱常清者）为代表的明朝遗臣作为可以利用的"奇货"，借此进行大陆经营。只是后来明军形势日非，反对出兵的意见终于占据上风，明室后裔之事也就隐而未发。② 值得注意的是作者对此的态度，他认为明军形势不利固然可

---

① 赤池濃講演筆記『明の君臣の亡命其の庇護（附錄考證）』、62—63頁。
② 赤池濃講演筆記『明の君臣の亡命其の庇護（附錄考證）』、72—73頁。

惜，但"我文臣无识，阁臣浅见，遂使千载难逢之机轻易错过"①。显然，作者期待当时的日本能够利用张振甫这一"奇货"，借此机会让日本的势力进入中国——正如佐藤信渊所期望的那样。②

与数百年前不同，1938年前后的日本已经开始全面侵华，南京也已沦陷于日军之手。此时，身为警视厅总监和贵族院议员的赤池浓或许真的会借用《庇护》一书发行所的名字，感叹一声"神乃日本"吧。③ 与此呼应的是，《淮王》一书发行所的名字为"善邻社"。该书的版权页显示，善邻社位于京都府宇治市黄檗山内。此点值得注意，因为赤池浓和山下清一等人都已发现，位于宇治黄檗山的万福寺正是明室后裔与一班遗臣、遗民谋划抗清的基地。④ 另外，《淮王》一书的署名也是"善邻社编纂"，并以"善邻社丛书第一辑"的名义出版。可见，发行者有意强调本书与黄檗山万福寺之间的关系。而且该书的编辑兼发行者，以及印刷者均在东京，独发行所在京都的宇治，操作者的意图隐然显现。⑤ 进一步追查善邻社就会发现，由名为"善邻社"的发行所出版的图书固然不止一种，但由位于京都的"善邻社"发行的图书，目前可知的只有《淮王》一种，且是只有十余页的

---

① 赤池濃講演筆記『明の君臣の亡命其の庇護（附録考證）』、80頁。
② 赤池濃講演筆記『明の君臣の亡命其の庇護（附録考證）』、83頁。
③ "神乃日本社"还出版过《新体制与日本原理》（高島晴雄『新体制と日本原理』、1940年）、《奋力走向日本之道》（高島晴雄『われら蹶然日本の道を往かん』、1942年）等宣扬日本至上主义、日本为"神国"的书籍。
④ 赤池濃講演筆記『明の君臣の亡命其の庇護（附録考證）』、110頁。
⑤ 关于《淮王》一书的相关信息，参见其版权页：善鄰社編纂『淮王常清之研究』（善鄰社叢書第一輯）、編輯兼發行者：（東京市京橋區）小畑利三郎；印刷者：（東京市京橋區）長澤三郎；發行所：（京都府宇治黄檗山内）善鄰社；出版日期：1940年5月。

"非卖品"。① 综合上述因素，发行了《淮王》一书的"善邻社"是否真实存在就值得怀疑了。通过精心的操作，作者似乎要向读者暗示：《淮王》一书是由淮王朱常清曾经的秘密基地组织编纂的，并从这里对外发行。由此，其可信度自然提升。至于署名"善邻"，则可能是因为该书是为"渡华备携行之便"而准备的，其所预设的读者已经包括了中国人。

《淮王》一书仅15页，是名副其实的"短篇"。其主题也非常明确：证明张振甫就是明朝的末代淮王朱常清。具体而言，作者在文中以反证法提出四个疑点，认为如果张振甫不是淮王朱常清，这些疑点就无法理解。第一，林罗山所谓的"有凤鸟之至"。林罗山（1583—1657）为江户初期朱子学派的代表，日本京都人。在与明人陈元赟（1587—1671）的诗歌唱和中，他曾写道："方今我邦山有凤鸟之至，海无鲸鲵之横。"作者认为，"凤鸟"一词非一般身份的人所能使用，必指身份极为尊贵者。第二，德川幕府对张振甫给予特殊优待，并将其秘密保护起来，此间必有蹊跷。第三，高寿觉所说的"全臣节"之意。在长崎华侨卢草硕所著的《卢氏杂集》中有这样的记

---

① 通过日本国立国会图书馆官网搜索可以发现，除了位于京都者外，名为"善邻社"的发行所还有三家：一、位于大连，出版图书有铃木甚助『警务会话指南：日满対訳』（前编）、善鄰社、1934年12月；铃木甚助『警务会话指南：日满対訳』（後编）、善鄰社、1935年4月。二、位于东京市杉并区，出版图书有武久勇三『実験夢判断』、善鄰社、1941年9月；金田信武『泰•仏印飛びある記』善鄰社、1942年6月。三、位于东京市神田区，出版图书有木岛鉄司『祖國の妻へ』善鄰社、1942年7月；武井武夫『回教史』善鄰社、1942年11月。网址：https://www.ndl.go.jp/index.html，查询时间：2020年3月3日。

述:"先君归闽后,亲交与高寿觉。高公尝云:授医张寿山,便买船送长崎,以全臣节。"作者认为,张寿山即张振甫,高寿觉之所以将医术传授给张振甫,且称此举为"全臣节",是因为张振甫具有君王的身份。而这也就解释了第四个疑点:张振甫为何能够精通医术。此外,还有其他一些材料同样能够成为证据,如陈元赟诗中的"永投东海潜金鳞",张家代代相传的"张家是淮王常清的子孙",等等。①

通过对《庇护》与《淮王》两本书的解析,可以发现,山下清一等人所进行的"史家之研究"一方面确实具有一定的学术性,体现了一定的研究水平和研究价值;另一方面也具有明显的政治性,其间多处流露出超乎研究本身的政治意图。就其学术性而言,他们发现张家祖先的身份非比寻常,具有明朝皇室的背景。徐尧辉对他们的论断表现出极大的反感,称其目的是要建立第二个伪满洲国,但他的研究也呼应了张家祖先为明室皇族的论断——尽管具体所指不同:山下清一等人认为张振甫为淮王朱常清,徐尧辉则认为张振甫为明朝末代太子朱慈烺,张寿山为福王朱由崧。② 就其政治性而言,《庇护》的读者主要是日本人,因而作者较为直白地表达了日本应侵占中国的野心,明室后裔则是可资利用的"奇货"。与之相对的是,《淮王》一书预设的读者包括了中国人,因而体现出"善邻"的"友好"姿态。在该书的结尾,作者如是写道:"常清王亡命日本之时,清国频频要求日本将其遣返,但日本并不回应,并永远庇护其后裔。日本

---

① 善鄰社編纂『淮王常清之研究』善鄰社、1940年5月。
② 徐尧辉:《明太子、福王亡命在日本:化名张振甫、张寿山》,第119—148页。

的国际大义,实堪绝赞。张家绵延至今,繁荣于名古屋市东区。"①清朝索要之事显属杜撰,作者如此作结,就是要让读者,尤其是中国读者认识到"日本的国际大义",从而强化其"善邻"的主张。

四、祭祀的准备与展开

以山下清一为首的"大日本国本协会"属于右翼,其从事的活动具有一定的政治性并不奇怪。问题是,在调查和"研究"之后,他们为何要到明孝陵举行祭祀活动呢？尤其需要怀疑的是,山下清一等人是否真的接受了明室后裔即当时的张氏家族的委托？相关报道有如下说明：

> 张家一门世世代代都在大海的对岸遥望故国,追思祖先,时刻不忘汉民族的命运。但即使到了清末,也没有跨越大海的机会。进入民国,世态民心急速变化,仍未能拜谒祖先之灵。怀抱着三百年的愿望,终于迎来了国民政府还都、中日两国同心同德建设东亚新秩序的时刻,现在张家终于可以跪拜在祖先之灵前。为了对汉族同胞表达深挚的情意,特派明庙禋祀事务所所长山下清一氏执明朝之礼……据悉,张氏预定近期将以祭主的身份举行正式的祭祀典礼。②

---

① 善邻社编纂『淮王常清之研究』、14—15頁。
② 「今ぞ跪拜す祖先の霊 張家三百年の願望つひに満たさる 縁こき紫金山下に追慕」『大阪朝日新聞』(北支版)1940年7月11日、第5版。

这篇报道不仅将山下清一前往南京举行祭祀的行为说成是张氏家族的主动要求，而且还称张家三百年来一直期待着能够亲自来到南京举行祭拜，并预定在近期付诸实践。此种说法看似解释了山下清一举行孝陵祭祀的动因，实则并不可靠。首先，山下清一等人具有明显的右翼倾向，其贬低中国的言论明确且多次出现在其书籍中。他们不可能仅因为张家的委托就放弃自己的主张，对中国历史上的皇帝行祭祀之礼。其次，如果张家真的有意到明孝陵祭祀祖先，他们可以亲自来南京，没有必要委托外人代为进行。而且，也没有证据表明张家后来真的来到南京举行祭祖活动。恰恰相反，现有的证据暗示，张家对其明室后裔的身份并不确定，甚至持怀疑态度。1940年时，张家家长为张铃雄，其子张房雄为医学博士，时年31岁。① 孝陵祭祀前，《东京日日新闻》的记者曾采访过住在名古屋市东区矢场町的张铃雄。张铃雄说："现在在冈谷（引者按：即长野县冈谷市）的次子房雄还没有说什么。但在建设新东亚的新兴时代里，明庙禋祀事务处处长山下清一氏作为临时祭祀的代理人，复活了久未执行的祖先例祭，对于明朝后裔的张家来说真是无上欢喜。"② 面对记者，尽管张铃雄没有否认其明室后裔的身份，但言语之间并没有表示要亲自到明孝陵祭祖的意愿。更重要的是，他很重视次子张房雄的意见，而张房雄却没有表态。战争结束后，张房雄曾

---

① 山下清一『国統闡弘旅記：日本が託された明の淮王皇靈祭と明陵祭の復興』、6頁。
② 「明末裔、張鈴雄氏談」『東京日日新聞』1940年7月4日。转引自山下清一『国統闡弘旅記：日本が託された明の淮王皇靈祭と明陵祭の復興』、56—57頁。

数次前往台湾，寻求中国学者的帮助，以弄清先祖张振甫的真实身份。① 由此看来，张房雄没有轻信山下清一提出的张家为明室后裔的说法。孝陵祭祀时没有表态，或许也是有意为之。只是在战争时期，他若对此提出质疑将不利于中日"合作"，因而选择沉默以对。

退一步说，即使张家父子不考虑中日关系问题，他们对孝陵祭祀的态度也表明：他们没有委托山下清一前往孝陵祭祀，更没有表示要亲自前往南京祭祖。实际上，孝陵祭祀完全是山下清一及其团体主动发起的。而且，这还是山下首次来到中国。②

为了让此次大陆之行顺利开展，或许也为了让孝陵祭祀"名正言顺"，山下清一专门成立了"大陆国统义会"和"明庙禋祀事务所"（有时也称"明庙禋祀事务处"）两个组织。③ 山下清一称："大陆国统义会"的目的是"发扬敬天崇祖、忠孝一体之国本精神及主义，体三皇立极之鸿谟，协翼列圣传承国统之永远连绵，并协和善邻、建设东亚之大业"。所谓的"明庙禋祀事务所"则直属于"大陆国统义会"。④ 于是，山下清一不仅是"大日本国本协会"的会长，需要宣扬日本的

---

① 徐尧辉：《明太子、福王亡命在日本：化名张振甫、张寿山》，第1页。
② 山下清一『国統闡弘旅記：日本が託された明の淮王皇靈祭と明陵祭の復興』、32頁。
③ 所谓的"大陆国统义会"和"明庙禋祀事务所"的地址都在山下清一的家中，即东京市赤坂区青山南町五丁目六〇番地，参见《国統闡弘旅記：日本が託された明の淮王皇靈祭と明陵祭の復興》的版权页。
④ 山下清一『国統闡弘旅記：日本が託された明の淮王皇靈祭と明陵祭の復興』（无页码）。

"国本精神";而且还是"大陆国统义会"的会长和"明庙裡祀事务所"的所长,需要在大陆进行所谓的"国统阐弘"和祭祀明陵的工作。

1940年5月26日,山下清一来到南京。但他刚住下,身体便出现不适。与此同时,原本约定接待山下清一的樱井德太郎也在其到达南京的前一天去了北平。由于山下清一是初来中国,也不认识占领当局和伪政权方面的重要人物,因此,樱井在离开南京前将十多张名片托大田良穗中佐转交给山下清一,并请大田良穗引导山下清一拜访了派遣军总司令部、松室公馆、报道部、宪兵司令部、特务机关等相关人物和部门。5月28日,山下清一还与伪考试院副院长江亢虎会面。① 所有这些都表明,樱井德太郎是山下清一在南京的主要依靠者。

樱井德太郎即第二章提到的"忠灵显彰运动"的发起者与推动者,陆军军人。1938年,他到位于东京的陆军中野学校(专门培养日军谍报人才)担任教官,讲授中国问题。孝陵祭祀前后,他任职于日军在南京的中国派遣军总司令部,同时还担任"大日本忠灵显彰会"理事、华北伪第二十九军军事顾问等职。② 孝陵祭祀后不久的1940年9月28日,他又被调任为步兵第34师团参谋长。③ 从这段履历来看,山下清一之所以能够获得樱井的帮助,有两个可能的线索:

---

① 山下清一『国統闡弘旅記:日本が託された明の淮王皇靈祭と明陵祭の復興』、41頁。
② 中野校友会編『陸軍中野学校』原書房、1978年3月、36頁。
③ 外山操編『陸海軍将官人事総覧 陸軍篇』芙蓉書房出版、1994年、419頁。

一，樱井为忠灵显彰会理事，而祭祀明孝陵的活动与忠灵显彰会所从事的祭祀、纪念活动有一定的关联；二，山下清一家住东京，而1938年樱井德太郎曾在东京任职，两人在此时或许会有交集。而且，山下清一在南京见到樱井德太郎时，他还说这是"渡支以来，首次有机会与樱井大佐会谈"①，言下之意两人在日本时就已相识。另外，"大日本国本协会"的政治后台赤池浓还曾任警视厅总监、贵族院议员，或许他也在其间发挥某种作用。

事实上，祭祀活动的具体准备确实离不开樱井德太郎的帮助。7月1日，樱井德太郎终于返回南京。山下立即与他会面，但樱井表示，他最多只能停留三天，4日下午就要离开。为此，他们立即行动起来。当天，他们便拜访了西本愿寺南京别院（南京本愿寺）、居留民会的神职部（南京神社造营奉斋会）、报道部等，希望获得他们的协助。次日，山下清一先在中国派遣军总司令部与樱井德太郎、西本愿寺南京别院的横汤之②、南京神社造营奉斋会的染川幸三郎等举行会谈，就祭祀之时的仪式顺序进行商讨。随后，他又拜访了南京市伪政府、伪军上将刘郁芬、南京特务机关长原田久男以及日军方面有关人员等，并请日军有关方面整理了作为祭祀场所的明孝陵。此外，中国僧人的邀请、印刷品的准备等也都是在这一天完成的。7月3日，在报道部的斡旋之下，山下清一还在东亚俱乐部招待了中国方面的记者团。正是在这样的紧急而略显仓促的筹备之下，

---

① 山下清一『国統闡弘旅記：日本が託された明の淮王皇靈祭と明陵祭の復興』、42頁。
② 横汤通之为西本愿寺南京别院（南京本愿寺）的建立者。

在 7 月 4 日的明孝陵"治隆唐宋"碑殿前,举行了本章开篇所叙述的那场看似庄严而又令人迷惑的祭祀。

樱井不在南京的一个多月里,山下清一除与日伪各方打点关系外,主要就是准备一份提交给汪伪政府的申请书。据山下自述,来中国前他已准备好这份申请书。到南京后,他先与中国派遣军总司令部、报道部等进行会商,再经"大使馆"正式提出。但是,"大使馆"开会讨论后认为,考虑到汪伪政府的立场,这份申请书不可能获准。于是,山下清一向伪考试院副院长江亢虎求助。其后,山下清一重新起草,于 6 月 29 日通过江亢虎正式提交给了汪精卫。① 从申请书的修改和提交过程可以看出,其申请事项必然关系重大,且极可能引起汪伪政府的怀疑乃至反对。那么,山下清一究竟申请了什么呢? 在辩解其行为不是复辟活动时,他概要提到了自己的申请事项:

我阐扬国统的发心或许与明朝复辟运动的起点相同,即两者都是从明室后裔受日本庇护育成这件事开始的。但目的完全不同。我不知道这么做对祖国日本是否有意义,但我希望让来到日本的明室后裔祭祀明陵,让他们自由地对自己的祖先尽大孝。进而言之,让他们对祖国的祭祀成为与我国同样的、基本的政治文化事业,并将其发展为国民的祭祀行为,从而超越政治。在此意义上,我希望张家最适当的人在最适当的地方,成为常驻的祭主。基于此一旨趣,我已经正式向国民政府提出申请,希望能够获得

---

① 山下清一『国統闡弘旅記:日本が託された明の淮王皇靈祭と明陵祭の復興』,41 頁。

准许。①

所谓"张家最合适的人",自然是张家的嫡子,即张房雄。② 所谓"最合适的地方",自然是明太祖朱元璋的陵寝所在地南京。如此说来,山下清一希望作为明室后裔的张家回到南京,并在此常驻。这一做法确实与九一八事变后溥仪被日本人带到东北相类似。更何况,除了幕府时期的《宇内混同秘策》,明治维新以后也确曾出现过"我军得南京后,立即拥立明朝后裔,建都于此"的主张。1887年,这一主张由时任日本陆军参谋本部第一局局长小川又次提出③,而小川又次之婿就是参与策动七七事变和全面侵华的杉山元。就此而言,汪伪政府不愿允准也是理所当然。

或许是为了进一步明确态度,汪伪政府成立初期的主要喉舌《中报》还专门发表了对孝陵祭祀的评论。文章开篇,作者首先叙述明朝与日本之间在思想文化方面的沟通交流——与其说是"交流",不如说是中国一方对日本施加的单向影响,包括王阳明的知行合一、良知良能学说在日本的传播,以及朱舜水东渡后受到日本的优待等。紧接着,作者对明亡以后日本能够庇护帝裔遗臣表示感激。

---

① 山下清一『国統闡弘旅記:日本が託された明の淮王皇靈祭と明陵祭の復興』、37頁。
② 需要说明的是,前引新闻报道称张房雄为张铃雄次子,但张铃雄并未提到其长子,其家族系谱表也显示张房雄成为下一代家长。参见徐尧辉《明太子、福王亡命在日本:化名张振甫、张寿山》,第225页。
③ 山本四郎:《1887年日本小川又次〈清国征讨方略〉介绍》,《抗日战争研究》1995年第1期,第216页。

随后，作者追忆历史，盛赞明太祖"以天生之豪杰，具英武之雄心，叱咤风云，指挥若定，创立基业，圣明如神"。关于明朝的记忆一直潜伏在国人心中，以致清代的多次起义运动，以及孙中山领导的国民革命等，都以"振朱明之坠绪，复华夏之山河"感召国人。最后，作者回到当下：

现在中日双方正以善邻友好之精神来共负安定东亚之重任。山下清一君此次特地渡海来华，对明孝陵致隆重之祭典，其一片虔诚之意，国人自当感谢！由此更可证明明太祖不但为我们中国人所崇拜敬仰，即日本人士如山下清一君亦甚致其钦佩之忱。一代开国之君，收拾山河，奠定社稷，建国东亚，勋业彪炳！想山下清一君于祭祀之余，当然也很希望我们中国人能重振昔日之"家声"，克绍祖宗之勋烈。奋发自强，卓然自立，以平等友好之精神，分担安定东亚之重任。这真是两国的百年大计！①

通过这样一段论述，原本具有复辟嫌疑的孝陵祭祀不仅成为"善邻友好"的具体表现，而且还压低了作为日本人的山下清一，将孝陵祭祀的行为表述为"日本人士"对明太祖"致其钦佩之忱"。此外，更为汪伪政权所强调的是"希望我们中国人能重振昔日之'家声'，克绍祖宗之勋烈。奋发自强，卓然自立，以平等友好之精神，分担安东东亚之重任"。这些话一方面暗含了其作为伪政权的身份焦虑，另一方面似乎也有抵制第二个"满洲国"的用心。毕竟，此时的

---

① 壹东：《山下氏祭明孝陵》，《中报》1940年7月6日，第2张第8版。

汪伪政权仅成立三个多月,甚至还未获得日本的正式"承认"。

五、复辟与"国统阐弘"

至此,与孝陵祭祀直接相关的问题已大体讨论完毕,但仍留下一个最为根本的问题没有给予明确的解答:山下清一究竟是否为了复辟明朝、建立傀儡政权而来?他所说的"国统阐弘"究竟是何含义?

其实,上文的论述已经涉及复辟问题。在笔者看来,山下清一既未提出复辟明朝的主张,也无复辟明朝的动机与能力。就思想而言,山下清一鼓吹日本至上,否定儒家、佛教以及基督教等所有外来思想,宣扬天皇是整个宇宙的现人神。他没有在中国南京扶植另一个"皇帝"的动机——即使这个"皇帝"只是一个傀儡。就能力而言,山下清一及其"大日本国本协会"并不具有影响政局的能力,甚至一份申请书都要听取占领当局和汪伪政权的意见,更不必说要取消汪伪政权、培植另一个傀儡了。而且,无论面对的是中国人还是日本人,山下都没有提出过复辟明朝的主张。因此,真正要追问的是,山下清一所要阐扬的"国统"具体指的是什么。

要解答这一问题,最重要的资料便是《国统阐弘旅记》。该书以中文和日文两种文字记述了山下清一来到中国的整个过程,以及作者的相关感想。中文内容与日文内容略有重合,但也多有差异。这种差异主要是因为它们面向的读者是不同的:面对中国人,山下清一的表述会有所约束;而面向日本人,他就会更直白地表达自己的主张,或者更多地表达日本读者乐于接受的主张。在最重要的

"国统"问题上,山下清一就表述过三种层次分明的含义。

第一层含义是指明朝皇帝的皇统。书中,山下清一列举了整个明代的皇帝谱系,并记述了明朝灭亡后对明代诸帝的祭祀情况:"清顺治十六年巡幸畿辅亲诣诸陵前,为文以祭。特设司香大监及守陵人户有司,以时修葺。民国不承之,废颓至今日,国统中绝焉。"[①]明朝皇帝祭祀明朝的历代皇帝乃理所应当之事,山下清一关注的是,改朝换代之后的清朝继续对明代诸陵加以保护,并继续祭祀;民国以后,此事废绝,山下便称之为"国统中绝"。由此可见,所谓的"国统"至少可以指明朝诸帝的皇统。山下清一到明孝陵举行祭祀,则是恢复已经被废弃的"国统"。

第二层含义是山下清一在中国时重点宣扬的,它指的是中国历代帝王的皇统。孝陵祭祀时,山下清一所朗读的《祭主告文》起首就是:"太皞伏羲东王父'大国主命'与妃西王母'须势理媛命',率东华小童君'少彦名命',肇国乎亚细亚大陆,立极乎五原,垂祉乎六合。"这段话略嫌拗口,主要是因为其中夹杂了日本神话中的神祇名称。关于这一点稍后会再做分析,这里要强调的是,山下清一在祭祀朱元璋时首先称颂的是上古的神话人物,并在其后的《颂文》中继续道:"大皞立极,五帝垂统。尧让舜禅,放伐征诛。"[②]这些话并非俗套之言,而是有明确所指的。在南京的孝陵祭祀结束后,山下清一并没有直接返回日本,而是前往华北,开启了一场长达两个多月的北

[①] 山下清一『国統闡弘旅記:日本が託された明の淮王皇靈祭と明陵祭の復興』,3頁。
[②] 山下清一『国統闡弘旅記:日本が託された明の淮王皇靈祭と明陵祭の復興』,12—13頁。

平之旅。其主要目的就是祭祀明朝帝陵和历代帝王庙。明成祖朱棣篡位成功后,明朝首都从南京迁往北京,因而除明太祖朱元璋和下落不明的建文帝外,明朝历代皇帝的陵墓均在北京一带。历代帝王庙为明太祖朱元璋所建,主祀三皇五帝及历朝开国之君,初在南京。明嘉靖九年(1530年),世宗朱厚熜决定按照南京帝王庙样式,在北京兴建历代帝王庙。此后直至清末,帝王庙所祀帝王及贤臣虽时有增减,但祭祀活动从未中断。①

来到北平后,山下清一"先至玉泉山竭诚参拜景陵(引者按:应为景泰陵),最近于八月十五十六两日复冒所谓八路共匪之险,躬身敬谒天寿山下之明代十三陵"。如此,明朝自开国之君朱元璋以下的历代帝王陵寝,山下清一都进行了拜谒。本来,他还想要到东陵拜谒清朝诸帝陵寝,但未实现,或许也是因为抗日武装的存在吧。②另外,山下清一还曾想专门组织一次大规模的公祭明长陵(明成祖朱棣陵寝,为明代北京诸帝之首)的活动,并已经草拟了公祭启事。结果,同样是出于安全的考虑,这场祭祀活动并没有付诸实践。③ 由此可以看出,山下清一对明朝的"国统"确实较其他各朝皇帝更为重视。这也进一步佐证了"国统"具有上文所述的第一层含义,即明朝皇统。另一方面,山下清一对历代帝王庙的祭祀则是对"国统"第二

---

① 《历代帝王廟大事记》,参见历代帝王庙官网:http://www.lddwm.com/2006/1-4/134317.shtml,查看时间:2020年3月9日。
② 山下清一『国統闡弘旅記:日本が託された明の淮王皇靈祭と明陵祭の復興』、25頁。
③ 《公祭天寿山明长陵启事》,山下清一『国統闡弘旅記:日本が託された明の淮王皇靈祭と明陵祭の復興』、27—28頁。

层含义的具体实践。

1940年9月12日上午,一场规模远大于孝陵祭祀的活动在历代帝王庙内上演。山下清一纠集了伪北京市长江朝宗(1861—1943)等一众伪政府方面人员,加上"先天道总会"会长江洪涛所率徒众六百余人,共千余人参与其中。大殿正中为伏羲、神农、轩辕等历代皇灵,仪式开始后,所有人向其行礼致敬。祭祀时江朝宗、山下清一等均致辞,最后山下清一致感谢词。这篇致谢词内容丰富,其中既提到了他到北平后冒险参拜明陵的经历,也说明了他提倡祭祀历代帝王的原因。此外,他还提出倡议,希望以后每年的9月12日,北平的历代帝王庙以及全国各地都能够继续祭祀历代帝王——不过,这一提议如同向汪伪政权提出的申请事项一样,并未得到回应。在这篇致谢词中,最值得关注的是他对祭祀历代帝王之意义的说明:

> 夫崇拜先德,祭祀祖灵,是为我东亚诸民族共存之淳风美俗……是又为我中日两国同胞敬天德祖、崇德报功之事神大义也。抑有进者,日本向所坚守忠孝同义并为一体之精神,亦即中国历代所有之立国精神,故者昔明太祖为欲永垂祭典于三皇五帝以下垂统华夏之历代圣主皇帝之灵,特别建帝王庙于南京,清初于北京亦有帝王庙之建立。其祭祀大典,迄于清末严肃修行从来[未]稍替,是即继承国统者。(引者按:着重号为笔者所加。)①

---

① 《昨晨隆重举行 江朝宗山下清一两氏祭 帝王庙内盛况空前》,《新民报》1940年9月13日。转引自山下清一『国統闡弘旅記:日本が託された明の淮王皇靈祭と明陵祭の復興』,25—26頁。

在这篇感谢词中,山下清一贬低中国的思想完全被掩藏起来,他不再对中国的思想文化表示不屑,转而称中国和日本为"同胞"。中日两国有诸多相通相近之处,甚至连"立国精神"都趋于统一。在山下清一的表述中,"崇拜先德,祭祀祖灵"就是中国的立国精神,其具体表现就是祭祀三皇五帝以下的历代帝王。而开启祭祀历代皇灵之传统的,便是明太祖朱元璋,这就解释了山下清一为何会对明朝表示特别的关注。他提议以后每年继续在历代帝王庙举行祭祀活动,实际上也就是要让中国继承他所说的"国统"。

第三层含义在中文中有所暗示但没有明言,在面向日本读者时则表露了出来:中国历代帝王之首的三皇,其渊源在日本;进一步而言,中国的"国统"出自日本。关于此点,可以从孝陵祭祀时山下清一所朗读的《祭主告文》里发现端倪。其中文版开篇为:"太皞伏羲东王父'大国主命'与妃西王母'须势理媛命',率东华小童君'少彦名命',肇国乎亚细亚大陆,立极乎五原,垂祉乎六合。"①这段话较为拗口,却暗藏着不少信息。首先,中国的开国之人(神)来源于日本。在山下清一眼中,伏羲就是"大国主命",西王母就是"须势理媛命",东华小童君(即东华帝君,又称东王公,与西王母相对)就是"少彦名命"。后三者出自日本神话——当然,山下清一并不认为那是神话,而是真实的"太古史"②:大国主命为素戈呜尊的子孙,须势理媛命(须势理毘壳命)与大国主命为夫妻,少彦名命与大国主命为结义兄

---

① 山下清一『国統闡弘旅記:日本が託された明の淮王皇靈祭と明陵祭の復興』、12—13頁。
② 山下清一『天皇道』、30頁。

弟,他们共同建立了苇原中国。但是,天照大神却委派她的儿子天忍穗耳命统治苇原中国。经过一番争斗后,大国主命无力抵抗,终于让出苇原中国,天照大神的子孙成为这片土地的统治者。① 山下清一的《祭主告文》歌颂了大国主命等建国的伟业,却没有也不会说出他们是日本神灵的子孙,更不会说他们所建立的苇原中国被天照大神的子孙吞并,且美其名曰"让国"(国讓り)。

上述推断是有根据的。在以日文记述历代帝王庙祭祀的观感中,山下清一专门写道:"中央的教坛是三皇的灵位,即大国主(大己贵)命以下二皇的牌位,我们日本人最关心的,就是作为我们祖先神的大陆开国灵位能够回到最初的灵座上。垂述大陆国统的开祖三皇帝,在支那被称奉为天皇,此点深得我意。对此,我们深表感激。这不是可以轻轻略过的问题。我想说的是,大陆的国统必须上溯到素戈呜尊。"(引者按:着重号为笔者所加。)②

至此,山下清一的真正想法彻底展露出来。他推崇祭祀历代皇灵的明太祖,提倡恢复历代帝王庙的祭祀,都是因为"大陆的国统必须上溯到素戈呜尊"。需要强调的是,这一段文字仅在"和文篇"中出现,"汉文篇"完全没有提及。

六、小结

通过以上探究,一个日本人进行孝陵祭祀的来龙去脉大体明

---

① 关于这段神话,参见《日本书纪·神代(上、下)》《古事记》上卷。
② 山下清一『国統闡弘旅記:日本が託された明の淮王皇靈祭と明陵祭の復興』、60頁。

晰。简言之，以孝陵祭祀为中心，山下清一等人企图建构一个关于明朝与"国统"的记忆之场。在这一场域中，他试图唤起中国人关于明室后裔流亡日本的记忆，进而进行所谓的"国统阐弘"。于是，作为沦陷区"中央政府"的汪伪政权也被卷入其中。

　　溯其历史，山下清一具有明显的右翼思想。他一方面对包括中国在内的外来思想文化表示不屑，另一方面又认为中国的"国统"发源于日本，颇为矛盾。因缘巧合之下，他们发现了明室后裔流亡日本的历史，便对此进行了带有政治目的的调查与"研究"。汪伪政权成立后，他们假称明室后裔的"特使"来到南京，在明孝陵祭祀太祖朱元璋，并请求汪伪政府允许明室后裔常驻南京。最后，他们又前往北平，参拜明帝诸陵，祭祀历代帝王，并提倡每年都举行祭祀历代帝王的活动。山下清一希望在中国建立源自日本的"国统"，但在面对中国人时又没有明确宣言。结果，看似隆重的祭祀典礼，终究演成了闹剧。而且，这些活动也并未如山下清一期待的那样继续举行，而是被尘封在历史之中。

　　回顾整个事件，原本山下清一只是把中国视为相对于日本的"他者"加以批判，却在发现明室后裔流亡日本的历史后，以老病之躯来到明孝陵举办祭祀活动。笔者以为，促成这一转变的关键就在于山下清一对历史的利用：起初是利用明室后裔的流亡史促成了孝陵祭祀，其后又利用明太祖朱元璋建立历代帝王庙的历史进行"国统阐弘"。

　　确实，历史有其实用价值。尼采就提出，人的生活在三个方面需要历史为之服务：人的行动与斗争，人的保守与虔敬，以及人的痛苦与被解救的欲望。它们分别对应三种历史：纪念的历史，怀古的历史,以及批评的历史。纪念的历史将过去作为当下行动和斗争的榜样与鼓励,但存在改动、修饰和虚构过去的危险;怀古的历史将过去奉为神圣,怀揣虔敬之心,但有轻视当下的倾向;批判的历史则要废弃过去的生活方式、直觉和天性,养成一种新的生活方式、一种新的直觉,一种第二天性。① 山下清一通过祭祀唤起明室后裔流亡日本的历史记忆,企图借此在中国培育源自日本的"国统",属于第一种历史,即纪念的历史。而山下清一对这段历史的利用也确实存在改动、修饰或虚构的问题。明室后裔究竟是谁暂且不论,他还将佐藤信渊利用明室后裔侵略中国的提议改写为"东亚中兴建设之第一步",将中国的神话人物转化为日本"太古史"的人物,如此等等。无论是基于山下清一的右翼身份,还是一般意义上的对纪念的历史的利用,这些都不令人意外。

正如本章开篇所述,在山下清一祭祀孝陵之前,也曾出现过将明太祖和明孝陵作为纪念的历史加以利用,通过祭祀孝陵而追求现实行动目标的案例。清康熙时期,圣祖玄烨五次亲祭孝陵,试图借此将满汉之间的族群问题转化为古今之间的历史问题,进而转化为治乱之际的现实行政问题。② 太平天国时期,洪秀全在攻占南京后也亲祭孝陵,利用朱元璋"除北虏,复汉国"的历史鼓动反清。清末,革命党人同样发现了"驱除鞑虏,恢复中华"的朱元璋的价值,民国

---

① 尼采:《历史的用途与滥用》,陈涛、周辉荣译,上海人民出版社,2000年,第11—15页、第22—24页。
② 李恭忠:《康熙帝与明孝陵:关于族群征服和王朝更替的记忆重构》,《南京大学学报》(哲学·人文科学·社会科学)2014年第2期,第126—134页。

建立前后凭吊孝陵的活动不时举行。① 王焕镳曾直白地指出："清之末造,困于秕政。争言革命,以兴复汉族为号,郁勃轮囷,又有事于谒陵矣。"②这些对历史的纪念与利用确实发挥了相当的现实作用,推动了局势的发展。但反观山下清一的孝陵祭祀及相关活动,除了让部分人了解到明室后裔的存在以外③,几乎看不到明显的政治或社会影响。关于明室后裔常驻南京的申请以及继续祭祀历代帝王庙的提议,最后都不了了之。

可以说,山下清一对历史的利用完全以失败告终。究其根由,祭祀背后的政治与思想动机的非正义性自然是最根本的原因,此点毋庸置疑。而其之所以没有引起较大的政治或社会影响,大概还有两个方面的因素:第一,山下清一属于民间右翼,人微言轻,没有政治地位或社会影响。来到南京以后,仅申请书的审查、修改和提交就花费了一个多月的时间——即使如此也没有得到理想的回应。另外,孝陵祭祀的具体筹备也需要樱井德太郎的帮助,而樱井对山下清一似乎仅是出于礼节上的帮助,并未给予特别的重视。在北平,山下清一所期待的长陵祭祀因为安全问题而取消,历代帝王庙的祭祀也不过是先天道的乌合之众在虚张声势,日军占领当局的重要人物无一到场。④ 可见,山下清一并未受到日本占领当局的重视。

---

① 李坚怀:《论明孝陵记忆场中的朱元璋形象建构》,《福建师范大学学报》(哲学社会科学版)2017年第3期,第142—145页。
② 王焕镳:《明孝陵志》,周钰文、王韦点校,南京出版社,2006年,第67页。
③ 除了直接参加祭祀活动的相关人员,确实还有另外一些人了解此事。参见佐藤大雄『南京の古蹟』(无出版社)、1966年10月再發行(1943年8月初版)、170—174頁。
④ 关于此事的新闻报道在记述参与人员时如是写道:"友邦方面,明庙禋祀(转下页)

第二,相关活动的目标过于玄远,不切实际。在南京,他向汪伪政府提出申请,希望让明室后裔常驻南京。但由于存在复辟的嫌疑,连日本方面的"大使馆"都认为不可能获得许可。在北平,他提议以后每年都举行对历代帝王的祭祀活动,但山下清一本人毫无政治地位,在场的中国人又是一群乌合之众,根本不可能真正实行。

于是,企图利用"纪念的历史"建构历史记忆的山下清一,在三个多月的中国之旅后,只能带着无奈的叹息返回日本。铭刻在明孝陵的战迹历然在目,一处大殿的屋脊正中被炮弹击中,殿内一切荡然无存,殿外的墓道则满是土堆。① 沦陷期间,这种颓败破落的景象一直持续着②,它抒发着怀古的幽情,也诉说着对侵略者的批判。

(接上页)事务所所长山下清一氏等均躬亲参与",未提及日本的官方人员。参见《昨晨隆重举行 江朝宗山下清一两氏祭 帝王庙内盛况空前》,《新民报》1940年9月13日。转引自山下清一『国統闡弘旅記:日本が託された明の淮王皇靈祭と明陵祭の復興』、25—26頁。

① 《明孝陵庄严祭典 日本保育明裔存灭继绝 市长蔡培阐述忠孝意义》,《南京新报》1940年7月5日,第1张第3版。
② 宇原義豊『江南紀行:写真と国防』山水社、1943年、66—70頁。

第五章 五台山：日本居留民、神道学者与神社在地化

一、引言

1943年11月2日夜,南京五台山灯火通明,人流涌动。经过四年多的筹备与建设,南京神社总算落成。神社的祭神共三柱,分别为天照大神、明治天皇和国魂大神。当晚,五十名日本居留民代表分执弓、矢、楯、刀等排成行列,将三柱祭神奉迎至五台山,途中还有仪仗兵担任护卫。晚上7时,神社落成典礼正式开始;直至深夜,相关活动仍未结束。①

这天晚上,神道学者小笠原省三(1892—1970)全程观礼。为了筹建一座理想的神社,以获得更多人的认同,他已经多次来到南京。对南京神社,小笠原颇为满意。事后,他欣慰地记述道:"在官民各方的鼎力协助下,至今为止,南京神社比所有神社的准备都要好。在镇座祭结束后的宴会上,我喝了三大杯清凉的神酒。当时我腹内空空,而气候极佳,这里的工作总算顺利结束了。在如此美好的情境中,果然是爽口的神酒啊!"②

---

① 《日侨庆祝神社落成　昨开始举行各项仪式　侨民各户均悬旗庆祝》,《中报》1943年11月3日,第3版。
② 「濟南、南京兩神社」、小笠原省三編述『海外神社史』(上卷)、海外神社史（转下页）

实际上，除了南京，伴随着日本在华势力的扩张，日本人在中国的许多大都市都建立了神社。① 仅就全面抗战时期而言，北京、南京、张家口（名为"蒙疆神社"）、济南等战略要地的神社都备受瞩目。作为外务省嘱托（即顾问人员）和海外神社②建设运动的鼓吹者与推动者，小笠原省三深度参与了这些神社的创建工作，并留下了诸多史料。③ 本章对南京神社及日本在中国沦陷区建立的其他神社的探究，便对他战后编述的《海外神社史》多有参照。那么，在数量众多的海外神社中，为何只有南京神社获得了小笠原省三的青睐呢？

要更好地研究南京神社，就不能无视北京神社。1938 年夏，小笠原期待数年的北京神社开始了筹建工作。外务省和小笠原都提出："北京神社应成为将来在支神社的模范。"相应地，北京神社自然也可以成为南京神社建设状况的参照对象。那么，北京神社究竟如何呢？小笠原感慨道："我的主张和构想完全实现了吗？没有，没

（接上页）編纂會、ゆまに書房 2004 年復刻版（1953 年初版）、273—274 頁。

① 七七事变前，东北地区自不必说，上海、天津、青岛、汉口、广州（名为"广东神社"）等日本人集聚之地也已建立了神社。关于上海、天津及青岛神社，参见小笠原省三『海外の神社：並にブラジル在住同胞の教育と宗教』神道評論社、ゆまに書房 2005 年復刻版（1933 年 5 月初版）、237—244 頁。关于汉口神社，参见岩下傳四郎編『大陸神社大観』ゆまに書房 2005 年復刻版（1941 年初版）、627 頁。关于广东神社，参见钟剑锋：《广东神社考略》，《日本研究》2016 年第 4 期，第 64—73 页。

② "海外神社"这一名称最早由小笠原省三在 1933 年出版的《海外の神社：並にブラジル在住同胞の教育と宗教》一书中提出，当时日本的神道界及后来的学界也大多沿用了这一术语，笔者亦从之。

③ 小笠原省三『海外の神社：並にブラジル在住同胞の教育と宗教』；小笠原省三編述『海外神社史』（上卷）。

有！时势没有好转,我的'梦'没有实现。外务省也好,现地的官民也好,他们只接受我的一部分主张。"①其后建立的"蒙疆神社"也没有令小笠原满意,济南神社和南京神社则基本符合了小笠原的预期。不过,济南神社举行镇座祭时正值酷暑,其炎热程度甚至使济南神社的祢宜(神职的名称)在举行仪式时中暑晕倒。相较而言,小笠原最为满意的还是南京神社。

对于海外神社,日本学界早有研究。中岛三千男指出,日本战败后不久,以小笠原省三为代表的神道学者就开始了相关史料的搜集与整理工作。在此基础上,研究者们首先将海外神社与日本帝国的殖民地支配和皇民化政策联系起来,其后则转换研究视角,注重神社与其所处环境进行接触、碰撞和调适的实态。②新田光子对大连神社的研究③,菅浩二对朝鲜和台湾地区神社的研究(主要是关于祭神问题的研究)④,可谓是这一研究取向的突出代表。只是,正如

---

① 「北京神社の奉齋まで」、小笠原省三編述『海外神社史』(上卷)、252—253頁。
② 具体而言,中岛将海外神社的研究历程划分为四个阶段:战后至1960年代前半期为第一期,主要是神道关系者从事海外神社相关的史料整理工作,小笠原省三即是开此风气的重要人物。从1960年代后半期至1970年代前半期为第二期,神社关系者以外的研究者加入其中,在分析视角上主要是将海外神社作为殖民地支配与皇民化政策联系起来。从1970年代后半期至1980年代为第三期,主要是继承第二期的观点,并对各地域的神社进行个案研究。1990年代至今为第四期,海外神社研究在质与量方面均获得长足发展,研究视角也有明显突破。特别是神社与其所处地域及时代的具体关联,相关研究已经明显地深化和精细化。参见中岛三千男「「海外神社」研究序説」『歴史評論』第602卷,2000年6月、46—48頁。
③ 新田光子『大連神社史:ある海外神社の社会史』おうふう、1997年。
④ 菅浩二『日本統治下の海外神社:朝鮮神宮・台湾神社と祭神』弘文堂、2004年。

中岛指出的那样,关于朝鲜、中国台湾和东北地区神社的研究正不断涌现,而对中国沦陷区、库页岛、南洋诸岛以及东南亚等地神社的研究还极为不足。[①] 而且,有限的研究也大多停留在相当宏观层面上[②],缺乏微观而细致的考察。

作为日本直接统治的地方,中国台湾地区建立了很多神社,因而台湾学者对神社问题(主要是建立在台湾的神社)有不少研究。早期,他们也是将日本在台湾的神社视为"皇民化政策"的手段之一。[③] 但随着社会政治风气的转变,他们对神社的研究也发生了较为明显的变动,原有的批判话语渐次脱落,相对具体的陈述与分析不断涌现。[④] 相应地,神社作为日本在台湾地区施行同化政策的局限性也随之被揭示出来。[⑤]

相较而言,大陆学者主要将日本的海外神社置于侵华战争的脉

---

① 中島三千男「「海外神社」研究序說」、59頁。
② 稲宮康人、中島三千男『「神国」の残影　海外神社跡地写真記録』株式会社国書刊行会、2019年。
③ 陈鸾凤:《日本在台殖民时期之神道发展与神社之空间分布初探》,《新竹师院学报》第15期,2002年2月,第319—354页;蔡锦堂:《日本据台末期神社的建造——以"一街一庄一社"政策为中心》,《淡江史学》第4期,1992年6月,第211—224页。
④ 相关研究很多,这里略举几例。林承纬:《台北稻荷神社之创建、发展及其祭典活动》,《台湾学研究》第15期,2013年6月,第35—66页;蔡蕙如:《从世代论集体记忆的变迁——以台南神社和林百货屋顶神社的传讲为讨论场域》,《台阳文史研究》创刊号,2016年1月,第111—129页;廖德宗:《凤山神社遗构及空间考证》,《高雄文献》第6卷第3期,2016年12月,第6—37页。
⑤ 蔡锦堂:《日本治台时期所谓"同化政策"的实像与虚像初探》,《淡江史学》第13期,2002年3月,第181—192页;《日治时期日本神道在台湾的传播与局限》,《淡江史学》第12期,2001年12月,第141—153页。

络中加以探究。在相关论著中,海外神社主要被视为日本帝国图谋同化中国民众的具体表现。这些成果以研究东北地区者居多,同时也有涉及中国其他地区者,或以全国为范围加以说明。① 大体而言,此种观点是在对神道和神社进行概略介绍之后,以日方机构、官员以及个别人的表述为论据,②而对神社本身缺乏更为具体的研究,因而较少注意到言说与实践之间的区隔。笔者此前关于南京神社的论文虽提及了"同化"的言说与历史的实情并不一致的现象③,但并未将该现象置于海外神社的整体脉络中,因而没有注意到海外神社在地化这一重要课题。

鉴于此,本章对南京神社的探究不再局限于这座神社本身,而是首先对日本建立海外神社,尤其是在中国沦陷区建立神社的过程做简要陈述,并重点论述在地化问题的分歧所在。其次,还将对被当作"模范"建立起来的北京神社进行尽可能详细地说明,以作为南京神社的参照。在此基础上,南京神社的建立所呈现出的一般性与特殊性才会更明确地展现出来。最后,因祭神在海外神社问题最受

---

① 此类论著可参见任其怿《从神社看日本帝国主义对内蒙古地区的文化侵略》,《内蒙古大学学报》(人文社会科学版)2005年第6期,第36—40页;王海燕:《日本侵华战争中的国家神道》,《抗日战争研究》2009年第1期,第26—33页;钟剑锋:《实用与象征——广东神社建筑及其战后利用问题研究》,《日本侵华史研究》2017年第4期,第80—87页。
② 如王海燕对国家神道和海外神社的评述,就是以兴亚院、日本驻北京总领事以及天理村开拓团的言说为基础的,但其具体实施情况并未证实。参见王海燕《日本侵华战争中的国家神道》,《抗日战争研究》2009年第1期,第26—33页。
③ 谢任:《神社与它的躯壳:对南京五台山日本神社的考察》,《学海》2016年第3期,第91—103页。

重视,本章将专节讨论。通过宏观的概述与中观和微观的探究,或许可以更为细致地理解南京神社在记忆建构与强化认同中扮演的角色。

二、海外神社的日本性与在地化

神道教起源于古代日本,及至近代发生了突变。起初,原始的神道注重村落共同体的集体仪式,几乎不满足个人愿望、不救赎个人灵魂。8 世纪前后,个人祈愿的现象已大量出现,但直到近代,神社的"祭祀活动仍然保持着无视个人意志而由集团来操持的传统"。这里所说的集体或集团只限于村落,而未上升到国家层面,更非"强加到大众头上的'国教'。将神社神道尊为国教、强制每个国民参拜神社,这是进入明治以后,鼓吹天皇制绝对权威的官僚们的杰作,并不是民族宗教的历史传统所固有的"。[①]

这种"被发明的传统"就是"国家神道"。村上重良提出,在国家神道出现之前,日本的神道大致可分为五个相互交织的类型,即神社神道、皇室神道(宫中祭祀)、学派神道(神道说)、教派神道以及民间神道(民俗神道)。国家神道则是在明治维新以后,将皇室神道与神社神道结合产生的,其间也吸收了部分学派神道中的一支(复古神道)的思想。[②] 大体而言,国家神道的形成过程可分为四个阶段:(一)形成期,自 1868 年明治维新开始,至 1880 年代末。(二)教义完

---

① 家永三郎:《日本文化史》,赵仲明译,译林出版社,2018 年,第 36—37 页。
② 村上重良『国家神道』岩波書店、1970 年、14—18 頁。

成期,自1889年帝国宪法颁布开始,至1905年日俄战争结束。(三)制度完成期,自1900年代后半期至1930年代初。(四)法西斯主义国教期,自1931年九一八事变开始,至1945年日本战败。关于第四期,村上有如下描述:

> 日本军国主义从侵略中国进而军事统治亚洲全境,在日本的统治地区内陆续修建了神社。乘(日本)纪元二千六百年的机会,设立了神祇院,国家神道的国教地位再次得到确认。按照"宗教团体法",各宗教完全划归政府管辖,被动员起来为战争效力。公然提出国家神道的教义要以适应军国主义的侵略思想为前提,说日本是神国、侵略战争是圣战的,所谓八纮一宇的思想成了国体教义的根本。国家神道在此一阶段达到最盛期,作为对国民进行精神统治的武器,彻底发挥了作用。由于太平洋战争的失败,国家神道土崩瓦解,日本的国家权力丧失了宗教的性格。①

可见,国家神道虽披着神道"传统"的外衣,实质上却是一种"被发明的传统"。② 而且,早在"传统的发明"这一术语提出之前,村上重良就已经针对近代日本的神社表达过类似观点。他指出,在国家神道成立之初,与国家神道的思想相适应的神社极为稀少,为此,首先从伊势神宫开始,将神社的内容人为地加以改变。与此同时,国家权力还不断创建基于国家神道思想的神社,造成国家神道的既成

---

① 村上重良:《国家神道》,聂长振译,商务印书馆,1990年,第70—71页。
② 霍布斯鲍姆:《传统的发明》,顾杭、庞冠群译,译林出版社,2004年。

事实。这样,从明治维新直到战败,原有的神社神道被加入了与历史传统完全异质的新的要素,形成了新的神社体系。①

同样地,国家神道指导下的海外神社也是一种因应局势变动与政治需要而出现的理论与实践。只是,战败以前的日本人很少有这样的认识。在1941年出版的《大陆神社大观》中,作者岩下傅四郎就以"神社何以尊贵"为题,专章说明了他对神社与神道的理解。文中,岩下首先强调"大日本乃神国也"。他提出,日本为神所创造,作为神孙的万世一系的天皇统治日本,这就是日本的"国体"。② 从现代的角度来说,日本的"国体"概念具有极强的防御性和攻击性③;而在当时的岩下看来,日本的"国体"举世无双,最为尊贵。④ 在推崇日本相对于其他国家的独特性与优越性的同时,还存在另一种声音。他们主张"神国"日本有世界性的使命,即"将生命之光普照于世界,为万邦千族点亮灵火"。⑤ 一边强调日本的独特性与优越性,一边声称要承担世界使命,这种内在的张力在日本神社走向海外的过程中体现得尤其明显。

下表概括地介绍了日本海外神社的基本情况,横向按地域划分,纵向按年代划分,呈现了不同历史时期、不同地域的神社建设数量。从表中数据可见,无论是哪一地域,日本建设神社的进程都是伴随着日本势力的消长而变动的。就此而言,海外神社并非只是宗

---

① 村上重良『国家神道』、182頁。
② 岩下傅四郎編『大陸神社大観』、12—13頁。
③ 鶴見俊輔『戦時期日本の精神史:1931—1945年』岩波書店、1982年、45頁。
④ 岩下傅四郎編『大陸神社大観』、15—16頁。
⑤ 筧克彦「はしがき」、小笠原省三『海外の神社:並にブラジル在住同胞の教育と宗教』、2頁。

教活动的场所,而是带有侵略意味的暴力空间。辻子实将海外神社称为"侵略神社"①,正是要强调其暴力性与侵略性。

表5-1 日本海外神社概况表

	神社							社·神祠		合计
	台湾地区	桦太	关东州	朝鲜	南洋诸岛	伪满洲国	中国(此列的统计数据不包括台湾与伪满)	小计	台湾	朝鲜	
1900年以前	2	—	—	—	—	—	—	2	3	—	5
1901—1905年	0	—	—	—	—	1	—	1	0	—	1
1906—1910年	1	3	2	—	—	5	—	11	2	—	13
1911—1915年	7	2	1	0	1	16	2	29	3	2	34
1916—1920年	6	3	2	35	2	9	3	60	6	41	107
1921—1925年	2	61	3	7	1	3	0	77	16	57	150
1925—1930年	3	24	1	7	2	0	1	38	31	78	147
1931—1935年	7	18	2	2	2	32	4	67	38	86	191
1935—1940年	30	11	1	9	15	110	26	202	17	353	572
1941—1945年	3	0	0	20	0	67	14	104	0	296	400
时间不明	7	6	0	2	4	0	1	20	0	0	20
合计	68	128	12	82	27	243	51	611	116	913	1640

图表说明:

各地区神社数量的统计截止时间分别为:台湾地区1942年12月底,桦太1945年,朝鲜1945年,关东州1941年1月,南洋诸岛1941年6月底,伪满洲国1945年,中国(未包括台湾和伪满洲国)1942年6月底。

资料来源:

中島三千男『「海外神社」研究序説』『歴史評論』第602巻、2000年6月、50頁。

---

① 辻子実『侵略神社—靖国思想を考えるために—』新幹社、2003年、3頁。

海外神社是日本侵略扩张的产物,但并非所有日军占领之地的神社建设都能获得允准和支持,日方档案中关于镇江的案例就较为典型。当时,镇江的日本居留民希望建造一座小规模的神社,但南京总领事馆主张建造神社应采取"重点主义",避免在各地建造小型神社。因为总领事馆认为,现在各地居留民的增加是占领状态下的临时现象,是一种特殊状态,很难持久。是否允许建立神社不能仅以居留民的多寡为据,还要充分考虑所谓的"将来性"。万一神社建成后,由于日军移驻及其他原因,导致居留民人数减少,使神社的管理陷入困难,可能给神社和日本形象造成损失。而且,神社的建立固然是基于居留民的热切期望,但另一方面,所在地驻军的意见也非常重要。① 可见,在"海外"建立神社不只是军事占领即可,更不仅是建筑层面的问题,而是有其更为复杂的面向。其中,在地化问题尤其值得关注。

所谓在地化,主要包括三个方面:一是神社的建筑样式,二是神社的祭神选择,三是神社建成后的祭祀形式。三者之中,祭神问题直接关系到神社的性质及其担负的职能,因而最受关注。以朝鲜来说,早在朝鲜成为日本的殖民地之前,日本国内就对祭神问题形成了多种意见,具体包括日本的"皇祖神"天照大神、等同于朝鲜"建邦神"的日本神灵素戈鸣尊,以及"朝鲜之祖宗"檀君等。② 前文提到的

---

① 「管内一般概況」、JACAR(アジア歴史資料センター)Ref.B15100137300、第15—16画像、戦前期外務省記録/M門　官制、官職/2類　官職/3項　会議/0目/領事会議関係雑件/議事録　第六卷(外務省外交史料館)。
② 菅浩二『日本統治下の海外神社:朝鮮神宮・台湾神社と祭神』、52—60頁。

小笠原省三,也是以朝鲜神宫的祭神之争为契机,才加入海外神社建设运动的。① 虽然争论的结果让小笠原极为失望②,但也由此激发了他参与和推动海外神社建设的热情。1928年7月,他以内务省嘱托的身份,在诹访神社宫司高阶研一(1885—1967)的委托下,前往巴西推进神社建设工作。然而,他的工作并未获得当地的日本居留民和外交官员的支持,仍以失败告终。其后,他又多次前往朝鲜、东北、华北以及华中等地参与神社筹建工作,直至日本战败。③ 此外,他还先后组织或参与了"东亚民族文化协会""海外神社问题研究会""海外神社协会"等团体,在海外神社建设过程中发挥了相当重要的作用。④

1933年,小笠原省三出版了《海外神社》一书,较为全面地表达了他对在海外建立神社的意见。在自序中,他提出:"否定祖国之特质者,即是否定自身",而神社则是日本民族最大特质的表现。另一方面,有人认为神社的日本特质过于明显,因而促成了海外的"排日"运动。小笠原反对此说,他认为:"若神社精神(或曰神社道)宣明弘布至海外,必能促进移入国之幸福。何也?我'神社精神'能顺应时代与环境(国土),不断进展向上故也。"⑤

---

① 小笠原省三编述『海外神社史』(上卷)、はしがき7頁。
② 菅浩二『日本統治下の海外神社:朝鮮神宮・台湾神社と祭神』、51—53頁。
③ 嵯峨井建编「小笠原省三年譜:海外神社活動家の軌跡」,小笠原省三编述『海外神社史』(上卷)、29—34頁。
④ 小笠原省三编述『海外神社史』(上卷)、142—144,243—245頁。
⑤ 小笠原省三『海外の神社:並にブラジル在住同胞の教育と宗教・自序』、11—13頁。

这里的"顺应时代与环境"并非虚言,而是有明确的所指。小笠原认为,神社作为一种人类文化现象,自然会受到时代与风土的影响乃至支配。相应地,神社的祭神、祭祀样式等,也都不必拘泥于日本原有的规定,而应随着时代与国土的变迁渐次进展。以巴西为例,他主张在奉祀日本民族之祖神天照皇大神的同时,也应奉祀开拓巴西的伟人彼得罗,献上报恩感谢之至诚;社殿应集合日本的神社精粹,同时充分考虑巴西的气候与习惯,以便日本人和巴西人都能自由礼拜;尊敬伟人是人类共通的性情,但只有日本不止于尊敬,而且礼拜。因此,必须将巴西人从"尊敬"引导至"礼拜"。① 小笠原主张的前两点考虑了神社所在地的立场,为的是达到第三点的目标:使外国人与日本人一样信仰神道、参拜神社。

在中国的神社建设中,小笠原同样坚持调适的主张,以实现在地化。1938 年 4 月,他草拟了《满洲及支那应奉斋之神社的基本条件》(以下简称《基本条件》),较为详细地叙述了他理想中的在中国大陆的神社样式。文章起始,小笠原从"日本民族所在之处必有神社"的"史实"与"信念"说起,强调神社是"皇道"的具体体现。与此同时,他也再次确认,神社并非一成不变,而是"常与时代和环境顺应调和"。因为神社本就担负着普及于世界的使命。为此,祭神、社殿等都不能照搬日本国内,而必须与所在地区相调适。祭神方面,小笠原主张奉祀天照大神、天神地祇以及国魂神。除了天照大神是日本祖神外,天神地祇极为模糊,国魂神则是"本土"神灵(详见

---

① 小笠原省三『海外の神社:並にブラジル在住同胞の教育と宗教』、69—70、102—111 頁。

下文)。社殿方面，小笠原主张以权现造（神社的建筑样式之一，本殿与拜殿通过币殿连为一体）为主体，与中国庙宇的样式相调和。此外，鸟居（类似于中国的牌坊，为神社与世俗之地的分界标志）、狛犬（神社的守护者）等神社境内的必要建筑物也应与中国本土的样式相调和。甚至，手水舍（进入神社等场所时洗手之地，寓意在神灵面前须使清洁自身）也可以用香炉等物替代。祭祀形式方面，小笠原也提出一些"在地化"的要求，他希望服装不要使用白色——在日本，神职人员多着白色服装；但在中国，白色为丧事所用之色。显然，小笠原对此有所了解。祭词方面同样如此，他希望能让中国人也易于明了。除以上各项外，更能直接体现在地化理念的，是关于神社与中国人关系的论述。他提出，神社最初以日本人为中心，但应逐渐扩大到其他民族，使所有人都成为"氏子"（居住在神社所在之地，且敬奉该神社之神祇的人）。不仅如此，神社的神职人员为日本人固然好，但也应逐渐采用中国人。① 总之，在中国的神社不应处于日本国内的"延长线"上，而应与本地相调适，实现在地化。

然而，在地化的主张遭遇了颇多阻力。例如，小笠原于1939年提出"蒙疆神社"应以成吉思汗为祭神，但驻屯军的参谋长坚决反对，为此二人发生了激烈的争执。② 除了来自个人的阻力，兴亚院这样强有力的政治组织也反对在地化。兴亚院是日本全面管理在中

---

① 小笠原省三「満洲及支那ニ奉斎スベキ神社ノ基本的条件」、小笠原省三编述『海外神社史』(上卷)、181—183頁。
② 小笠原省三编述『海外神社史』(上卷)、235—237頁。

国沦陷区的政治、经济及文化事务的中央机构①,1940年12月,该院专门就海外神社问题宣布意见:一方面,与日本的对外扩张相呼应,兴亚院支持在海外建立神社;但在另一方面,他们坚持神社的日本特质,坚决反对海外神社的在地化。例如,兴亚院认为祭神乃"帝国之神祇",因而不应奉祀具有本地色彩的国魂神——即使需要奉祀国土开发之神,也应以日本的少彦名神为祭祀对象。关于社殿,兴亚院要求依照"内地之例"进行建设,并特别提到不得"迎合支那人之民俗"。此外,神职、祭祀等方面,兴亚院也都坚持参照日本国内的标准,反对与本地进行任何形式的调适。②

兴亚院的主张代表了日本中央政府的官方意见,这预示了海外神社的在地化必将面临巨大阻力。进一步而言,日本帝国的扩张促使神道教走向海外,但其对海外神社在地化的反对,在某种程度上又抑制了宗教领域的扩张与渗透。当然,在筹建海外神社的过程中,在地化的展开存在相当复杂的背景与条件。一座神社能否实现以及在多大程度上实现在地化,必须进行更为具体的分析。

三、作为"模范"的北京神社

是否在地化? 如何在地化? 这是小笠原省三参与筹建北京神

---

① 「興亜院官制」、JACAR(アジア歴史資料センター)Ref.A03022243600、御署名原本・昭和十三年・勅令第七五八号(国立公文書館)。
② 興亜院「支那ニ於ケル神社ニ關スル考察」、小笠原省三編述『海外神社史』(上卷)、280—284頁。

社时的首要问题。1934年3月,小笠原省三第一次来到北平(今北京)。① 当时他就提出筹建北京神社的建议,但居留民会会长及小学校长等并没有给予积极的回应。直到1938年夏,负责北京神社建设的"北京神社奉斋会"才正式设立。②

按照《在中华民国神社规则》的要求,建立神社须由二十名以上的氏子或崇敬者③联名向所在地的领事馆提出申请,获得许可后方得设立。不仅如此,其维持、移转、废止也都要接受领事馆的指示。④七七事变后,日军侵入关内各地,成为沦陷区实际上的主宰者,是影响神社建设的又一因素。另外,鉴于在中国的神社行政的重要性,1939年3月1日,日本外务大臣有田八郎要求将神社行政的裁夺权由领事馆提升至外务大臣本人⑤,小笠原省三也正是以外务省嘱托的身份参与各地的神社建设工作的。由此可见,北京、南京等地的神社建设与经营受到居留民、领事馆、驻军、外务省以及神职人员等各方面因素的影响——所在地的伪政权在某种程度上也可能成为影响因素之一。

首先看居留民方面。在抗战全面爆发前后,日本在北京以及整

---

① 1928年,南京国民政府改"北京"为"北平",其后直至1949年均沿用之。但在1937至1945年的沦陷时期,日本及伪政权复称"北京"。简省起见,以下概称"北京"。
② 小笠原省三编述『海外神社史』(上卷)、251—252页。
③ 在日本,生活在神灵镇护之地的信仰者称为"氏子",生活在镇护之地以外的信仰者称为"崇敬者"。而在日本以外,"氏子"则概指生活在本地区的日本居留民,"崇敬者"则指外国人中的信仰者。
④ 岩下傅四郎编『大陆神社大观』、210—216页。
⑤ 岩下傅四郎编『大陆神社大观』、309—310页。

个华北的居留民数量经历了一个急速增长的过程。据统计,截至1937年7月1日,日本在华北地区的居留民共有42 575人①;而到1938年7月底,便已增至92 160人。到1940年6月1日,在华北的日本居留民剧增到301 904人,为战争前的7倍多。分地区看,1940年的"蒙疆"地区有日本居留民40 538人,占在华北的日本居留民的13%;而京津冀一带的居留民则最多,占华北居留民的51.7%。仅北京、天津、石家庄就有129 525人,占华北居留民的四成。特别是北京为华北的政治、文化与交通中心,天津为经济商工业都市,人数尤其多。其中,北京为65 975人,天津为50 690人。② 人数剧增的背后是日本在华北地区产业的扩张。七七事变之前,日本人在北京的产业主要有正金、东亚兴业、日本兴业、三井物产、三菱商事、同仁会病院等,因受排日抗日政策的影响,难以发展,仅能自存。事变以后,作为政治、军事、经济、文化中心和"兴亚"基地的北京,日本的各部门都迎来了飞速"发展",在留日本人占华北地区的六分之一,公司、商社、银行等机构不断进入,人口亦最多。③ 伴随着人数的增加和产业的扩张,北京的日本人组织"北京居留民会"随之"升格",

---

① 另有来自朝鲜者7986人,来自台湾地区者167人,以下数据均不包括朝鲜人和台湾人,特此说明。
② 「北支領事館警察署 第二回保安主任会議議事録/1940年」、JACAR(アジア歴史資料センター)Ref.B10070232800、第13—19画像、外務省外交史料館/調書/在外公館戦前期外務省記録(外務省外交史料館)。
③ 「北支領事館警察署 第二回保安主任会議議事録/1940年」、JACAR(アジア歴史資料センター)Ref.B10070232800、第28画像、外務省外交史料館/調書/在外公館戦前期外務省記録(外務省外交史料館)。

1938年9月1日,北京居留民团正式设立。① 日军对北京的占领与居留民数量的剧增为北京神社的建立提供了必不可少的经济支持,同时也增加了筹建神社的影响因素。为了明了此间之复杂,这里不妨以小笠原省三促成"北京神社奉斋会"的相关日记为线索略作说明。

1938年6月14日,小笠原从日本出发,途经朝鲜和伪满,于6月22日深夜到达北京。次日,他就与高阶研一一起拜访北京居留民会会长小菅勇(其后担任北京居留民团副参事会长)。② 高阶为神职人员,也是海外神社的推动者之一。前文提到,小笠原于1933年接受诹访神社宫司委托,筹划在巴西建立诹访神社的分社,而当时的诹访神社宫司正是高阶研一。1938年前后的高阶担任皇典讲究所理事③,并与小笠原一起参与了北京神社的筹建工作。在海外神社在地化的问题上,高阶是小笠原的同道。北京神社建立后,他曾辞去一切公职与小笠原共同筹备另一个机构——皇典讲究所华北总署。④ 此为后话,下文将继续讨论。这天,由于小菅不在,他们的会谈并未实现。

6月30日,小笠原前往华北方面军特务部,与部长根本博

---

① 「外務省告示第六十五號」、大藏省印刷局編『官報』第3492号、1938年8月23日、814頁。
② 小笠原省三「當時の日記帳から」、小笠原省三編述『海外神社史』(上卷)、204—205頁。
③ 小笠原省三編述『海外神社史』(上卷)、180頁。按:"皇典讲究所"成立于1882年,是日本培养神职人员的中央机关,在神道与神社领域具有极高的地位与极大的影响力。
④ 小笠原省三編述『海外神社史』(上卷)、244—245頁。

(1891—1966)讨论朝鲜人移住"蒙疆"和建造神社的问题。这次会谈没有达成明确的结果,但让小笠原与特务部建立了联系,并成为特务部的嘱托。其后,小笠原在7月3日的日记中还提到,北京神社的座谈会未能开成,原因就是居留民会内部存在对立和矛盾。居留民会是直接负责神社筹建工作的主体,其内部的不和显然会影响北京神社的建设进度。于是,小笠原当天便向少将喜多诚一(1886—1947)求助。① 同时,此次会谈中喜多还向小笠原介绍了从天津总领事调任北京总领事的堀内干城(1889—1951)。7月5日中午,小笠原即与堀内会面,讨论北京神社问题。②

以上的活动涉及日本的神道界、居留民方面、驻军方面以及领事馆方面等,除了日本各方,小笠原还要处理好与伪政权方面的关系。7月12日,小笠原借助伪市政府秘书的关系,与伪北京市长江朝宗会面。具体所谈的内容现在已无从知晓,但从小笠原的日记中可以看出,他对这个曾经的"清朝的上将军"抱有"敬意",称之为"大人"(たいじん,日语中有德高望重之义)。③ 三天后的7月15日,总领事堀内在日本驻北京"大使馆"内召开会议,经商讨,决定设立北京神社奉斋会。④

然而,成立奉斋会仅意味着决定建立北京神社,能否建成一座在地化的北京神社仍然存在很多难题。1939年秋,小笠原以外务省

---

① 小笠原省三「当時の日記帳から」、小笠原省三編述『海外神社史』(上卷)、206頁。
② 小笠原省三「当時の日記帳から」、小笠原省三編述『海外神社史』(上卷)、207頁。
③ 小笠原省三「当時の日記帳から」、小笠原省三編述『海外神社史』(上卷)、207頁。
④ 小笠原省三「当時の日記帳から」、小笠原省三編述『海外神社史』(上卷)、208頁。

嘱托的身份对华北地区的神社进行指导与调查,经青岛、济南、天津来到北京。在代理总领事野田实之主持的北京神社奉斋会会议上,小笠原陈述了对北京神社的具体意见,以确定社殿样式、祭神等。结果,建立与中国庙宇相调和的理想社殿终究无法实现。究其原因,除了缺乏优秀的设计者、工匠、必要的材料以及经费外,居留民的态度也尤其强硬。小笠原说:居留民们"对祖国和乡里的热爱成了建设与本地顺应调和的社殿的巨大障碍"。他们希望社殿的样式为神明造(神社的建筑样式之一,悬山顶,屋顶无曲面,正面进入,伊势神宫为其代表),需大量桧木;而在中国大陆,桧木并不多见,而且这样的建材与大陆的气候风土并不适宜。尽管如此,居留民的"热切真情"又让小笠原不得不屈服。从建成后的照片来看[1],北京神社确实采用了神明造的建筑样式,居留民的愿望得以实现。

不过,在祭神问题上小笠原没有让步,他知道,一旦祭神确立便无法变更,因而必须谨慎。会上,委员会颇为苦恼,小笠原则极力陈述以国魂大神为祭神的必要性。最终,代理总领事野田宣布,北京神社的祭神为:天照大神、明治天皇、国魂大神三柱。[2] 小笠原取得了部分的"胜利"。

1940年6月24日夜至25日晨,北京神社举行了正式落成的典礼,上述三柱祭神被安置在北京贡院旧址之上建立起来的北京神社中。在北京神社社殿的屋脊上,千木与鲣木突出地展现了北京神社的日式风格。更为小笠原所无法接受的是,在举行镇座祭时,北京

---

[1] 辻子実『侵略神社——靖国思想を思えるために一』、86頁。
[2] 小笠原省三編述『海外神社史』(上巻)、255頁。

神社的宫司（神社内地位最高的神职人员）有贺四郎在当时北京唯一的日文报纸《东亚新报》上发表了这样的言论："北京神社的祭神天照大神是镇座于神风伊势之国五十铃川上的天照皇大御神的分灵，国魂神是长野县的生岛足岛神社的分灵。"小笠原看到这段文字后立即给有贺打了电话，指出他的问题。在小笠原看来，"天照大神"并非"天照皇大御神"的分灵，后者为皇室祖神，一般人无权奉祀。另外，有贺对"国魂神"的解释也是错误的。前已多次提及，小笠原将国魂（大）神界定为北京的本土神灵，并非来自日本。然而，有贺坚持自己的主张。① 作为北京神社的宫司，有贺不可能不清楚本神社的祭神究竟来自何方。而且，镇座祭之时总领事土田丰已明确说明，国魂大神乃是"本地的大地之神灵"，而奉祀本地国魂大神则是"我国优美的习俗"。② 有贺之所以有意将国魂大神说成是生岛足岛神社的分灵，既是因为在他来北京之前就是生岛足岛神社的宫司③，但无疑也体现出他对以北京本土神灵为祭神的不满与反对。

小笠原对北京神社的现状同样不满。1953年6月6日，在回顾北京及华北各地的神社问题时，小笠原感慨万千。他的理想是在海外建立在地化的神社，使其与时代和环境相适应。但作为"模范"建立起来的北京神社并未实现他的目标，华北各地的神社同样存在诸多问题。他写道：

---

① 小笠原省三編述『海外神社史』（上巻）、はしがき7頁。
② 土田豊「北京神社御創建に際して」、小笠原省三編述『海外神社史』（上巻）、265頁。
③ 小笠原省三「憂慮すべき在支神社界の現狀」、小笠原省三編述『海外神社史』（上巻）、352頁。

虽然北京神社建成了,但"神社"依然是内地的神社,神职人员常常与我意见分歧。为拉近距离,弥补缺陷,后来计划设立"华北总署"。但是,这仍是内地的,而且是三流的"延长"。哎！我的悲哀何日、如何才能解消啊！①

小笠原提到的"华北总署"是皇典讲究所在华北的分支机构,初为"北支分所",1941年3月底改为"华北总署"。该机构创设之初,小笠原与前文提到的高阶研一均参与推动。一段插曲可以看出小笠原对该机构的重视:1939年7月,小笠原以外务省嘱托的身份经伪满前往华北。但在伪满的途中收到了华北分所的补助金申请因兴亚院反对而被退回的消息。于是,他立即折返日本,请旧友疏通关系,从而得到了这笔补助金。然而,小笠原并未因此就在华北总署中占据有利地位;毋宁说,他完全被排除在该机构之外。② 从这一点来看,小笠原批判华北总署为"三流的",或许有私人恩怨的成分。但究其根底,仍是因为小笠原推动海外神社在地化的主张与华北总署、皇典讲究所等坚持以日本标准建造海外神社的主张之间,存在着较大的距离与隔阂。以北京神社来看,除了在祭神问题上小笠原获得部分的"胜利"——国魂大神虽成为祭神,但其本土性并未得到普遍的认可与接受,其他海外神社在地化的"基本条件"则几乎全未

---

① 小笠原省三编述『海外神社史』(上卷)、208页。
② 小笠原省三编述『海外神社史』(上卷)、307—309页。

实现。①

就此而言,北京神社虽是被作为"模范"而建立起来的,但实际上只是小笠原推动在中国建立在地化的神社的第一个重要的却并不成功的尝试。与其说它是一个"模范",不如说它是一个试验场,一个调适海外神社的日本属性与在地属性的试验场,而南京等地的神社也将成为这样的试验场。同时,它也是一个参照物,一个为后来建立的南京神社提供参考与比较对象的参照物。

四、南京神社的筹建规划及其变动

1938年4月,在南京的日本居留民"决定在南京的中心区建立一条日人街",其30万元的预算中有5万元用于建造公园和神社。②这是笔者目前所见的在南京筹建神社的最早记录,不过此后并未实施。

与北京相似,自日军占领南京后,在南京的日本居留民数量较战前明显增加。据日本驻南京总领事馆统计,1937年7月1日的南京领区内共有侨民444人,而在南京的日本人仅有154人。南京沦陷之后,居留民数量急剧攀升。1938年4月达到1001人(其中日本人822人),1939年1月增加到4580人(其中日本人4005人),1940

---

① 「北京神社の奉齋まで」、小笠原省三編述『海外神社史』(上卷)、252—253頁。
② 读卖新闻社:《南京将建立一条日人街》,《新申报》(上海版)1938年4月10日;转引自陈谦平、张连红、戴袁支编《南京大屠杀史料集30·德国使领馆文书》,江苏人民出版社,2007年,第193页。

年1月增加到11 373人(其中日本人9 981人),1941年1月增加到18 596人(其中日本人15 447人)。1942年5月增加到22 076人(其中日本人19 313人)。在这22 000余人中,居于南京城区者13 912人,江北的浦口和卸甲甸分别有1 133人和930人,共15 975人。①然而,前文已经提到,1940年6月时,北京的日本人就达到65 975人,天津也有50 690人。相较而言,作为政治中心的南京,其日本居留民数量明显较少。就是与济南相比,南京在居留民数量方面也并不占优势。以1942年的数据来看,截至4月1日,济南领事馆辖区内共有居留民(包括日本人、朝鲜人和台湾地区的人)22 899人,其中日本人共19 927人②;而截至1942年5月,南京领区内也只有22 076人,其中日本人共19 313人。总之,南京沦陷之后,日本人数量虽明显增长,但与其他几座主要城市相比,并不算多。

虽然南京的居留民数量少于北京等地,但时任南京居留民会会长须藤理助对南京居留民的人口增长抱有极大的"信心"。在1939年3月发表的一篇文章中,他开篇就提到:去年(即1938年)所有人都不相信居留民的数量会增加到五千人,毕竟,彼时居留民总数只有三百七十人。但须藤称,那时候他就以此为目标。人口的迅速增长给了须藤很大的"信心",他预言:今年(1939年)夏天将达到一万

---

① 「管内一般概况」、JACAR(アジア歴史資料センター)Ref.B15100137300、第3画像、戦前期外務省記録/M門　官制·官職/2類　官職/3項　会議/0目/領事会議関係雑件/議事録　第六巻(外務省外交史料館)。

② 「当館管内一般概况」、JACAR(アジア歴史資料センター)Ref.B15100137100、第5画像、戦前期外務省記録/M門　官制·官職/2類　官職/3項　会議/0目/領事会議関係雑件/議事録　第六巻(外務省外交史料館)。

人,而"随着维新政府的整备和扩大,大南京的居留民将在数年内达到十万人"。① 须藤有此言论固然可见其狂妄(日本在南京的侨民多时为两万人左右),但考虑到南京在沦陷各都市中作为政治与军事中心的地位,以及日本居留民从一百多人到数千人的增长趋势,须藤的"信心"似乎也并非完全没有依据。同时,这一"信心"也促使他建立一座更大规模的神社。

1939年5月7日,居留民会评议员会正式决定建立南京神社,并于当月10日制定了《奉斋会事项会则》。② 10月6日,南京居留民会正式设立"南京神社御造营奉斋会",并召开第一次理事会议。会上,中国派遣军总司令被推举为名誉总裁,南京神社的筹建工作也由此开始。③ 同时,关于祭神、选址、经费等主要问题也一并决定:祭神为天照大神、明治天皇、国魂神(暂定)三柱;地址选定在南京城内偏西北的五台山高地。如第二章提到的,此时这里还规划建造表忠塔,二者互为呼应。关于经费,也由最初的数万元增加到三十万元,包括二十万元建造费用、三万元神社维持基本金、七万元祭典费、事务费等。奉斋会常务理事西岛五一对南京神社期待甚高,在他看来,南京"现在为维新政府的首都,也将是即将诞生的新中国中央政权的所在地。另一方面,支那派遣军总司令部也设置于此,可谓是名实与共的支那的军、政中心地"。④

---

① 须藤理助「集團農業拓士を五十萬人招致」、『大阪朝日新聞』(中支版)1939年3月11日、第5版。
② 西島五一「南京神社の御造営」『日本及日本人』1939年12月号、132—133頁。
③ 「南京神社建立」『東京朝日新聞』1939年10月8日朝刊、第2版。
④ 西島五一「南京神社の御造営」、132—133頁。

位于"军、政中心地"的南京神社，其创建过程并不顺利。从南京沦陷到奉斋会成立，日军已经占领了南京近两年；即使从最初提议设立南京神社算起，也已过去了一年半的时间。创建南京神社的启动工作之所以如此滞后，与经费有较为直接的关系。1938 年 4 月提议创建南京神社时，居留民总数不过数百人，预算仅为数万元。以如此之少的预算开工建设，建成的神社自然无法与南京的地位相称。与其他神社相比，数万元的预算也着实不足。北京神社目前没有数据，济南神社的工费为三十万元[1]，甚至蚌埠神社的设立费用也有十二万一千余元。[2] 与此相比，数万元太少，三十万也并不为多。果然，根据 1941 年 3 月的报道，南京神社的建造费用已经提升至四十万元。[3] 而到了 1942 年，又进一步增加到六十五万元。[4] 这表明，南京神社的建设规模在不断扩大，同时这也暗示居留民及占领军方面对神社的期待也越来越高。

另一方面，南京神社的祭神问题也值得注意。如上所述，早在

---

[1] 「総領事会議報告書（南京）」、JACAR（アジア歴史資料センター）Ref.B15100137000、第 5 画像、戦前期外務省記録/M 門　官制、官職/2 類　官職/3 項　会議/0 目/領事会議関係雑件/議事録　第六巻（外務省外交史料館）。

[2] 「管内一般概況」、JACAR（アジア歴史資料センター）Ref.B15100137300、第 16 画像、戦前期外務省記録/M 門　官制、官職/2 類　官職/3 項　会議/0 目/領事会議関係雑件/議事録　第六巻（外務省外交史料館）。

[3] 「南京神社御造営　日本の桜も咲く」『東京朝日新聞』1941 年 3 月 30 日朝刊、第 4 版。

[4] 「管内一般概況」、JACAR（アジア歴史資料センター）Ref.B15100137300、第 16—17 画像、戦前期外務省記録/M 門　官制、官職/2 類　官職/3 項　会議/0 目/領事会議関係雑件/議事録　第六巻（外務省外交史料館）。

1939年10月奉斋会成立之时,南京神社的祭神便大抵确定——只是第三柱祭神的名称是"国魂神"还是"国魂大神"尚未最终确定,这与北京神社的情形略有不同。北京神社奉斋会成立于1938年7月15日,而祭神问题则到1939年秋才解决。据西岛五一说,关于是否奉祀具有本土色彩的国魂神,理事会内部存在着相当的质疑。解答这些质疑的,是两名神职人员的论述:一是鹤冈八幡宫宫司座田司氏(1885—1962,按:"司氏"为其名),二是曾根朝起。①

座田司氏与小笠原同为海外神社在地化的支持者,早在1933年小笠原倡导成立的东亚民族文化协会中,座田(时任镰仓宫宫司)就担任理事之职。② 1939年,海外神社协会内围绕祭神问题(主要是"国魂神"问题)展开争论,最后由座田发表《关于海外神社的祭神》一文,为国魂神的祭祀提供了较为明确的理论依据。文中,座田首先解释了国魂神的含义。他提出,国魂神大体可以区分为两种:一是国土神格化的神灵,二是在国土的开发经营方面有功绩的神灵。日本历来就有奉祀国魂神的传统,如首先祭祀的国魂神是倭大国魂神,其后日本各地都出现了本地的国魂神,如摄津国魂神、和泉国魂神、河内国魂神、尾张国魂神、武藏国魂神等。而统括日本全部国土的国魂神,则是奉祀于生岛足岛神社的国魂神。因此,座田认为:"国魂神信仰是我国肇国以来祭神传统的重要精神。"基于这一认识,座田主张建于中国各地的神社都必须奉祀"各地方的土地的神

---

① 西岛五一「南京神社の御造営」、132—133頁。
② 小笠原省三編述『海外神社史』(上卷)、143頁。

灵，即国魂神"。①

座田强调了国魂神为日本的传统，曾根朝起则将神社视为"对支政策最急要之问题"。他认为，在中国的神社不仅是居留民的守护者，也"以国魂神为中介，充当五族协和的指导神"。后者尤其重要，曾根写道："外地神社具有双重意义：一为居留民之镇守，一为中华诸民族之镇守，后者是宣抚政策中最值得注意的事项。起初由居留民奉斋的神社，最终得到异民族的崇敬，共同实现东亚协同之目标，此事关系到神社本质之实现与否。"②座田与曾根两人论述的着眼点虽然不同，但支持以本土神灵为祭神的主张则是一致的。

这里有两个问题值得注意：首先，座田、曾根以及南京神社奉斋会都主张第三柱祭神的名称为"国魂神"，但南京神社奉斋会承认仅是临时使用，尚未最终确定——实际上，南京神社最终确定的名称是"国魂大神"。其间的曲折目前暂无史料可予说明，但同时存在"国魂神"与"国魂大神"两种主张则基本可以确定。小笠原起初也使用"国魂神"一词，但后来又转为"国魂大神"的主张者，北京神社即是一例。③南京神社奉斋会最终放弃"国魂神"而选用"国魂大神"，未始非小笠原活动的结果。此即涉及第二个问题：在南京神社

---

① 座田司氏「海外神社の御祭神に就いて」、小笠原省三編述『海外神社史』（上卷）、214—218頁。
② 曾根朝起「支那に於ける神社奉齋問題」『日本及日本人』1939年10月号、37—40頁。
③ 在参与建造北京神社之前，小笠原所写的《基本条件》使用的是"国魂神"一词。但北京神社建成后，在与北京神社官司有贺四郎的争论中，小笠原已经用"国魂大神"的称呼。

的筹建过程中,小笠原扮演了什么样的角色？在1939年12月的文章中,奉斋会理事西岛五一没有提及小笠原,因而无法确认此时的小笠原是否直接参与了南京神社的筹建工作。但至少可以说,此时的南京神社奉斋会已经接受了以本地神灵为祭神这一神社在地化的重要理念。而且,至迟到1940年1月,小笠原便被邀请到上海、南京等地参与神社工作。① 从这时开始,小笠原便多次往返南京,而这也正与祭神名称从"国魂神"改为"国魂大神"相呼应。

奉斋会成立后,南京神社的建设进度依然缓慢。虽然1940年2月11日便举行了"南京神社造营奉告祭"(相当于开工仪式),中国派遣军总司令西尾寿造也亲自参与该仪式②,但这仅是庆祝纪元节的一种"表演",并非真正动工。究其原因,经费问题首当其冲。如前所述,南京神社的建设预算不断增加,最高时达到六十五万元;但直到1942年4月底,仅募集到二十五万五千元。其次,时局的变化也给建造进度造成影响。南京神社所需的桧木来自台湾,共需六百石(笔者按:石为木材的体积单位,1石=10立方尺),由于太平洋战争爆发,直到1942年4月底所需桧木仍未到齐。③

---

① 「本邦神社関係雑件　第五巻　1.一般及雑」、JACAR(アジア歴史資料センター)Ref.B04012565300、第2画像、戦前期外務省記録/I門　文化、宗教、衛生、労働及社会問題/2類　宗教、神社、寺院、教会/2項　神社、寺院/0目/本邦神社関係雑件　第五巻(外務省外交史料館)。
② 「大陸の奉祝」『東京朝日新聞』1940年2月12日朝刊、第8版。
③ 「管内一般概況」、JACAR(アジア歴史資料センター)Ref.B15100137300、第16—17画像、戦前期外務省記録/M門　官制、官職/2類　官職/3項　会議/0目/領事会議関係雑件/議事録　第六巻(外務省外交史料館)。

此外，军队方面的要求可能也是工期延长的原因之一。1941年10月6日，日本驻南京总领事向外务大臣发出一份"秘"级电报，称："军队方面强烈希望在建造南京神社的同时，于神社社殿的右侧建造护国神社，作为境内社存在。十七日也举行了地镇祭。"[1]虽然十五万元的建设经费主要由军方提供[2]，但设计与建设工作则要交给南京神社奉斋会完成。结果，南京神社于1943年11月举行镇座祭，而南京护国神社则迟至1944年4月底才建成使用。[3]

除了日本方面，伪政权的存在及其对土地的管控也给神社的建造带来了直接影响。据五台坊联保主任在战后的汇报，从1941年4月开始，伪南京市政府、日本驻南京的"大使馆"、领事馆及神社方面便勘文公告，准备征收土地。当年7月开始挖掘坟墓，11月通知将证件上交以发放地价及拆迁房屋费。另据伪政府地政局1941年10月23日发给财政局的函件，其下发通告已近半年，但仍有不少人未来登记领取补偿金。为尽快结束此事，遂决定先行代为登记，待地主归来再将补偿金发还。此与五台坊联保主任的战后汇报相互印证，故应当可信。也就是说，神社建设的具体征地工作到1941年4

---

[1]「本邦神社関係雑件　第五巻　9.南京神社」，JACAR（アジア歴史資料センター）Ref.B04012566100、第2画像、戦前期外務省記録/I門　文化、宗教、衛生、労働及社会問題/2類　宗教、神社、寺院、教会/2項　神社、寺院/0目/本邦神社関係雑件　第五巻（外務省外交史料館）。

[2]「管内一般概況」，JACAR（アジア歴史資料センター）Ref.B15100137300、第17画像、戦前期外務省記録/M門　官制、官職/2類　官職/3項　会議/0目/領事会議関係雑件/議事録　第六巻（外務省外交史料館）。

[3]《旅京日侨庆祝天长节》，《中报》1944年4月30日，第3版。

月才开始，其结束时间则更迟。若在平时，征地赔偿等事务性工作属于正常手续；但在战争时期，占领者为了使用一片丘陵之地而在征地问题上耗时半年，则并不正常。就笔者所见，在抗战时期中国各地的神社（包括北京神社）中，尚无第二个类似的案例。作为佐证的是，日本驻南京总领事馆的档案中也提到，汪伪政府密令各地禁止向外国人租借、永租土地。在南京，下关为开港地，但城内不是，因而应予禁止。除了外国"大使馆"（或"公使馆"）、领事馆、教会、医院外，禁止外国人取得土地（包括租借和永租）。对于日本而言，虽然大使馆和神社的土地产权问题得到了解决①，但手续繁琐，且耗时长久。汪伪政权的"密令"固然难以在沦陷各都市均被执行，但至少在南京还可以发挥一定效力。这种效力不仅影响神社的建设进度，也限制了小笠原及曾根朝起等人所期待的通过神社使中国人与日本人"协和"的企图。

尽管如此，小笠原对南京神社的建设仍表满意。除了祭神名称，社殿样式也是一个重要的方面。在南京神社奉斋会第一次理事会议中，关于社殿样式并无特别说明；但在《基本条件》一文中，小笠原已经提出"以权现造为主体，并与中国庙宇的样式相调和"。权现造兴起于16世纪末17世纪初，其本殿与拜殿均为歇山顶，中间以币殿连为一体，且币殿的屋脊与本殿和拜殿垂直（见下图）。参拜时，参拜者朝向与拜殿屋脊平行的一侧（日语为"平入り"）。

---

① 「管内一般概況」，JACAR（アジア歴史資料センター）Ref.B15100137300、第27画像、戦前期外務省記録/M門　官制、官職/2類　官職/3項　会議/0目/領事会議関係雑件/議事録　第六巻（外務省外交史料館）。

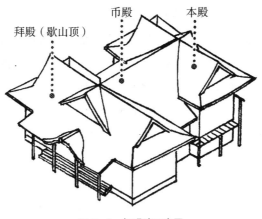

图 5-1 权现造示意图

图片来源：
妻木靖延：《图解日本建筑》，温静译，江苏凤凰科学技术出版社，2018 年，第 50 页。

从南京神社的设计图来看①，拜殿与本殿确实连为一体，这符合权现造的要求。但若分别考察拜殿与本殿，就会发现拜殿虽为歇山顶，但参拜者在参拜时并非朝向与拜殿屋脊平行的一侧，而是朝向与拜殿屋脊垂直的一侧（日语为"妻入り"）。不仅如此，本殿也不再是歇山顶，而是一种类似于悬山顶的建筑样式——但与悬山顶相比，其正面的屋檐又明显突出，且两面屋檐皆较顺滑流畅（日语为"流

---

① 日本神奈川大学非文字资料研究中心官网：http://www.himoji.jp/database/db04/permalink.php? id=3614，查看时间：2020 年 5 月 17 日。李百浩、松本康隆两位老师曾向笔者馈赠该图，谨此致谢！他们关于南京神社的研究参见「日本の敗戦後における旧南京神社の歩み　—なぜ南京で社殿が壊されなかったのか—」，『非文字資料研究』第 13 卷、2016 年、68—69 頁。

造")。此外,拜殿后侧的两边还有相对低矮的对称建筑。这种建筑样式大概是权现造的变体,而很难归入其他的建筑样式之中。除此以外,值得注意的是,从拜殿正面看,设计师有意将本殿的屋顶及屋脊上神社建筑独有的千木和鲣木(北京神社亦有之)突显出来,但从建成后的南京神社的照片及现存社殿来看,千木和鲣木均消失不见。由于缺乏建成之初的神社资料,暂时无法确定这是视角不同造成的,还是建设过程中就做了改动。不管怎样,南京神社的独特之处显而易见,并非完全照搬日本国内的社殿样式。

与北京的情形相比,小笠原在南京推动神社在地化的实践取得了更多的"成绩"。从目前掌握的资料看,这些"成绩"的取得与日本居留民组织的南京神社奉斋会有直接关系。在北京,小笠原活动多年,也只说服奉斋会同意以国魂大神为祭神,在社殿样式上则没有

图5-2 南京神社

图片说明:

该幅照片为赫达·莫里逊(Hedda Morrison)1944年夏所摄南京神社。

资料来源:

哈佛燕京图书馆(Harvard‐Yenching Library)http://id.lib.harvard.edu/images/olvwork595006/catalog,查看时间:2022年12月6日。

进展。而在南京,奉斋会成立之初就主动采纳了以本地神灵为祭神的主张,这种同意神社在地化的取向也一直延续到社殿的建筑样式上。另外,小笠原与日本驻北京总领事的关系较为生疏,而与南京"使"领馆官员早已相识①,可能也影响到小笠原主张的落实程度。毕竟,小笠原仅是外务省嘱托,对神社建设具有直接影响力的则是所在地的外务官员。

五、神社在地化中的祭神问题

在海外神社的建设过程中,坚持日本性与推动在地化的分歧反映在祭神的选择、社殿的样式、祭祀的仪式等多个方面,其中争议最大的当数祭神问题。南京神社的祭神为天照大神、明治天皇和国魂大神三柱,每一祭神都具有特定的象征意义,表达着神社建立者在现实社会中的思想主张与政治诉求。

天照大神是日本神话中的主神,也是日本皇室的祖神。将其作为海外神社的首选祭神似乎顺理成章,但在不同历史时期和不同地区则情形各异。例如,台湾地区的神社祭神就是以在台湾病死的北白川宫能久亲王为主祭神的情况最多,直到1944年天照大神才以"增祀"的形式进入台湾社格(神社的等级)最高的神社台湾神宫。

---

① 关于小笠原与北京总领事的关系,前文已经提到,北京总领事堀内干城乃是1938年从天津调来,小笠原是经人介绍才与他结识,时间是1938年7月初,即北京神社奉斋会成立前夕。次年,总领事再次发生变动,野田实之担任代理总领事。关于小笠原与南京使领馆官员的关系,参见小笠原省三编述『海外神社史』(上卷)、274页。

朝鲜则不同，以天照大神为祭神的神社很早就出现，且数量也最多。研究表明，在朝鲜正式被日本吞并前，日本人在朝鲜建立的神社之所以以天照大神为祭神，是为了强化日本居留民的国族认同，而将朝鲜视为"异国"。但在朝鲜被吞并后，为了合理化日本对朝鲜的侵略与吞并事实，"日鲜同祖论"便作为一种"传统的发明"而在日本社会流行开来。基于日本与朝鲜拥有共同"祖源"的论述，天照大神便具有了日本和朝鲜的共同祖神的意义。另外，明治天皇不仅是近代日本的"帝国"之祖，而且在他统治时期内解决了"日鲜合并"这一"二千年来的悬案"。①

可见，即使是同一祭神，在不同历史语境中其意义也会有所不同。以东北来说，建立以天照大神为祭神的建国神庙固然是为了在精神领域强化日本与伪满之间的关系，但与此同时，伪满的宫内势力与日本官僚之所以推动此事，则是有意通过天照大神来强化溥仪的"皇帝"权威，从而形成对关东军的遏制力量。② 沦陷区内则是另一番情形。一方面，部分日本机关与官僚确实表达了通过让中国人对"神国日本"及其"皇祖皇宗之圣德"的"祭拜"与"崇敬"，实现控制中国人精神与信仰的野心。用他们的说法就是"消除对立抗争之邪心，涌现和衷协同之善心"，"确保东亚永久之平安，以此为核心，贡献于世界之和平"③。另一方面，虽然天照大神与中国

---

① 菅浩二『日本統治下の海外神社：朝鮮神宮・台湾神社と祭神』、354—356 頁。
② 樋口秀実「満洲国『建国神廟』創設をめぐる政治過程」『東洋学報』第 93 卷第 1 号、2011 年 6 月、27—59 頁。
③ 土田豊「北京神社御創建に際して」、小笠原省三編述『海外神社史』（上卷）、266 頁；興亜院「支那ニ於ケル神社ニ關スル考察」、小笠原省三編述『海外神（转下页）

古代神话颇有渊源,但在包括小笠原省三在内的日本人的论述中,天照大神和明治天皇之于中国人的意义并未得到明确的阐释。——哪怕这种阐释是虚构或建构出来的:如在朝鲜出现的"日鲜同祖论",以及在台湾地区以有日系血脉的郑成功为祭神,从而强化台湾与日本的"共同体"意识。[①] 在日军占领区内,日本宣扬的只是所谓的东亚与世界"和平",亦即一种玄远而虚无的对未来的描绘。可以说,他们虽有令中国人"祭拜"和"崇敬"天照大神与明治天皇的企图,却在理论依据和政治说辞方面存在尚未解决、也不可能解决的困难。因而,终究无法将其企图在社会政治生活中普遍实践[②]——由于尚未做全面的、逐一的个案研究,个别沦陷之地是否存在强迫中国人"祭拜""崇敬"日本神灵的现象,这里暂不讨论。

小笠原省三主张以具有本土色彩的"国魂大神"为祭神之一,正是考虑到了海外神社的祭神与本地居民之间的关系问题。如前所述,早在朝鲜神宫镇座祭(1925年)前后,小笠原便参与到关于祭神的争论之中。当时,名为"国魂大神"的祭神尚不存在,他所主张的是在天照大神和明治天皇(此点基本无争议)以外,还应以朝鲜传说中的开国之君"檀君"为祭神。只是这一主张存在阻力,才决定将檀君及其他朝鲜的建国有功者合并为一柱,统称为

(接上页)社史』(上卷)、275 页。需要说明的是,"崇敬"不是一般意义上的尊崇和敬仰,而是成为真正的信仰者,即前文所提到的"崇敬者"。

[①] 菅浩二『日本統治下の海外神社:朝鮮神宮・台湾神社と祭神』、226 页。
[②] 谢任:《神社与它的躯壳:对南京五台山日本神社的考察》,《学海》2016 年第 3 期,第 96 页。

"国魂神"。①

如前所述,"国魂神"一名源自日本神话,用以指称国土神格化的神灵或在国土开发与经营方面建有功绩的神灵。换言之,国魂神在名义上是"海外"的土地之神,实际上仍被纳入日本的神话体系之中。小笠原就明确提出,对国魂神的祭祀是"日本最古老的信仰",明治时代建立的札幌神社、台湾神社、桦太神社所奉祀的"大国魂神",正是这一信仰的直接表现。但从1925年的朝鲜神宫开始,这一"传统"却被打破;直到1934年,朝鲜的京城神社才确定以国魂大神为祭神。② 当然,不管是国魂神、大国魂神还是国魂大神,都非小笠原等人主动选择的结果,而是一种妥协的产物,是一种"传统的发明"。实际上,在小笠原及其他主张以国魂大神、国魂神为祭神的神道活动家的表述中(如上文提到的座田司氏的《关于海外神社的祭神》一文),国魂神信仰也确实被建构为日本的"传统"。

小笠原等神道活动家主张以国魂大神为祭神的本意是强调朝鲜的"土著性",但在具体实践中,国魂大神的本土色彩却被削除,成为一种相对日本"中央"的、位于边缘和"地方"的象征。③ 这表明了日本在朝鲜施行殖民统治的深入程度,但未必适应于朝鲜以外的地区,特别是在并非日本帝国"领土"的地区。小笠原曾去过的巴西自不必说,即使在中国沦陷区,占领者与被占领者也非简单的"中央"

---

① 高松忠清編『松廼舎遺稿:高松四郎遺文選』、非売品、1960年、302頁;转引自菅浩二『日本統治下の海外神社:朝鮮神宮・台湾神社と祭神』、118頁。
② 小笠原省三編述『海外神社史』(上卷)、28—29頁。
③ 菅浩二『日本統治下の海外神社:朝鮮神宮・台湾神社と祭神』、167—168、182頁。

与"地方"的关系。另外,朝鲜的祭神问题主要受行政机关与神道界两个方面的影响;而在沦陷区,居留民团体、占领军、领事馆、神道活动家等均可能影响祭神的选择。甚至,伪政权方面的态度也可能是祭神选择时的考虑因素。如在筹建"蒙疆神社"时,小笠原就专门与德王进行了长时间的会谈,商定以成吉思汗为祭神之一。只是,这一意见遭到了驻屯军参谋长的强烈反对,最终并未实现。① 建成后的"蒙疆神社"祭神除了有与北京神社和南京神社一样的天照大神、明治天皇、国魂大神,还有1940年9月4日死于飞机事故的北白川宫永久王。

无论是在朝鲜、巴西还是在包括南京在内的中国沦陷区,小笠原的主张有着明显的连贯性:在朝鲜,他主张以檀君为祭神之一;在巴西,他主张以彼得罗为祭神之一;在张家口("蒙疆"),他主张以成吉思汗为祭神之一。总之,通过将本土神灵加入祭神之列,实现海外神社的在地化,是小笠原始终如一的追求。战争后期,随着日本颓势日显,日本也越来越需要"强化"汪伪政权,以获取更多的战争支持。在此情况下,小笠原进一步发展了自己的主张,他于1944年11月提出:在北京、天津、济南、青岛、上海、广州、香港以及夏威夷、新加坡等地建立以孙中山为主祭神,"其他建设新支那之有功者"为辅祭神的"中山庙"(南京已经有中山陵,故不在此列)。② 在此,小笠原不仅要以孙中山为主祭神,而且完全排除了天照大神、明治天皇等日本方面的祭神。当然,此时战争已近尾声,汪精卫也已病死日

---

① 小笠原省三編述『海外神社史』(上卷)、235—237頁。
② 小笠原省三編述『海外神社史』(上卷)、333頁。

本,这一主张仅是小笠原的个人意愿,最终并未落实为行动。

另一方面,在不同时空语境中,小笠原遭受了各不相同的阻力。在朝鲜,阻力主要来自殖民政府;在巴西,阻力则来自居留民和使领馆;而在中国沦陷区,不同地方的情况也有所不同。在北京,居留民虽接受了以国魂大神为祭神之一的主张,却在社殿样式上不愿妥协。在张家口,驻屯军参谋长的意见成为小笠原的主要困扰。相对而言,南京神社的在地化并没有遭到太大的阻力。居留民方面很早就采纳以本土神灵为祭神的意见,在社殿样式上也愿意做一定的调和或改动。这其中可能有领事馆方面的影响,也或许与居留民的主张有关。不过,建设过程中面临的资金问题、建筑材料问题、土地产权问题等延宕了南京神社的建设进度,使可能成为小笠原所期待的真正的"模范"迟迟难以树立。

最后,还有一个问题需要解答:在小笠原的神道观中,日本性与在地化之间究竟是一种怎样的关系?具体而言,海外神社的在地化是否意味着对日本性的放弃——哪怕是部分地放弃?答案是否定的。首先,作为1922年就成立的右翼团体"赤化防止团"的干事长[①],小笠原不太可能接受为了他国而贬损日本的思想与行动。一方面,他认同本居宣长的主张,承认一切事物的特殊性乃至灵性,这些灵性为人类生活所必需,因而应该进行赞仰、感谢与报恩。另一方面,他对日本民族的特殊性又最为推崇。他认为,世界各民族都对神灵有敬仰、畏怖、信赖、感谢之心,但建立神社进行礼拜的只有日本。为了促进世界文化的发展与人类的幸福,应该将神社推广到

---

① 菅浩二『日本統治下の海外神社:朝鮮神宮・台湾神社と祭神』、111、150頁。

世界各地。由于小笠原承认一切事物的特殊性,并认为这是日本民族"优美的性情",因而他所主张的海外神社自然具有在地化的取向:

> 自日本民族发祥以来,神社就是为了祀神(即表达报恩感谢之意)而准备的场所和设施,依其时代与国土(即场所)而进展。不必有固定的样式,此为神社之原则。即,由于时代与国土的不同,神社的祭神、建筑物的样式,以及祭祀的样式均不断进展。因此,无论在什么地方,处于什么时代,都可以建立神社。而且,正因为神社具有这种进展性,才具有永恒的生命。(引者注:着重号为原文所有)①

可见,在小笠原看来,建立在地化的海外神社是日本民族及神社自身便具有的属性,并非对日本性的放弃。小笠原推动神社的在地化并不仅仅是策略性的妥协,通过形式上的让步换取神社所在地的认可与认同;而且是他对神道的理解决定的。

当然,追问还不能止步于此,小笠原确实表现出了对神社所在地的"尊重",但这是否意味着日本人与非日本人之间的真正"平等"呢?答案也是否定的。日本的殖民地自不必说,即使是在中国沦陷区建立的神社,也几乎都是以天照大神、明治天皇等日本神灵为主祭神——定位为本土神灵的国魂大神也是小笠原等人依据日本的神话"发明"的结果。甚至在没有日本祭神的"中山庙"问题上,小笠原也没有放弃日本的指导地位。他明确宣言:

---

① 小笠原省三『海外の神社:並にブラジル在住同胞の教育と宗教』、61—65頁。

日本方面担任（中山庙）奉斋筹备机关的实质指导。近来，在对支工作中，有的人将日本的指导指责为自以为是。但在今日的日支关系中，如果没有日本的指导，支那就不能实现自主独立。这是支那人自己都应该知道的事。……而且，支那自己也应在深刻反省之下，去除中华的自负心，感谢盟邦日本的实力与真情，享受其指导。日本既不能被这种优越感所束缚，也不能堕入妥协之渊，而应坚持清明心，以毅然的态度应对之。'八纮为宇'的'父母之爱'（親心）并非不彻底的温情主义。①

此时已是 1944 年 11 月，日本在军事上的颓势已显露无遗，而小笠原对日本指导地位的坚持却愈加露骨——甚至将日本比作占领与统治之地的父母。这种不对等的关系定位是小笠原推动海外神社建设的思想基础，也正与他曾经的右翼团体干事长的身份相契合。

六、小结

国家神道是日本近代以后的"发明"，在国家神道笼罩之下的海外神社也呈现出新的样态，成为一种"被发明的传统"。只是，从明治维新到日本战败的近八十年间，要"发明"什么样的海外神社并未形成一致的意见。其分歧所在，主要就是坚持日本性还是推行在地化。②

---

① 小笠原省三编述『海外神社史』（上卷）、333 頁。
② 当然，小笠原主张推行在地化固然是一种"发明"，那些坚持日本性的海外神社同样是近代方才出现的事物。

本章以被当作"模范"建立起来的北京神社为参照,论述了小笠原参与筹建在地化的南京神社的主要过程。其中,对于神社的外在形态,是坚持日本性还是推行在地化的论争贯穿其间,而祭神问题则是双方争执的焦点。最终,南京神社在相当程度上实现了小笠原的在地化主张,但这也仅限于外在形态。虽然祭神与社殿样式结合了本地因素,相对淡化了日本色彩,但在实际运营中,南京神社依然只是日本人独有的宗教与社会活动空间,没有也无法将中国民众纳入其中。

那么,南京神社究竟是谁的神社?又是要建构和强化哪一群体的认同?进而言之,这究竟是按照谁的意图建立和运营的神社?千叶正士提出,日本的海外神社可分为"居留民设置神社""政府设置神社"以及"政府列格神社"三类。前二者分别为居留民和政府筹建的神社,第三类则是政府给部分居留民设置的神社赋予社格,使其获得政府的资助。[①] 按照这一分类,南京神社、北京神社以及其他中国沦陷区的神社皆为居留民设置神社,它们既非日本政府出资建立,也未获得日本政府授予的社格。但是,新田光子对大连神社的研究则表明:居留民设置的神社固然是居留民的宗教与社会活动的场所,但随着战争的开始与扩大,政府方面利用神社以统合日本国民的倾向也越来越明显。在此过程中,甚至一些中国学生也与其日

[①] 千葉正士「東亜支配イデオロギーとしての神社政策」,『日本法とアジア』(仁井田陞博士追悼論文集第3巻)、勁草書房、1970年;转引自中島三千男「『海外神社』研究序説」,46—47頁。

本同学一起被要求参拜神社。① 可见,在战争时期,居留民的日常生活与国家意志之间很难截然划分。南京神社同样如此,它虽为居留民出资设立,但同时也是日本国家意志的直接表现,是统合南京的日本居留民、动员其为战争服务的重要场域。

问题是,在海外神社问题上,并不存在普遍认同且具体施行的"国家意志"。本章的研究表明,争议各方大都认为应通过神社统合日本居留民与所在地的中国人,他们的分歧在于:小笠原等人主张,要统合中国人/外国人就必须实现神社的在地化;而各地的驻军、"使"领馆以及日本居留民则无法接受,甚至极力反对。说到底,前者将日本设定为具有世界视野、能够容纳他者的"帝国"——当然,日本在"帝国"中的指导地位是不容置疑的;后者则将日本设定为完全排他的"帝国",即日本在不做任何改变的情况下使他者臣服,令其完全放弃自我,然后融入日本的秩序安排中。矛盾的是,日本对殖民地和占领地民众的秩序安排又是"动摇与暧昧"的。在对日本殖民地的研究中,小熊英二提出:"明言其为'日本人'的话,就必须赋予其作为国民的权利;明言其为'非日本人'的话,就无法将其作为国家资源加以动员。"②沦陷区与殖民地固然不同,占领者没有是否将本地民众称为"日本人"的两难,但在认可其"他者"身份的同时,又企图以暴力性与非暴力/软暴力的手段对其进行精神统合。就此而言,日本的占领地与殖民地是相通的。

---

① 新田光子『大連神社史:ある海外神社の社会史』、214—221頁。
② 小熊英二、「『日本人』の境界:沖縄・アイヌ・台湾・朝鮮植民地支配から復帰運動まで」新曜社、1998年、650頁。

南京神社正是在以上各方主张的综合作用下建成的。它既要满足居留民的生活需要,又在某种程度上实现了小笠原的在地化主张。同时,它也担负着占领者所赋予的在精神领域统合本地民众的潜在职能。表面上看,它比"模范"的北京神社更加"模范"。但这究竟是谁的神社？实际上更难分辨。另一方面,由于南京在沦陷区内具有特殊的军事与政治中心地位,南京神社的建设工程远大于其他地区。加之时局日益紧张,南京神社建成之时已近战争末尾。此时,汪伪政权方面的实力与自我主张得到相对的强化,以神社统合本地民众的企图已无法实施,遑论实现。

南京神社镇座之时,志得意满的小笠原省三没有预料到后来的事。但他在参与筹建神社的过程中遭遇的阻力、困境以及其中所内含的无法解决的矛盾,已预示了海外神社终将失败的命运。

第六章

遗留物
战争痕迹的历史、记忆与遗忘

一、引言

南京清凉山上,有一堆不知摆放多久的石柱遗存。直到 2014 年,人们才注意到它的存在。其后,该遗存为原南京神社鸟居的说法大体得到确认。① 经实地踏访,笔者也认为它们确是鸟居构件。

在南京,自沦陷时期遗留下的残迹仍有不少。比如,汪精卫墓的一些遗迹就留存了下来。1946 年 1 月 21 日深夜,一队国民党军队的工兵悄悄来到南京梅花山。他们此行的任务,就是炸掉这里的汪精卫墓。据说,在建造汪墓之时汪妻陈璧君就担心会遭遇不测,因此特地以五吨重的碎钢铁融入混凝土中,筑成一座圆形的坚固墓壁。然而,再厚实的坟墓也经不起工兵的巨量炸药。汪墓当晚就被炸毁,汪的尸身也被送到清凉山火化。很快,汪墓所在之地建起了一座观梅轩。至此,汪墓似乎荡然无存。但实际上,它的一些痕迹并未完全消失,如汪伪政府为汪精卫建造的祭堂仍然保留,碑坊的

---

① 张玉洁:《南京市民在清凉山意外发现石柱 专家称是民国牌坊》,参见网址:http://js.ifeng.com/humanity/his/ws/detail_2014_01/06/1692497_0.shtml?_from_ralated,查看时间:2020 年 5 月 28 日。白雁:《清凉山神秘花岗岩石是日本神社牌坊遗存?》,参见网址:http://js.ifeng.com/city/detail_2014_07/14/2588068_0.shtml,查看时间:2020 年 5 月 28 日。

图 6-1 南京神社的鸟居残件

图片来源:

笔者所摄,2020 年 11 月 30 日。

柱础也残迹犹存。①

　　与汪墓的遭遇相似,伴随着日本的投降,占领者在南京及其他沦陷区建构的诸多场域发生了根本的转变。作为本论的最后一章,这里要探讨的就是前述五种记忆之场经历了哪些处置,并逐渐被"遗忘"。这里所说的"遗忘",并非完全失去了关于过去的痕迹与记

---

① 卢海鸣、杨新华主编:《南京民国建筑图集》,南京大学出版社,2001 年,第 511—512 页。

忆,变得一无所知;而是在现实生活与情感认同两个层面上,原来的记忆主体与记忆对象被分割开来,从而导致了记忆的断裂和记忆之场的瓦解与重构。具体而言,日本官民是前述五种记忆之场的记忆主体,日本的战败不仅使占领者离开了南京,而且迫使日本人切断与这些留在南京的记忆符号的关联。尽管还会"藕断丝连"——如仍有一些人会对南京某地某事抱有难以忘怀的情感,但记忆的断裂已不可避免。另一方面,日本战败以后,那些日本占领南京的象征符号自然会在民族情感与国家尊严的驱动之下予以相应的处置。于是,在记忆的主体发生转换之后,原有的记忆场域也随之被瓦解和重构。曾经的记忆逐渐消退,另一种记忆则可能被重新刻写。①

保罗·利科专门探讨过遗忘问题,他将遗忘分为两类,即终极遗忘与可逆遗忘。所谓"终极遗忘",就是因痕迹的消失而产生的遗忘。相对于终极遗忘,"可逆遗忘"更为复杂。它是一种记忆与遗忘彼此交织的纠缠状态,甚至表现出"难以遗忘"的倾向。② 本章讨论的遗忘属于后者,即通过对各种痕迹或史料的探寻与分析,尽力追溯遗忘发生的脉络,从而理解原初的记忆场域如何呈现为当下的状态。汪墓的遭遇是一个生动的案例。就现存的痕迹而言,柱础既无明显的象征意味,也无实际的利用价值,且僻处野外,因而一直闲置在那里。祭堂是一处普通的房屋,将其内部清理改造之后,便可以

---

① 之所以说是"可能被重新刻写",是因为有的场域确实被重新建构为寄托中国人情感与记忆的场域,但也有的地方则被埋没下去,无人问津。详见下文的论述。
② 保罗·利科:《记忆,历史,遗忘》,李彦岑、陈颖译,华东师范大学出版社,2018年,第559—562页。

转变为休息工作之所,因而能够留存至今。至于梅花山顶的汪墓则埋葬着汪的尸身,而且梅花山与中山陵比邻,让汪精卫埋葬此处自然难以被接受。于是,坟墓被炸。此外,观梅轩的建立与其周围的景致一起构建了一个新的景观空间。而汪墓不在场的在场,使此处作为观光之地而外,又别具一番沉重的历史意味。一种难以言说的情感与记忆由此弥散在梅花山头,也浸入了游客心间。①

一方面,遗忘是记忆的对立面。皮埃尔·诺拉如是说:"记忆场所存在的根本理由是让时间停滞,是暂时停止遗忘,是让事物的状态固定下来,让死者不朽,让无形的东西有形化,将意义的最大值锁定在最小的标记中。"②就是说,为了应对在自然状态下几乎不可避免的遗忘,以塑造、改造或强化个体与群体认同,凝结着特定记忆的场域才被建构出来。

另一方面,前五章的研究表明,日本主导的各类记忆场域在停止遗忘或建构某种特定记忆的同时,也在制造遗忘。光华门战迹宣扬日军"勇猛"作战的"战绩",对战争给中国带来的苦痛则极力美化,或刻意遮蔽;慰灵设施显彰日军战死者以激励生者,却将保家卫国的抗战将士描述为"纯真无知的牺牲品";纪元庆典企图强化日本"万世一系"的历史/神话,但在沦陷区却无视侵略中国的事实;孝陵祭祀通过对历史的利用重构"国统"的观念,作为当事者的张氏后人

---

① 观梅轩旁树立了一块说明指示牌,其中有言:"此处原为汪精卫墓地,1946年1月,汪墓炸毁后建造观梅轩,既为梅花山增添一景,又可供游人登高眺望,休憩赏梅。"
② 皮埃尔·诺拉(Pierre Nora):《记忆与历史之间:场所问题》,黄艳红译,皮埃尔·诺拉主编《记忆之场:法国国民意识的文化社会史》,黄艳红等译,南京大学出版社,2015年,第21页。

却处于几乎失语的状态;南京神社是凝聚日本居留民"共同体"意识的象征,也被寄予了争取中国人认同的期望,但围绕在地化的冲突掩盖了扩张帝国优越于被侵略民族的前提。总之,记忆的场域也是遗忘的场域。而在记忆之场瓦解以后,除非没有留下任何遗迹,否则便可能勾画其瓦解之后的历史变迁。

鉴于此,本章将在记忆与遗忘彼此交织的视角下,通过追索相关的历史遗迹,对前文五种记忆之场在战争结束后的经历做初步的探究。按照不同的处置方式和结果,它们在战后的命运大致可分为三类:第一类以孝陵祭祀和纪元庆典两个场域为代表,它们仅残存很少的痕迹,这些痕迹也几乎被埋没而无人问津;第二类以南京神社最为典型,除了残存的痕迹外,它的主体建筑保留了下来,在被改造之后继续使用;第三类包括菊花台和光华门战迹,它们原有的空间结构已完全瓦解,但在旧有痕迹的基础上,又构建出新的空间,并逐渐成为一处新的记忆场域。按此线索,以下将分别探讨被埋没的痕迹、被改造的建筑以及被重构的空间。

二、被埋没的痕迹

与光华门战迹、慰灵设施和南京神社不同,围绕孝陵祭祀和纪元庆典而形成的记忆之场并未在南京建构新的具有象征和指示意义的物质空间。因此,在日本战败以后,关于它们的记忆很快便消失在公众视野之外,只有一些痕迹还残留至今。

在具体讨论这些痕迹之前,关于痕迹的界定有必要稍做说明。痕迹的存在状态不仅区分了终极遗忘与可逆遗忘,也直接关系到记忆之场的遗忘与重构问题。中文语境中的"痕迹"与英文语境中的 trace 含义基本相同：在英文中，trace 是指事物发生或存在的迹象（sign）；[1]在中文中，"痕迹"也是指"物体留下的印儿"和"残存的迹象"。但无论是 sign 还是"迹象"，其所指仍不够明确，无法判定某一物品是否属于痕迹/trace。

阿莱达·阿斯曼和保罗·利科都将痕迹（trace）作为一个重要术语加以讨论，但由于痕迹（trace）语义的模糊性，他们对痕迹的界定有着很大的不同。阿斯曼将痕迹视为与文字完全不同之物，她提出："文字是把语言编码成视觉符号的形式。这个定义不能用在痕迹上。痕迹既不具备语言的关联也没有编码的符号特点。但是它从标引性符号的意义上来说又是可读的，而标引性符号并不以编码为基础。"因此，废墟和残留物、碎片和残块等才属于痕迹。[2] 但在利科那里，痕迹首先就是指被书写的痕迹，主要指文字；其次是心理痕迹，即事件撞击人的心灵和情感而留下的痕迹；最后是大脑皮层的痕迹，也就是神经科学研究的对象。[3] 大体说来，作为文学和文化记忆研究者的阿斯曼是在较为狭义的语境中使用"痕迹"一词，并特别

---

[1] 英文 trace 有动词和名词两种词性，英文解释为：to find or discover somebody/something by looking carefully for them/it; to find the origin or cause of something; to describe the process or the development of something; a mark, an object or a sign that shows that somebody/something existed or was present. 参见霍恩比（A.S. Hornby）：《牛津高阶英汉双解词典》（第 7 版），王玉章等译，商务印书馆，2009 年，第 2141 页。本章主要讨论其作为名词的"痕迹"之义。
[2] 阿莱达·阿斯曼：《回忆空间》，潘璐译，北京大学出版社，2016 年，第 234—235 页。
[3] 保罗·利科：《记忆，历史，遗忘》，李彦岑、陈颖译，第 17—19 页。

强调了痕迹与文字—编码的区别；而作为哲学家的利科则分别在历史学、心理学以及神经科学三个层面上分析痕迹与遗忘的关系。对本书的研究而言，前者的界定范围似乎过于狭小，而后者则稍嫌宽泛。因此，笔者更愿意折衷二者的说法，将痕迹界定为包括文字、图像等被编码的痕迹和废墟、残留物等未被编码的痕迹，它们都是过去事物留下的物质性印记。至于人的情感上和大脑皮层中的印记，这里暂不讨论。

编码与未编码之间，主要的差别在于能否以及如何解读痕迹中所凝结的信息与记忆。被编码的痕迹更为明确地呈现出编码者的主观意图，而未被编码的痕迹则是原有事物偶然地或非刻意地留下的印记。或许，这就是阿斯曼将文字与非文字区别开来的原因。但在笔者看来，无论是被编码的痕迹还是未被编码的痕迹，它们都是过去的事物发生和存在的证明，承载着关于过去的记忆。

当然，二者的差异也是显而易见的，除了阿斯曼所强调的编码问题，笔者认为能否复制也是不容忽视的要点。被编码的痕迹（如文字、图像、音乐等）可以被大量地复制，并能够广泛地传播。尤其是在电子化和网络化的时代，凡是能够被编码的皆可复制（当然，在复制和传播的过程中存在被修改的可能），这就大大降低了痕迹消失的风险。而未被编码的痕迹（如废墟、残留物、碎片等）则因其物质实体的形态而很难被复制，因而消失或被埋没的可能性也就远大于被编码的痕迹。日本在南京建构的记忆之场所遗留的痕迹就表现出这样的问题：被编码的/可复制的痕迹留存至今者仍有不少，而未被编码的/不可复制的痕迹则消失殆尽——那些尚未消失的也大多被埋没。

首先看孝陵祭祀的情形。众所周知,明孝陵为明朝开国皇帝朱元璋的陵寝,至 1940 年山下清一祭祀之时,它已在紫金山存在了数百年之久。因此,这里首先是中国人的记忆之场。明朝灭亡前自不必说,即使到了清朝,康熙和乾隆皇帝均有过亲祭孝陵的行为,从而表达和宣扬清朝的政治理念。清末民初,朱元璋"驱除鞑虏,恢复中华"的历史成为反满革命的一面旗帜,孝陵仍旧在国人心中占据一席之地。可以说,虽然作为物质实体的明孝陵时有兴衰,但它从未消失。它既是见证兴亡的怀古之地,也是凝聚认同的记忆之场。

而在山下清一操办的祭祀中,虽然也邀请到占领当局和伪政权方面参加,但基本仍是他们少数人的表演。首先,他所谓的明室后裔并未到场,这就给祭祀本身留下了令人怀疑的空间。其次,日本占领当局虽然配合了山下的表演,但并不积极,而且对山下的意图同样存疑。此外,汪伪政府方面的表现尤其值得玩味。他们参与了山下组织的祭祀活动,但将这一活动转述为日本人对"收拾山河,奠定社稷,建国东亚,勋业彪炳"的明太祖的钦佩,进而发出"奋发自强,卓然自立,以平等友好之精神,分担安定东亚之重任"的呼吁。总之,山下清一试图通过孝陵祭祀而阐扬"国统"的图谋并未得到回应,反而受到各种限制。祭祀结束后,"治隆唐宋"碑殿前的桌案、旗帜、长凳等均被撤去。也就是说,与祭祀直接相关的未被编码的/不可复制的痕迹已经全部消失。间接相关的"振甫町"的地名、张家墓地等痕迹虽然仍在,但无法使人联想到 1940 年曾有人前往南京举行祭祀,亦难以唤起山下清一所倡导的关于"国统"的记忆与认同。

不过，如果扩大视野就会发现，关于山下清一操办的孝陵祭祀，仍然可以发现一些被编码的/可复制的痕迹。实际上，笔者之所以会注意此一事件，就是从一份新闻报道开始的。报道中的文字和祭祀现场的照片不仅介绍了祭祀活动的大概情况，而且提示了山下清一、佐藤信渊、史家研究等可以继续追查的线索。于是，在这一痕迹的导引之下，笔者又找到了一直存在，但没有引起注意的其他痕迹。如山下清一出版的图书和发行的小册子、佐藤信渊在《宇内混同秘策》中的只言片语、以赤池浓的名义出版的关于明室后裔的图书等等。一方面，这些痕迹只是当年孝陵祭祀的部分碎片，能且只能粗线条地勾勒出孝陵祭祀的线索。另一方面，这些痕迹都是可复制的。即使孝陵祭祀结束后它们便不再为人所关注，战争结束后更是无人问津，依然能够较为完好地留存至今。某种程度上说，它们保留记忆的能力甚至超过人自身。仅有的对孝陵祭祀的记忆仍耿耿于怀的，或许只是山下清一、张氏后人等少数几人，而现在关于他们本人的痕迹也已消失殆尽。

与孝陵祭祀相比，南京的纪元庆典甚至没有标志其存在的物质场域。要在南京找到纪元庆典的痕迹，可能只有到当时的报刊中搜寻。不过，孝陵祭祀毕竟只是山下清一等少数人念念不忘的记忆，多数的中国人和日本人都对此一无所知；而纪元庆典则是日本政府和日本国民的重大时刻，也在中国沦陷区产生了直接而广泛的影响。因此，除了日本国内，即使到现在，中国仍有很多与纪元庆典有关的痕迹。尤其是在网络时代，这些当年的痕迹纷纷进入商品流通的领域，成为一种可以迅速出现在眼前的痕迹。仅以某旧书网交易平台为例，输入"二千六百年"这一关键词进行搜索后，便会出现大量图书、杂志、画册、画卷、邮票、纪念章等等物品。① 这些物品提示了纪元庆典在中国沦陷区的影响，但也被淹没在更多的商品之中。这是网络时代才会有的"埋没"现象：知道纪元庆典的人能够迅速找到纪元庆典的痕迹，不知道纪元庆典的人则可能永远也不会注意到它们。吊诡之处正在于此：痕迹本来是提示事物发生或存在过的印记，但在网络时代，能够发现这些痕迹的人大多已经知道了纪元庆典的存在，不知者则可能永远不知。

除此以外，还有一些场域首先呈现为实体的建筑空间，但在战争结束后由于种种原因而消失了，只留下部分证实其存在过的痕迹。例如，被日军高度重视的光华门，就在 1958 年被拆除②，现在此处只余地名，原来的样貌已完全不见。而对这一段历史与记忆的追溯，则依靠新闻报道、图像、文学作品、回忆录、音乐等等被编码的痕迹。残灰奉安所提供了一个更为极端的案例。由于该奉安所早已不知所终，笔者也尚未发现其实体的痕迹，以致现在只能知道其位于大乘庵一带。至于它的建筑物是新建还是旧有，面积与建筑风格如何等，皆无从知晓。③ 从某种程度上说，它已经接近利科所说的"终极遗忘"。南京护国神社也是如此。该神社紧邻南京神社，但留存至今的只有南京神社的社殿，南京护国神社则踪迹全无。甚至，

---

① 网址：https://www.kongfz.com/，查看时间，2020 年 5 月 28 日。
② 杨国庆：《南京城墙》，江苏人民出版社，2014 年，第 141 页。
③ 光绪初年日本僧人在洪武路上乘庵创办了"西本愿寺"，其建筑物直到 2000 年方因城市建设需要而被拆除，但残灰奉安所与"西本愿寺"的关系尚难断定。参见邢定康、邹尚编著《南京历代佛寺》，南京出版社，2018 年，第 126—127 页。

一些关注南京神社的研究者也不清楚南京护国神社的存在。[1]

当然,也有一些未被编码的痕迹保留了下来,本章开篇提到的南京神社的鸟居残件就是其中之一。该鸟居不知何时被拆,目前搁置在清凉山的人迹罕至之地。自2014年经媒体报道以来,已经过去了多年。笔者曾数次前往察看,这些鸟居的残件依然无人问津。菊花台表忠碑的残迹也大体相似。在菊花台的最高处,高大的表忠碑早已被炸毁,残存的钢筋混凝土则数十年如一日地固着在草木之间。碑址高起之地绿植繁茂,宛如花坛。就这样,表忠碑的痕迹埋没于植被之下,关于菊花台和表忠碑的记忆也被埋没在历史之中。

历史与记忆共存,也与遗忘同在。但遗忘(无论是终极遗忘还是可逆遗忘)占领者侵略中国的痕迹,或者任由这些痕迹被埋没,毕竟不是最好的处置方式。因此,如何阻止遗忘,将被埋没的痕迹重新发掘出来就成为研究者的责任。这既是学术研究的需要,也是记忆伦理的要求。

三、被改造的建筑

如果说痕迹过于细小,有如碎片,因而本就容易被埋没乃至消失,那么较为高大的建筑物,尤其是房屋殿宇的处置就涉及更多问题了。南京神社的案例便极为典型。

---

[1] 经盛鸿:《南京沦陷八年史(一九三七年二月十三日至一九四五年九月九日)》(增订版),社会科学文献出版社,2013年,第761—764页。

南京光复之后,南京神社①的主要建筑并未像汪墓一样被夷为平地,而是在接收问题上遭遇波折之后,稍加改造便继续使用。1945年9月20日,南京市社会局职员在查看五台山之后,认为该处"景物优美",特呈请市政府派员接收,用以改作市先烈遗物陈列馆和市立图书馆。② 南京市政府遂将此事报告给陆军总司令部,陆军总部表示同意,并指示查明该地产权。③ 于是,关于市先烈遗物陈列馆和市立图书馆的改建工作便在社会局开展起来。

与此同时,行政院于1945年10月下发了《关于光复各省市政府应筹设忠烈祠的训令》④,南京的忠烈祠筹建问题也随之而来。1946年1月12日,行政院长宋子文于战后首次回京之时"顺道至五台山麓之日本神社,伫看片时"。⑤ 两天之后,即1月14日,南京市社会局便提出了将南京神社改建为首都忠烈祠的具体方案。2月,社会局又请求将市先烈遗物陈列馆和市立图书馆与首都忠烈祠两项并案办理。其拟具办法如下:

---

① 南京光复后,由于南京护国神社为南京神社的境内社,其社殿及附属建筑的处置是与南京神社连在一起的,因而本节所说的南京神社包括南京护国神社。
② 《呈请市政府派员接收五台山所建神社并将其改作市先烈遗物馆及市立图书馆》(1945年9月20日),南京市档案馆,1003-3-242。
③ 《关于派员接收五台山日人所建神社一事与市政府往来信件》(1945年9月29日),南京市档案馆,1003-3-242。
④ 《关于光复各省市政府应筹设忠烈祠的训令》(1945年10月22日),南京市档案馆,1003-3-242。
⑤ 《宋院长离京返渝 行前曾谒陵并巡视市区》,《申报》1946年1月13日,第1张第1版。

一、由本局派员前往接收并报市府备案。

二、改建忠烈祠,附改建计划及图案。

三、先烈遗物陈列馆俟忠烈祠改建完竣另辟一部□陈列并与军政部会商办理。

其中第二条所说改建计划包括六点,即:

一、依《忠烈祠设立及保管办法》第九条规定,会同内政部办理保管之。

二、将原有正面两殿房屋移建右侧空场中,改作图书馆之用,并将房屋上东洋式附件消除。

三、移动原来正面两殿后,就原有基地建造新式忠烈祠纪念堂(设计图纸附后)。

四、日本式纪念坊纪念碑及路灯拟改变方式加增"忠烈祠纪念"字样,以壮观瞻。

五、将原来行道树(日本樱花)移植别处改植国花(腊梅)和松树,用间种法。

六、忠烈祠内图书馆陈列书籍应征集我国历代民族英雄传史册公同□□。①

如果这里所说的"移建"是指现代建筑学意义上的"建筑平移",

---

① 《职员鲁之翘等关于五台山原日人神社等设忠烈祠的意见》(1946年1月4日),南京市档案馆,1003-3-242。

似乎可以推测：时人——更准确地说是政府高官——还有意保留日本式样的建筑。但在改建计划中，房屋上的"东洋式附件"仍被要求拆除，可见社会局方面对建筑中的日本因素仍然无法接受。这从他们重新设计忠烈祠的纪念堂，而不是继续利用日本社殿便可以看出。

新设计的纪念堂虽略显简略，且无具体的设计图纸，但足以表明它与神社社殿完全不同。此外，"日式纪念坊、纪念碑"乃至路灯都要加上"忠烈祠纪念"的文字，代表着日本的樱花也要更换为中华民国的国花和象征着不屈精神的松树。这些去除日本痕迹、突出中

图6-2　首都忠烈祠纪念堂设计图案

图片来源：
《职员鲁之翘等关于五台山原日人神社等设忠烈祠的意见》(1946年1月4日)，南京市档案馆，1003—3—242。

国风格的想法（尚未付诸实践）与第一节的论述相呼应，是很多日本痕迹消失或被埋没的直接原因。但是，社会局对南京神社的规划并未实现，因为这里另有所属。1946年3月25日下午，就在社会局准备接收之时，却发现这里已经有了一个名叫沈行琳的保管员。该员声称：南京神社的东西两殿早在元月十一日就由何应钦、白崇禧许给考试院长戴季陶，用作国际交谊大会堂。① 原来，在社会局开展接收工作的同时，中国童子军总会（以下简称"童军总会"）也在准备接收五台山，沈行琳即是童军总会所派。

1945年9月20日，童军总会致函南京市政府，请求协助接收五台山办公房屋。② 10月8日，童军总会秘书长到南京面见市长马超俊，得市长面允接管修理。③ 到10月27日，童军总会已经将南京神社收回修理。④ 童军总会之所以如此迅速，是因为此地在抗战前就是其办公场所。据童军总会1937年度的工作报告，当年其在五台山就建造办公平房一所，计大小十三间，俱乐部楼房一所，计大小十二间，另植各种花草树木。⑤ 为证明五台山为其所有，童军总会特地致函南京市接收委员会，并附"会址会所蓝图七纸并购地价款一纸"，

---

① 《据称日本人所建神社拟充国际交谊大会之用呈请市政府转请陆军总司令部核示》（1946年3月27日），南京市档案馆，1003-3-242。
② 《函请先行登记五台山土地房屋等所有权以便派员返京接收给南京市政府的公函》（1945年9月20日），南京市档案馆，1003-21-21。
③ 《为函请发给五台山会所接收证并撤销内政部接收证一案与南京接收委员会内政部的往来文书》（1945年10月29日），南京市档案馆，1003-21-21。
④ 《为五台山会所业已收回修理一事与市政府的往来文书》（1945年10月27日），南京市档案馆，1003-21-21。
⑤ 《本会二十六年度工作报告》，《战时童子军》第12号，1938年3月，第19页。

这才取得了接收证。①

奇怪的是，南京神社既未按照社会局的规划加以改建，也未为童军总会所独有，而是于1946年5月底被改为战利品陈列馆对外开放。不仅如此，建筑规模最大的南京神社社殿还被改成了"中国抗战阵亡将士纪念堂"，与战利品陈列馆同时成立。② 据《申报》报道，战利品陈列馆由何应钦主持，并指定马崇六中将具体负责，其意在

图 6-3 被改造的南京神社

图片说明：

左图为战利品陈列馆，右图为中国抗战阵亡将士纪念堂。

图片来源：

左图参见陈小法：《"杭州神社"之研究——兼论在华神社的侵略性》，载胡澎等《神道与日本书化》，中国社会科学出版社2012年，第287页；右图参见秦风：《你没见过的历史照片》，山东画报出版社2004年，第265页。

---

① 《为函请发给五台山会所接收证并撤销内政部接收证一案与南京接收委员会内政部的往来文书》（1945年10月29日），南京市档案馆，1003-21-21。
② 《中国陆军总司令部启事》，《申报》1946年6月1日，第7版。

"使全国军民及中外人士明了抗战经过,及敌人使用各种利器,惨杀我国同胞之真相"。① 不过,该报道并未提及抗战阵亡将士纪念堂。至于为何先烈遗物陈列馆、市图书馆以及忠烈祠的议题不能成立,而战利品陈列馆和抗战阵亡将士纪念堂却得以迅速完成,现在还没有直接的材料予以说明。此事或与戴季陶和何应钦的态度有关。忠烈祠等未能建在五台山的原因比较明确,是戴季陶要把此地留给童军总会;而战利品陈列馆和抗战阵亡将士纪念堂,或许是何应钦的要求。

从以上两图可以看出,国民党当局对南京神社的实际处置比较简单:他们在神社的鸟居之上悬挂国民党党徽、党旗和中华民国国旗,在一旁的展示牌中写下"战利品陈列馆"的字样②,并立起一座写有"中国抗战阵亡将士纪念堂"字样的石碑,而神社社殿则基本保持原样。可以说,这种处置是实用主义的,以减少工程量为主要原则。在此基础上,对神社进行枝枝叶叶的修改,随后即转换功能,使之成为与原初功能完全不同的建筑。

1949 年以后,五台山为江苏省体育运动委员会(以下简称"体委",今江苏省体育局)所有,南京神社的整个空间格局被彻底打破。目前,除了一些附属建筑的残迹(如石灯笼的基座等)外,剩余的就

---

① 《陆军总部在首都 设战利品陈列馆 筹备完竣本月中旬开幕》,《申报》1946 年 5 月 5 日,第 1 张第 2 版。
② 陈小法:《"杭州神社"之研究——兼论在华神社的侵略性》,载胡澎等《神道与日本书化》,中国社会科学出版社,2012 版,第 287 页。按:该文所示图 3 即南京神社之鸟居,盖该图所示的"战利品陈列馆"是国民党当局抗战胜利后在首都南京改建,《申报》载之已明。

是原南京神社的社务殿和作为主体建筑的拜殿与本殿,当地人将其称为"小庙"和"大庙"。至于这数十年间发生了什么,目前没有确切的档案,只能依靠"仅供参考"的走访调查。据说,在"大庙"的旁边有一幢数十平方米的日式房屋(显然,这就是日本在南京建造的护国神社),该房于1958年被拆除。另外,周围被拆的还有驻马处、小亭子和洗手池等建筑。① 这些附属物基本都是日本神社的必备建筑,但从中国人的角度来看则是多余且碍事的。1949年以后,五台山先后建造了多处平房,作职工宿舍和招待所之用②,这正与那些缺乏实用价值又占据空间的附属物的拆除相对应。至于现在存留下来的"大庙"和"小庙",1955年就搬至附近的体委职工王大鹏做了比较详细的介绍:

"大庙"先是作为江苏省乒乓球运动员的集训地,后又改为江苏省体育局的老干部活动中心,小庙则成为体育局的会议室,十运期间曾是志愿者培训中心,今年(2012年——引者)2月份,大庙被出租给江苏省建工集团第七建筑公司作为办公场所,老干部活动

---

① 王晓曼、周兆涵、陈宗彪:《抗战时期日军在华设建神社初探》,参见网址:http://www.china918.org/news/read?id=7934,查看时间:2020年6月23日。按:三位作者为新四军纪念馆的工作人员,为调查南京神社的相关情况,他们专门来到南京,得到了江苏省体育总局文史办和南京鼓楼区文化局文管会的协助与支持,并对当地老人做了一些调查。
② 《南京市城市建设局勘察测量大队4628-1》(根据1959年5月至1959年7月本市一千分一地形图缩制,按:该图后一页档案材料的日期为1960年1月,该图应绘于1959年下半年),南京市档案馆,5062-2-49。按:该档案中所示五台山之建筑物,已明显多于前引1947年的平面图所示,因此,这里的信息应当可信。

中心也转移到了小庙。而每一次转变用途，使用者都会对建筑内部进行重新装修，因此，神社内部原先的建筑格局早已荡然无存。①

笔者在进行走访调查时遇到一位曾为乒乓球教练的老人，他也告诉笔者"大庙"确曾用作乒乓球运动员的训练场所。不仅如此，运动员和教练员还都曾以"大庙"为宿舍，从中可见当时房屋的紧缺。此外，老人还告诉笔者，"小庙"曾用作食堂，一度出现过漏雨现象。不管此事是否确切，现存两处房屋在经过改造后继续使用则是毋庸置疑的。它们经历了数十年的历史而能够存留，不像其他附属建筑那样被拆除，与它们具有使用价值且确实被持续地使用有直接关系。直到1970年代末1980年代初，仅存的"大庙"和"小庙"也因要建造住宅而面临被拆的命运。当时，建筑学家童寯多方奔走，终于将其保护下来。② 此后，南京神社便作为文物保护单位而存在，但实际仍被体委继续利用。其中，"大庙"被出租给公司，作为办公用房；"小庙"则作为会议室和"老同志之家"。总之，在南京神社的处置问题上，1949年之后和之前既有明显的差异，也有相近之处：在实用思想的影响之下，他们都悄然接受了"大庙"与"小庙"的存在。

---

① 《探访南京仅存二战时期日本神社　现出租给公司办公》，参见网址：http://www.chinanews.com/shipin/cnstv/2012/07-18/news78846.shtml，查看时间：2020年6月23日。
② 南京地方志编纂委员会、南京文物志编纂委员会编：《南京文物志》，方志出版社，1997年，第72—73页。

不过，国人对日本遗留物的接受也是有选择的。社殿能在改造后保留下来是因其具有使用的价值，那些不具有使用价值的附属物则要面临被拆除的命运，小亭子、洗手池等即是如此。对鸟居的处置更具代表性。据当地老人说，南京神社共有鸟居三座，其中五台山两座，在体委界内；永庆巷与上海路交汇处一座，不在体委界内。①关于它们的处置，一位体委的退休职工说，三座鸟居为一并拆除；但另一位退休职工说，永庆巷的鸟居被1970年代的暴风刮倒。② 而有的研究者则提出永庆巷的鸟居直到1990年道路改造时才被平毁。③在笔者看来，体委界内的鸟居被有意拆除（不管是因其有所妨碍还是其象征意义）是完全可能的，但永庆巷为公共道路，并非个人或某个单位所有。因此，只要这里的鸟居不妨碍通行，便有可能会处在无人过问，当然也就无人拆除的境地。或许，清凉山荒野之处的鸟居残件，就是永庆巷鸟居的遗物。

回顾整个处置过程可以发现，五台山的拥有者总是在国耻的象征与使用的价值之间寻求一种不太稳定的平衡。光复之初，社会局的规划展现出强烈的民族自尊心，几乎要将日本痕迹全部抹

---

① 这一说法并非虚言。1946年6月2日，李思纯到五台山参观战利品陈列馆与抗战阵亡将士纪念堂，他在日记中明确记录了该处"有水泥所筑之神社式牌坊三座"。参见陈廷湘、李德琬主编：《李思纯文集·论文小说日记卷》，巴蜀书社，2009年，第1186页。

② 在一本关于1949年以后的南京简史中，笔者查阅到1974年6月17日有一场暴风雨，且前后数年之间仅此一次记录。参见南京市档案馆编：《半个世纪的足迹》，江苏古籍出版社，1999年，第154页。

③ 王炳毅：《南京也有一个日本神社》，《湖南档案》2002年第11期，第16页。

除，只是由于产权归属问题而没有实现。然而，在被童军总会接收后，南京神社的命运发生了改变。首先，童军总会本就无意拆除社殿，而是要将其作为会堂继续使用。其次，这样的规划虽然没有实现，但后来落实的战利品陈列馆和抗战阵亡将士纪念堂继承了稍加改造后继续利用的思路。也就是说，五台山的主宰者虽然对神社建筑的日本痕迹有所顾忌，但终究没有放弃它可以继续使用的价值。1949年以后，大体仍是如此。鸟居的拆除或许是出于民族自尊心，但洗手池、小亭子等附属物的拆除主要是为了建筑房屋。"大庙"与"小庙"的保留、改造与利用亦是出于同样的动机。甚至，准备将它们拆除，也是为了建造新的楼房，以提高土地利用率，只因童隽先生的奔走才被迫中止。其后，既然不能拆除作为"文物"的神社社殿，体委便继续发挥它们作为建筑物的实用功能，而其象征意义则被压缩到一方小小的、信息有误的文物说明牌上。①

  本来，南京神社是日本占领者筹建时间最久，也最为重视的宗教空间。但在日本战败以后，经多年的反复改造，这里最终仅剩下两处被当作寻常房屋使用的社殿，甚至住在五台山周边的居民都不甚清楚它们的由来与变迁。占领者的记忆之场已经瓦解，而本国人也没有充分重视神社建筑作为国耻象征的意义。于是，建筑物本身虽然存在，但关于它们的记忆已经被遗忘——当然，这种遗忘属于可逆的遗忘。

---

① 该说明牌称南京神社"建于1939年"，但实际上，1939年仅组织了奉斋会，动工则要到1941年以后，建成更是要到1943年11月。详见本书第五章。

四、被重构的空间

南京神社留下了两处主体建筑,但整个记忆场域处于瓦解状态。菊花台的案例恰与之相反,它的主体建筑表忠碑早已不见,整个菊花台则被建构为一个新的记忆之场。目前,这里仍以"菊花台公园"的名义存在,并作为"九烈士"的安葬之地而闻名。

1942年4月17日,中国驻菲律宾的马尼拉领事馆总领事杨光泩,领事朱少屏、莫介恩,随习领事姚竹修、萧东明,随习领事衔领事杨庆寿,主事卢秉枢及学习员王恭玮八人被日军押赴华侨义山,秘密杀害。1945年7月6日,中国驻北婆罗洲山打根领事馆领事卓还来亦为日军所杀害。抗战胜利后,日军为这两起严重违反国际公法的行为付出了应有的代价,相关人员被处绞刑或枪毙。[①] 1947年7月7日上午,"菲律宾华侨各界礼送杨故总领事暨殉职馆员忠骸回国安葬筹备委员会"在国民党菲总支部大礼堂举行公祭典礼,中国驻菲律宾公使陈质平主祭,美国、英国、法国驻菲律宾公使等各国使节、华侨各社团、菲方代表及各界人士参加祭典。礼毕,烈士忠骸由专机运抵南京,后葬于菊花台。[②]

当时,菊花台已改名为"忠烈公园"。按照《江苏省志·文物志》和《南京文物志》的说法,菊花台乃是因九烈士的到来才改名"忠烈

---

① 杨新华、杨建华编著:《魂系中华》,南京大学出版社,1989年,第47—49、72—73页。
② 杨新华、杨建华编著:《魂系中华》,第49—54页。

公园"①，但事实并非如此。实际上，杨光泩等烈士的遗骸于1947年7月7日运回南京之时，他们尚未获得公葬的资格，《中央日报》记者从烈士家属处闻知此事后，特于报道中提及。② 或许是此次报道的影响，次日的行政院例会乃通过公葬决议。③ 换言之，在此之前，九烈士是否公葬尚未明确，公葬地点的选择自然也就无从谈起。相应地，至少在1947年7月8日之前，九烈士都与菊花台没有直接关联。而在另一方面，早在1946年4月就出现更改菊花台名称的提议。当时，"菊花台"一名为日本人所取的事实仍然为人所知，因此人们有强烈的改名愿望。但最初的提议只是以本地的"安德门"为名，将公园改名为"安德公园"。④ 至1947年1月，南京市参议会提出并通过将菊花台改名为"南京市忠烈公园"的临时动议，其理由如下：

（一）本市殉难忠烈已由本会决议，定本年十二月十三日为公祭纪念日，应觅相当地点集中目标。

（二）安德公园原为日寇纪念表功地点，四面下侧荒冢垒垒，多

---

① 江苏省地方志编纂委员会编著：《江苏省志·文物志》，江苏古籍出版社，1998年，第196—197页；南京地方志编纂委员会、南京市地方志编纂委员会编：《南京文物志》，第300页。
② 《杨光泩等忠骸昨日自菲运抵京 外部今日举行公祭》，《中央日报》1947年7月8日，第4版。
③ 《行政院例会通过救济粤、桂、闽水灾，杨光泩等准予公葬》，《申报》1947年7月9日，第1版。
④ 《为本市中华门外菊花台曾为日敌辟地建园职处查合公园之用拟予接收定名安德公园以供南郊市民需要仰析鉴核备查由》（1946年4月），南京市档案馆藏，1003-1-1383。

属昔日为保卫南京战士。若以该园改为南京市忠烈公园,轻而易举,且□实际。

(三)该园气魄雄壮,东望雨花台名胜,西望长江玉带,壮卫京城。南眺牛首,方山亦历历在目。

(四)该园管理废弛,警察士兵此去彼来,且未见标题若何名称,恐为强有力者所占有。见及此,是以提出临时动议。①

提案中的四条理由完全没有提及九烈士的墓葬问题,在时间上也早于九烈士回南京近半年。可见,九烈士公葬于菊花台并不是菊花台改名"忠烈公园"的原因;相反,将菊花台改为埋葬着"保卫南京战士"的"忠烈公园"则是九烈士公葬于此的重要因素。另外值得注意的是,上述改名的理由涉及了时人对菊花台的认知,以及对菊花台未来的设想。他们知道"安德公园原为日寇纪念表功地点",也知道菊花台"四面下侧荒冢垒垒,多属昔日为保卫南京战士"。将表忠碑等日本的慰灵设施拆除之后②,就可以较为轻易地将其改为显扬中国抗日忠烈的场域。而且,此地"气魄雄壮,东望雨花台名胜,西

---

① 《请市府即将安德公园名称改为南京市忠烈公园案》(1947年1月),南京市档案馆藏,1003-1-1383。
② 关于表忠碑拆于何时的问题,有人回忆说是1946年,并称在1951年时曾见到过表忠碑残迹。参见周启源《日本侵略军在菊花台留下的一个罪证》,中国人民政治协商会议南京市雨花台区委员会文史委员会编:《雨花文史》(第5集),1991年3月,第122页。按:此虽回忆性文字,但考虑到国民党军队有炸毁汪墓的行动,而且现存的遗迹也很可能为炸药爆破所致,再加上南京市政部门要在这里建造忠烈园、忠烈祠和国殇墓园等,表忠碑等日本的慰灵设施为国民党军队炸毁应属可信。

望长江玉带,壮卫京城。南眺牛首,方山亦历历在目",地理形势与自然风光均属一流,改建为公园再合适不过。实际上,除了公园,南京市政部门还有一个更大的计划,那就是在菊花台建设首都忠烈祠和首都国殇墓园。

前文已经提到,南京市社会局最初准备将首都忠烈祠建于五台山,但因地权问题而搁置。1946年8月25日,"首都各界追悼抗战死难军民大会筹备会"致函市政府,询问首都忠烈祠如何筹建。[①] 到11月21日,《首都忠烈祠设立及保管办法》与《首都国殇墓园设置办法》终于在千呼万唤中出炉,明确了忠烈祠的选址这一基本问题。前项办法表示,忠烈祠将由日人所建的菊花台公园改建,并增建祭堂一座;后项办法规定,国殇墓园的地址亦设于公园,墓位设于忠烈祠祭堂两旁或后方。[②] 不过,在抗战刚刚结束内战又已打响的当时,要将如此之多的规划付诸实施并非易事。除了"警察士兵此去彼来"的干扰,更加难以解决的乃是菊花台的产权问题。

在讨论表忠碑等问题的第二章中,笔者曾言及菊花台的土地为诸多业主所有的事实。南京光复后,业主们自然不会放弃自己的权益。为此,他们与公园管理员之间发生了多次冲突。[③] 而在反复冲突之后,南京市地政局终于开始了对菊花台地权的调查。至1947年

[①] 《关于筹建纪念塔、烈士墓、忠烈祠规定办法等事致市政府函》(1946年8月25日),南京市档案馆藏,1003-8-672。
[②] 《为拟具首都忠烈祠设立及保管办法、首都国殇墓园设置办法与市政府往来文书及内政部代电》(1946年11月21日),南京市档案馆藏,1003-3-217。
[③] 《为办理禁止李如华等割取安德公园柴薪一案经过情形请予鉴核等情的指令及原呈》(1946年11月16日),南京市档案馆藏,1003-12-184。

4月,地政局已掌握了菊花台内各户业主的土地清册。① 尽管这份清册并不完整,但足以表明菊花台的土地分属多户业主,并非无主之地。此后,围绕菊花台的土地征收与规划利用,南京市政部门与业主之间的冲突仍在持续。菊花台本身则在拆除较为明显的日本痕迹之后,逐渐荒废下来。1948年8月,南京市十三名参议员联名提出《为组织南郊忠烈公祠及雨花公园设计委员会以促进建设案》,获得通过。该案指出:"本市南郊安德山原有建筑渐趋荒废,亟需保管布置,园林管理处对此事殊多隔膜",因此建议组织设计委员会。② 对此,园林处、工务局、地政局等部门均表赞同。经过一系列的行政手续,到1948年11月,设计委员会拟聘委员名单正式确定。其中包括:第十一区参议员三人、原提案人十三人以及第十一区区长、第十一区区民代表大会主席、工务局局长、地政局局长、都市计划处处长、园林管理处处长。然而,这样一个耗时三个月才组建起来的设计委员会,在成立以后便杳无音讯,更没有起到任何促进建设的作用。1948年12月,国民党败局已定,并已开始准备在南京负隅一战。这时,一众工兵被派往菊花台,他们挖掘工事,建筑碉堡,对公园造成了一定的破坏。③ 公园管理员向园林处做了汇报,园林处又将此事报告市政府。然而,市政府只能旁观。

---

① 《请求征收忠烈公园民地给地政局的呈文以及地政局的市政府的请示和市政府有关训令》(1947年4月),南京市档案馆藏,1003-1-1506。
② 《关于参议会提请筹组南郊忠烈祠等处公园设计委员会等事与工务局、市府等来往文件附委员名单》(1948年9月2日),南京市档案馆藏,1003-8-670。
③ 《为工兵第二团三营进入忠烈公园建筑工事损坏林木一事给市政府的呈文》(1948年12月7日),南京市档案馆藏,1003-12-317。

从南京光复到1949年,南京市政当局除了拆毁表忠碑等日本的慰灵设施,还规划了诸多表彰忠烈的工程。但是,由于上述种种原因,最终付诸实践的只有九烈士墓。1949年以后,公园管理者已经不知道国民党当局对菊花台的规划——也不知道"菊花台公园""安德公园""忠烈公园"诸名称的变动原因与背后的用意,只知道这里埋葬着九位民国时期的外交官员。1972年,九烈士墓被毁,直到1982年才得以重修。① 另一方面,菊花台于1949年之后属雨花台烈士陵园管理处,至1970年划归雨花台区领导。直至1978年,南京市政府决定恢复"菊花台公园",并建立了公园管理处办公楼、花房、花圃等。其后,从1985年开始,菊花展览和"金秋菊花观赏会"便在菊花台公园内兴盛起来。② 大概也就是在此前后,一个关于"菊花台"之名的传说诞生了:"相传,清代乾隆帝南巡,曾六次到达南京,在这里游览时,正值秋季菊花盛开,使他心旷神怡,流连忘返,脱口说出'菊花台',从此这里便以菊花台命名了。"③

　　与此同时,菊花台公园内以宣扬忠烈为主题的空间重构工作逐渐走入正轨。九烈士墓重修时,原有碑文下落不明,直到1986年才重新找到。至1990年4月16日,亦即杨光泩等九位烈士牺牲48周年的前一日,重建的墓碑吊装完工,九烈士墓也大体恢复了被破坏

---

① 毛钧正:《南京的城市山林——菊花台公园维护和建设初探》,《雨花文史》(第10集),第193页;马德全:《菊花台公园》,季士家、韩品峥主编《金陵胜迹大全》,南京出版社,1993年,第404页。
② 马德全:《菊花台公园》,季士家、韩品峥主编《金陵胜迹大全》,第404页。
③ 毛钧正:《南京的城市山林——菊花台公园维护和建设初探》,《雨花文史》(第10集),第193页。

前的状态。① 除墓地外,雨花台区的文管部门对宣扬九烈士忠烈事迹的工作还在继续推进,并专门建立了一座"驻外使节九烈士史料陈列馆"。1995年4月17日,陈列馆正式揭幕。通过文字、图片、实物等媒介,陈列馆按照时间线索介绍了九位烈士的生平、就义、忠骸回国、安葬,直至当下的整个历史脉络。在解说词的最后有这样一段话:"驻外使节九烈士的光辉事迹,给我们留下了许多血与火的回忆,给我们提供了一部进行爱国主义教育的历史教科书!"②可以说,将九烈士牺牲的历史转化为"我们"的记忆,是烈士亲属和市政部门共同的愿望,也标志着菊花台开始被重构为新的记忆之场。

不过,菊花台面积广大,九烈士墓和史料陈列馆只是其中很小的一部分,如何对菊花台进行整体规划一直困扰着公园管理者和市政主管官员。1993年10月,南京市园林规划设计院准备对菊花台进行分区规划,将其建设为"自然式园林"。1997年2月,中科院南京地质古生物研究所又策划了一个"中国恐龙公园"的项目,准备对菊花台公园的一部分加以改建和扩建。然而,在得知常州恐龙园的规划和水平均超过菊花台公园的规划后,他们放弃了这一计划。1998年2月,有关部门又有了建设菊花台卡通乐园的规划。但南京市旅游事业指导委员会邀请专家评审后认为,"菊花台公园因其特定的资源及其所处的地理位置,不适合搞卡通乐园,规划项目宜少而精"。所谓"特定资源",大概就是九烈士墓及史料陈列馆,它们与

---

① 高国都、杨新华:《九烈士墓碑复建纪实》,《雨花文史》(第5集),第118—122页。
② 杨新华:《驻外使节九烈士史料陈列馆建成开放》,《雨花文史》(第8集),第31—48页。

卡通乐园共处一地确实有明显的违和感。

鉴于此,国家建筑材料工业局南京玻纤研究院的毛钧正提出,菊花台公园以纪念九烈士为主要内容,"必须突出九烈士的浩然正气及爱国主义精神"。为此,他建议在自然景观上多植竹菊,以彰显民族气节。在人文景观上,建设亭台楼阁,并以"丹心""日月"等命名。至于最为核心的景致,毛钧正建议在菊花台最顶部(即当年表忠碑所在之地)建设四层楼阁,可取名为"正气阁""忠烈阁"或"景光阁"。一层为大厅,二三层用作九烈士的史料陈列馆,四层则供游客观景。他认为:"由于该阁处于烈士墓地中轴线的终端位置,具有很强的纪念意义,既是公园的主景,又突出了纪念性这一主题,同周围环境气氛十分协调。"[1]然而,这样的建议仍未实现。

现在,菊花台的最高处仍是一片相对平整的土地,正中则是日军表忠碑的残迹,以及残迹之上种植的灌木。要登到此处,须经西侧坡度较大的台阶,而这一台阶则是当年日军表忠碑的参道。[2] 九烈士墓在表忠碑旧址北侧的偏下之地,呈扇形,为诸多树木所掩映。而史料陈列馆则在关闭多年之后,于近两年重修开放。总之,菊花台内虽残留着日军表忠碑的痕迹,但整个空间布局已被重构。由于树木过于密集,九烈士的墓地因坐落在层层竹木之间而难以一目了

---

[1] 毛钧正:《南京的城市山林——菊花台公园维护和建设初探》,《雨花文史》(第10集),第194—199页。
[2] 观察台阶建筑风格,并将其与日军占领时期菊花台的照片相对照,大体可以确认该台阶为当年建造的参道。历史照片参见网址:http://kuaibao.qq.com/s/20180722A0IEVI00?refer= spider,查看时间2020年4月7日。

然。甚至一些常来公园散步的市民也没有在意烈士墓的存在。[①] 当然,九烈士的事迹与记忆也并未被遗忘。烈士遗属自不必说,这里还是对中小学生进行爱国主义教育的场域之一。另外,在一些具有象征意义的时间点上,如抗日战争胜利纪念日前后,国家公祭日前后等,网络上关于九烈士的事迹仍在流传。[②]

菊花台面积广大,其空间布局在长期的历史演进中逐渐被重构,而最近十多年发生在光华门的案例则较为特殊。前面已经提到,光华门早在1958年即被拆除,但在2006年10月的一次环境整治中,却意外发现了光华门城墙遗址和以墙砖筑造起来的两处碉堡工事。[③] 11月,南京市博物馆邀请有关专家就城墙遗迹和民国碉堡的性质、意义和保护等问题举行座谈。[④] 经过一系列的考古发掘与空间重构,在光华门外、护城河北的并不很大的地方出现了一个新的纪念空间——光华门堡垒遗址公园。对于日军而言,光华门、满是弹痕的城墙以及各处的墓标等等都是其"战绩"的具体显现,但它们已经消失了。对于中国人而言,新被发掘的堡垒则是中国军队抗

---

① 此为笔者在公园内与市民聊天时所亲历。
② 参见网址:https://china.huanqiu.com/article/9CaKrnJP3Ag,查看时间:2020年6月20日;网址:https://baijiahao.baidu.com/s?id=1619798995077667800&wfr=spider&for=pc,查看时间:2020年6月20日。
③ 胡玉梅、徐萌(《现代快报》记者):《南京城墙将设抗战遗存标志牌 铭记"南京保卫战"》(2015年11月4日),参见网址:http://js.ifeng.com/humanity/detail_2015_11/04/4519206_0.shtml,查看时间:2020年6月20日。
④ 王涛:《光华门古代墓葬及民国堡垒遗存》,载南京年鉴编纂委员会编《南京年鉴》(2007年),南京年鉴编辑部,2007年,第329页。

击日军的直接证据,而且这些堡垒位于战斗极为激烈的光华门前①,其象征意义尤其明确。因此,这里很快受到各界的关注,成为南京举行抗战纪念活动的重要场域。尤其是遗址公园整备完工后,几乎每年都会有纪念活动在此举行。在 2019 年 12 月 12 日的纪念活动中,除了一些志愿者,还有两位抗战老兵和一位南京大屠杀幸存者到场。其中,一位来自淮安的抗战老兵已是第四次参加。②

本节主要探讨了菊花台公园在战争结束后瓦解又重构的历程,并附带提及了光华门"战迹"消失后,因现代市政建设而重新发现的光华门堡垒遗迹。表面上,二者都是在日本方面的记忆之场的基础上重新建构起来的,但它们也有很大的差异。战争结束之初,南京民众和国民党当局了解菊花台的由来,对重构这一空间也有着明确的规划。但是,因土地产权问题和内战的爆发,国民党当局仅破坏了日本留下的主要痕迹,除了建立了九烈士墓外几乎无所建树。而在 1949 年以后,公园的主管部门已经不了解"菊花台公园""安德公园"和"忠烈公园"的区别,因而选用了可与"雨花台"并称的现有名称。至于公园本身,则缺乏相对明确的主题,一度也曾左右摇摆。至今,公园的自然环境可谓优美,而人文主题则仍未凸显。可以预

---

① 菊花台内也有一座保存较为完好的碉堡,笔者曾亲自进入。该碉堡入口较为隐蔽,而内部则有无家可归者生活过的、较为脏乱的痕迹。实际上,像这样的碉堡南京仍有不少,但很少有"光华门堡垒遗迹"这样的"优待",而基本都处于放任不管的状态。
② 张然:《最后一次集结! 百岁南京保卫战老兵光华门洒酒祭战友》,《现代快报》2019 年 12 月 12 日,参见网址:http://www.xdkb.net/nj/44573,查看时间:2020 年 6 月 20 日。

想,公园的重构工作还将继续下去。

光华门则不同。无论是日本人还是中国人,这里都是值得记忆,也确实被记忆的地方,是中、日两方的记忆之场。只是,在南京沦陷时期,日军才是这里的主宰者;而到了战后,光华门重归中国。尽管城门本身早在1958年便被拆除,但人们记忆之中的光华门依然存在。2006年城墙遗迹,特别是堡垒遗迹的发现重新激活了埋藏在国人心中的记忆。于是,这里很快成为现实可感的记忆之场。另外,战后对菊花台的重构是整体性的,而对光华门记忆场域的重构则是局部的,且与日本所重视的地点略有不同。占领者注重城门、瓮城、"突击路开辟之地"以及城墙之上;而在战后,光华门很快消失,新发现的堡垒则在城门之外护城河边。不必说,日军占领南京之时光华门堡垒同样存在,但他们显然没有太过注意,或者说不愿注意——毕竟,这是中国军队抵抗侵略的象征。

五、小结

战争结束后,日本在南京建构的记忆之场必然瓦解,这是它们无法躲避的命运。本章关注的是,它们的遗迹具体遭遇了怎样的处置,目前又呈现为何种状态。整体而言,瓦解之后的记忆场域留下了细小的痕迹、实用的建筑,以及潜藏着双重记忆的空间。

自1945年至今,70多年过去了。以前的很多痕迹都消失在历史之中,进入终极遗忘的状态,但也有一些痕迹留存了下来。对于史学研究者而言,寻找这些痕迹,并由此追溯关于过去的历史与记忆乃是分内之事。这种做法并非尼采所说的"对一切古老东西的单纯的、无法满足的好奇心"①,而是对深刻影响了过去直至今日的历史的追问。而且,事实上很多遗留下来的痕迹都触手可及,它们有的在网络之中,有的则就在身边。如果说痕迹本就容易被忽视,就在身边且相对显眼的建筑物则与之不同。南京神社的社殿立于五台山数十年之久,五台山则既在闹市之内,又为人流密集的体育中心,本应早就为人关注。然而,现实却是,不仅周围的居民对它不甚了了,专业研究者的论述也问题重重。② 可以说,此一历史已经进入了记忆与遗忘相互交织的状态。

当然,遗忘并不意味着现在与过去之间再无关系,而是让这种关系发生了错位。对此,菊花台的案例给出了生动的注解。就整个空间而言,菊花台已经被重构。然而过去的一些"痕迹"却在几乎不知情的情况下与九烈士墓"共处"一地。除了表忠碑残迹,将日本人所取的"菊花台"一名附会于乾隆皇帝身上最值得注意。诚然,全国各地关于乾隆皇帝的附会与传说不计其数,一般而言不必较真。但由于政权的更迭、世代的交替,原本拥有的关于"菊花台"由来的记忆被遗忘了,经过附会之后的"菊花台"之名反而继续成为公园的名称,这就值得警惕。除了被遗忘,也有一些场域被明确地记忆下来。最近十余年,以光华门堡垒遗迹为中心而重构的空间成为人们缅怀历史,祈愿和平的重要场域,日本的"战绩"则基本被清除。

综合以上探究可以发现,战后对日本遗迹的处置展现了两个相

---

① 尼采:《历史的用途与滥用》,陈涛、周辉荣译,上海人民出版社,2000年,第22页。
② 关于此前学者对南京神社的研究,参见谢任《神社与它的躯壳:对南京五台山日本神社的考察》,《学海》2016年第3期,第91—92页。

互映照的矛盾现象:第一,承载着过去的遗留物(包括本章所涉及的痕迹、建筑与空间等各种形态)近在咫尺,但人们关于过去的记忆却日渐远去,或者说它们所保存的记忆处于"沉睡"的状态;第二,承载着过去的遗留物一方面将原有的记忆送入"沉睡"状态,另一方面又在改造、重构之后容纳了新的记忆,从而出现层累的记忆。新的记忆覆盖在已经"沉睡"的原有记忆之上,呈现出记忆与遗忘并存的面貌。相应地,新的场域也就不再只是诺拉所说的停止遗忘、塑造记忆的记忆之场,而是同时内含着记忆与遗忘,新的记忆覆盖着"沉睡"的记忆(即"遗忘")的记忆之场-遗忘之穴。

正如本章反复提及的,遗忘并不意味着过去的退场,而是让过去以一种潜在的、被误解的乃至被扭曲的状态与当下保持着联系。对于抗战这样关乎民族认同与国家尊严的重大历史与记忆,在进行具体的言语表述与社会实践之前,有必要对过去及其痕迹进行细致的研究。尤其是那些处于"沉睡"状态的记忆/遗忘,更应在一切行动之前首先进行记忆的实践——亦即唤起、回忆,从而使"沉睡"的记忆/遗忘由被覆盖的底层上浮到记忆的表面。只有如此,过去留存至今的痕迹才具有面向当下与未来的时代意义。

结语

诚如毛泽东所言,在占领中国沦陷区期间,日本既进行了侵略和掠夺,也实施了"经营"与统治。本书对日本在南京的记忆建构与遗迹变迁的研究,就是通过记忆的视角,考察日本在"经营"南京过程中试图建构记忆与认同,以强化统合并区隔他者的几个侧面。研究表明,这些记忆实践内含着紧张与冲突,反映了扩张中的日本帝国在"经营"中国沦陷区过程中难以自圆其说的处境。

一、封闭与扩展之间

通览全书,五种记忆之场的建构主体虽可笼统地概括为日本方面(实则至少还可划分为官民全体、官方以及民间三类),但即使在表面上,各场域之间的关联也并不紧密。概言之,每一场域既具有较强的扩展性,也表现出自闭性。这种状态看似矛盾,实则本就如此。用诺拉的话说:"记忆之场是个双重的场所:一方面它极端地自我封闭,完全封闭在自己的身份和名字中;但另一方面,它又总是准备扩展自己的意义。"[①]

[①] 皮埃尔·诺拉:《记忆与历史之间:场所问题》,皮埃尔·诺拉主编《记忆之场:法国国民意识的文化社会史》,黄艳红等译,第27页。

由于本书探讨的记忆之场在边界与时间等方面皆与诺拉有所不同,因此,尽管二者均呈现出封闭与扩展两种特征,但其具体所指并不相同。就本书各场域的关联而言,它们共同建构了战时日本的记忆与认同,但彼此之间的封闭性更为突出。在五种场域中,除第三章是以纪元庆典这一时间节点为中心外,另外四章皆与具体的空间直接关联。而在以纪元节为代表的纪念节日中,南京的日军占领当局和日本居留民也确实会前往光华门、菊花台以及五台山等地举行相应的仪式和活动,这暗示了各场域之间的某种关联。但本书的案例也表明,不同的空间场域之间几乎没有直接的互动。无论是在实际的物质空间中,还是在关于这些空间的表象中,光华门、菊花台、明孝陵以及五台山都互相独立,甚至自我封闭。即使如此相近,也没有表现出向彼此扩展的迹象。

就单一场域而言,记忆之场的扩展性与封闭性及其张力关系更加复杂,需要从实在与抽象两个层面予以说明。首先是光华门的案例。从实在层面看,占领者一方面刻意清除光华门上的抗日文字,限制伪维新政权修理城墙;另一方面又大量树立墓标,建立供养塔,从而使光华门成为日军意志的表达,其封闭性表现得最为直白。然而,在汪伪政权建立后,日军独占光华门的现象开始改变。城墙上的"和平救国"字样与后来逐渐开始的修复工程,均暗示了光华门战迹作为日本记忆之场的封闭性被弱化,而扩展性则在增强。战争结束后的具体情形虽不清楚,但光华门堡垒遗址公园的出现足以验证物质空间的扩展性。从抽象层面看,日本驻军、报刊媒体、一般民众,以及作家、画家、音乐家等专业人员均参与到关于光华门之战与光华门战迹的记忆表象与建构之中,其扩展性大而言之跨越了国界,小而言之渗透至日本的各个角落。不过,此种记忆建构的扩展性是有限度的,或者说是有明确方向的,那些不符合日军意志的记忆表象便处于被压抑的状态。可以说,扩展性与封闭性的共存并非矛盾关系,而是一枚硬币的正反两面。扩展与封闭实际是记忆与遗忘的体现,而正如第六章反复强调的那样,记忆与遗忘本来就是并存而共生的。

以菊花台为代表的慰灵设施同样如此。从实在层面看,1945年之前的菊花台是占领者的"神圣"空间,封闭性特征十分突出。但在菊花台内,又存在着中国无名将士墓,这表明封闭空间也具有一定的扩展性。1945年以后,这种"扩展"与"封闭"的关系被终结:原来最具象征意义的表忠碑被炸毁,外交九烈士则安葬于此。关于菊花台名称的更改、遗忘与遗忘性的"复活",则使扩展与封闭的关系被进一步复杂化。从抽象层面看,菊花台的表忠碑本来以第十军为显彰对象,但在特殊的历史条件下,它又被扩展为所有南京之战中死亡的日军士兵的代表,成为一种象征性的存在。讽刺的是,由于日军在南京(以及其他沦陷区)的慰灵设施处在一个缺乏支持力量的社会环境中,其象征意义在很大程度上被限制在封闭状态,是侵略的证据与标记。

纪元节首先表现为一种可操作的时间记忆,旨在"彰显"日本皇室"万世一系"的恒久性。从实在层面看,南京没有一个具体的实物可以指称为是且仅是纪元庆典;但在另一方面,书籍、报刊、海报、广播、音乐、电影、建筑物、民众游行等,都会成为纪元庆典的体现。由于纪元庆典本身的"重大"意义,其扩展性几乎超越了其他所有的场域。甚至直到今日,无论是在日本还是中国都能找到与它相关的遗迹。从现有研究看,这种扩展性是分层的:在日本国内及其殖民地都会举办的各种"奉祝事业",在中国沦陷区就被限制在更小的范围内,主要体现在政治仪式中。抽象层面亦是如此,对于日本所宣扬的"万世一系"与"八纮一宇",南京的伪政权会进行暧昧的转释。可以说,外在环境限制了纪元节的扩展性,某种程度上甚至强化了它的封闭性。

孝陵祭祀以唤起中国人关于明室后裔流亡日本的记忆为直接目标,以塑造和阐扬所谓的"国统"理念为根本目的。它上溯于明末清初的历史,诱发于明室后裔的发现,形成于山下清一的南京之行,告终于北京历代帝王庙的祭祀。从实在层面看,它从南京的明孝陵扩展到北京的历代帝王庙,从山下清一的《国统阐弘旅记》扩展到佐藤信渊的《宇内混同秘策》。但就整体而言,很难有实质性的延展。最终,关于明室后裔流亡日本的记忆化为传说,而关于孝陵祭祀的历史则被尘封于浩如烟海的史料中。从抽象层面看,山下清一所谓的"国统"可以从明太祖扩展到日本神话,也就是将中国定位为日本的"后裔"。然而,这种主张连山下本人都没有直白地向中国人宣告,其扩展之不可能便可想而知了。

日本的海外神社是维系和强化日本国民精神的场域,也是小笠原省三等人谋划统合其他民族的实验基地,南京神社亦不例外。因此,它所建构的记忆场域的封闭性与扩展性直接体现于日本性的坚守与在地化的推动之间。从实在层面看,与北京神社相比,南京神社实现了更大程度的扩展,也即在地化。如对神社的社殿样式稍作修改,将代表本地神灵的国魂大神纳入祭神之列等。然而,南京神社并未因此就成为同时面向日本人和中国人的神社,它依然是日本人的封闭空间。从抽象层面看，小笠原具有"帝国"思想，企图借助海外神社统合其他民族。但其将日本与其他民族置于支配与被支配的等级序列中的思想与实践，则设定了统合他者的"底线"。这种兼具封闭性的扩展性，是南京神社及所有海外神社都无法回避，也无法解决的问题。

各场域之间相对独立，又都是日本在南京进行记忆建构与政治演示的组成部分，具体而微地呈现了日本"经营"南京过程中的"统治"实态。在场域的封闭与扩展中，其有别于法国语境的特殊性也凸显出来。与诺拉的记忆之场相比，日本在南京的记忆建构在历史背景、生成环境、维系过程乃至最终结局都有很大的不同。最根本的，诺拉及其团队的研究是以民族国家为边界和中心议题的，其记忆之场的扩展性与封闭性也以民族国家的边界为边界。本书五种记忆之场或多或少地都越过了民族国家的界限：表面上，其扩展性达至中日两国；更深层次上，封闭与扩展的共存体现了民族与帝国之间的张力。

二、民族与帝国之间

这里所说的民族与帝国，并不专指作为民族国家的中国与作为扩张帝国的日本。诚然，在日本占领中国沦陷区的过程中，作为扩张帝国的日本与作为民族国家的中国发生了正面的、直接的碰撞。但同样不能忽视的是，日本和中国也都有各自的民族性与超民族性的发展脉络，其自身就并存着民族性与超民族性的纠葛。

明治以前，日本国内虽然存在神国观念乃至某种意义上的民族观念,但近代意义上的民族意识与民族主义则要到明治维新以后才逐渐形成。① 通过实施殖产兴业、文明开化等政策,日本逐渐摆脱了西方列强的威胁,建立并巩固了一个独立自主的民族国家。与此同时,其侵略他国的扩张欲望也膨胀起来。经中日甲午战争、日俄战争,以及后来所谓的"日韩合并",日本发展为与西方强国并列的新兴帝国。而九一八事变、七七事变以及全面侵华的战争,也都可以置于此一脉络中理解。不过,与直接将台湾地区和朝鲜纳入帝国领土不同,九一八事变以后日本在中国的扩张脚步虽然加快,但统治方式却有明显改变。中国东北没有成为日本的领土,而是以伪满洲国的形式存在;七七事变后日本侵占了中国大片领土,但在第三次近卫声明中又明言没有领土野心。当然,不吞并领土不等于放弃侵略。前文提到的兴亚院,就曾明确要将沦陷之下的南京永久地纳入日本帝国的"威德范围"。② 而在实际的政治构想与政治实践中,强调日本的领导地位,建立"大东亚"范围内以日本为顶点的等级秩序,始终是日本帝国的追求。③

这种兼具帝国性与民族性的追求是不可能实现的。在关于光

---

① 丸山真男『日本政治思想史研究』東京大学出版会、1952年、325頁。
② 興亜院「支那ニ於ケル神社ニ關スル考察」、小笠原省三編述『海外神社史』(上卷)、ゆまに書房2004年復製版(1953年初版)、281頁。
③ 安达宏昭:《"大东亚共荣圈"论》,张敏译,《南开日本研究》2016年刊,第346—347页。另参见金子鹰之助「大東亜共栄圏の民族と思想:社会史的素描」『一橋論叢』第10卷第3号、1942年9月、233—265頁;岩淵孝「近衛文麿:東亜新秩序の構想」『国際学論集』(上智大学)第3卷、1979年7月、1—10頁;臧运祜:《"兴亚院"与战时日本的"东亚新秩序"》,《日本学刊》2006年第2期,第129—138页。

华门的记忆表象中,遗留在荒野之间的中国抗战士兵的遗骨、头盔、军服等或消失不见,或作为相对于日军"战绩"的参照物而存在,几乎看不到对"他者"的容纳。菊花台内略有不同,它是日军慰灵与"显彰"的宗教设施,但确实容纳了中国无名将士墓。在部分表述中,这种做法既是对日本传统的继承,也是宣示帝国"胸怀",建构所谓"日支协同体"的实践。而在现实社会中,日本报刊与演说则展现出另一种面貌——中国的抗战乃是"无知"的行动,为中国将士建立坟墓则是表达对"无知"的牺牲者的"怜悯"。两种观点的差别看似微小,实则表露了如何处理日本与中国关系的根本分歧。如果说菊花台的案例还稍嫌隐晦,南京神社坚持日本性与实现在地化之间的分歧则更为直接地暴露了二者的矛盾。虽然以神社统合中国人的意图在日本人中并无明显的反对意见,但具体如何实施还没有共识。包括兴亚院在内的诸多声音坚持神社的日本属性,不赞同对神社做任何在地化的修改;而在地化则是扩张帝国统合其他民族的必要举措,因此小笠原省三才极力推动。本书的案例表明,在帝国性与民族性发生冲突时,日本至上的民族性总是占据优势。相应地,记忆之场统合他者的扩展性也必然被弱化。

关于中国方面,本书首先探讨的是沦陷区内的伪政权。抗战时期,为因应日本方面提出的"东亚新秩序""东亚共荣圈"等主张,也为了论证与日本"合作"的"正当性",汪伪政府挪用了孙中山在日本演讲时提出的"大亚洲主义"与遗嘱中提到的"联合世界上以平等待我之民族"。这种政治理念确有超越民族国家的倾向,但在日本侵占中国领土,日本军队与中国军队持续激战的状况下,其无法实现是不言而喻的。另外,抗战对民族主义的刺激与唤醒作用也极为明显。抗战胜利后国人对日本遗迹的处置,就是显而易见的证明。而在民族主义的历史潮流之下,汪伪政权虽未放弃"民族性"的主张,但此种"民族性"与"超民族性"一样,既虚弱无力,又相互削减。

不过,伪政权的"民族性"与"超民族性"并不因此而可以被忽略。在某些情况下,这种"民族性"与"超民族性"可能会转化为应对占领者统合意图的"武器",纪元庆典与孝陵祭祀就是这样的案例。纪元庆典为日本帝国动员和统合其势力所及的东亚各地区提供了契机,但不同地区的回应并不相同。就整体而言,沦陷区对纪元庆典的参与保持了一定的距离。尤其是在南京,汪伪政权在"礼节"上表达了对日本的祝贺,但始终将其视为日本的节庆。在报道中不提伪政权方面参与日方的庆贺活动,而仅在私下赠送书法作品等行为,正是要给外界留下"独立自主"的印象。孝陵祭祀是没有政治影响力的山下清一发起的,汪伪方面的表现也就更为直接。一方面,汪伪政权的一些高级军政人员参加了本次祭祀,并在地方级别的《南京新报》和"中央"级别的《中报》均给予了报道。但汪伪政权方面并没有按照山下清一期待的那样接受他的"国统"主张,而是反过来利用孝陵祭祀事件,将其转化为一个日本人崇敬明太祖的证明。紧接着,再借助明太祖"收拾山河,奠定社稷,建国东亚,勋业彪炳"的事迹,对中国人提出期望:"奋发自强,卓然自立,以平等友好之精神,分担安定东亚之重任。"这种期望中既有"奋发自强,卓然自立"的"民族性",又有"分担安定东亚之重任"的"超民族性",唯独对明室后裔的故事与所谓的"国统阐弘"没有给出回应。对此,日本驻南京的"大使馆"似乎早有预料,因此没有认可山下清一的申请,而山下本人亦无可奈何。

可见,日本在南京的记忆之场折射出的帝国与民族的张力,与其说是作为扩张帝国的日本与作为民族国家的中国互相碰撞的产物,不如说是在民族主义不断涌动的时代,兼具帝国与民族理念的日本,与兼具民族与超民族取向的中国之间彼此冲突的展现。这种冲突存在于帝国与民族之间,更植根于自我与他者的互动之内。

三、自我与他者之间

近代的历史是重塑世界秩序的历史,而秩序重塑则凸显了"我是谁"这一身份认同的难题。这一难题因他者的出现而显现,因与他者的互动与冲突而愈加强化。换言之,身份认同问题也就是确立或改变自我与他者关系的问题。日本在南京建构和维系记忆之场的政治演示,以及战后中国方面对日本痕迹的处置,正是中日之间处理彼此关系的展现。

事实证明,日本对沦陷区的"经营"不但没有达到统合他者的目标,而且反过来强化了"中国民族的整个性和不可分性"[①],加速了民族意识与民族主义从自在向自觉的转变。进一步扩大视野就会发现,从一战结束后广受关注的民族自决原则,到二战时期各殖民地民族意识的觉醒——战争结束后,虽然各殖民地独立建国的

---

① 晏阳初:《农民抗战的发动》(1937年10月7日),杨力主编《中国抗战大后方中间党派文献资料选编》(上),重庆出版社,2016年,第365页。

历史背景与条件不尽相同,但民族意识的觉醒显然是最不容忽视的因素——所有这些都表明,民族主义与民族国家已然成为20世纪重塑自我与他者关系的核心指标。虽然诺拉说,法国的国家-民族组合已逐步被国家-社会组合取代①,这直接推动了记忆之场研究的兴起;但实际上,正如一些批评者指出的那样,诺拉及其团队的研究完全没有超出民族国家的界限。为此,不要说殖民地的内容,就连拿破仑这样法国史乃至世界史上无法忽视也不容忘却的人物,都没有成为记忆之场的关注对象。就此而言,日本的那些企图统合他者的记忆实践既受到中国方面的"抵制",也束缚于自身的民族性中,便可以理解了。说到底,日本与中国乃是互为他者的存在。

　　日本企图以暴力控制中国,并以暴力为背景,通过记忆之场等政治实践统合中国,实际上就是以自我为中心,抹消他者存在的意义。历史已经为日本的行为写下了墓志铭,但问题并未就此终结:在民族主义与民族国家兴起之后,是否存在超越民族国家,建立区域性乃至世界性连带感的可能? 竹内好(1910—1977)曾提出"近代超克"(即超越、克服近代之义)的概念,他认为:日本通过侵略而追求"近代超克"在事件层面上无疑失败了,但思想层面的"近代超克"依然有其意义。"因为憎恶侵略,而否定由侵略这种形式表现出来的亚洲连带感,令人担心会在倒掉洗澡水时连婴儿也一起扔掉了。"然而,竹内好所说的"亚洲连带感"只是日本自我视角下的玄想,作

---

① 皮埃尔·诺拉:《记忆与历史之间:场所问题》,皮埃尔·诺拉主编《记忆之场:法国国民意识的文化社会史》,黄艳红等译,第7—10页。

为他者的其他亚洲国家则被排除在外。① 因此,竹内好提出的"近代超克"虽广为思想界和学术界所关注,但其主张仍未超越以民族国家为边界的自我与他者之别。

近代以来,超越"民族"界限的思想与实践不绝如缕,自我与他者的边界可能是民族,也可能是帝国、宗教、地域乃至性别等等。因此,关于记忆之场的研究不应局限于民族视域的范围之内——本书的研究及前文提到的关于东亚记忆之场、欧洲记忆之场的研究便提供了具体的案例。更为重要的是,自我与他者的关系问题既涉及个体的身份认同,也涉及群体的发展道路;既与历史研究密切相关,也与当下及未来的人类走向有重大关联。在现实社会中,在全球化曲折发展的当下,如何在尊重他者的同时,更好地处理自我与他者的关系,正成为日益紧迫的时代课题。

---

① 孙江:《在亚洲超越"近代"——一个批评性的回顾》,《江苏社科科学》2016年第3期,第165—171页。

附录

日本在华神社一览表

地区	名称	祭神	创建时间	地址	所属领馆
华北	台东镇神社	大国主命	1915年3月	台东一路35号	青岛
	天津神社	天照大神、明治天皇	1915年11月5日	天津市福岛街18番（今天津八一礼堂所在地）	天津
	坊子神社	天照大神	1918年7月11日	坊子三马路	坊子
	青岛神社	天照大神、明治天皇、大国魂神	1919年11月7日	辽宁路8番	青岛
	张店神社	天照大神、明治天皇、大国魂神	1919年11月23日	张店博爱街	张店
	天津稻荷神社	仓稻魂神、猿田彦神、田中神、大宫能卖神	1926年4月27日	天津市伏见街5番	天津
	龙口神社	天照大神、大国主命、大物主命	1930年10月8日	龙口会闲31番	芝罘
	石家庄神社	天照大神、明治天皇	1938年10月10日	石家庄新民路	石门
	保定神社	天照大神、丰受大神、明治天皇、神武天皇、国魂大神	1938年11月3日	保定城外李花村	北京
	太原神社	天照大神、明治天皇、神武天皇	1939年4月3日	山西省太原	太原
	南苑护国神社	天照大神、明治天皇、神武天皇	1939年9月30日	南苑市西方高地	北京

续 表

地区	名称	祭神	创建时间	地址	所属领馆
	淄川神社	天照大神、大地主神、大山祇神、盘裂根裂神、金山彦神、金山比卖神、轲遇突智神、罔象女神、埴山姬神	1940年2月	淄川炭矿	博山
	唐山神社	天照大神、明治天皇、国魂大神	1940年2月3日	唐山市王谢庄	唐山
	徐州神社	天照大神、明治天皇、热田大神	1940年2月10日	徐州丰财镇	徐州
	海州神社	天照大神、明治天皇	1940年2月10日	海州新浦镇	海州
	山海关神社	天照大神	1940年2月11日	山海关	山海关
	长新神社	天照大神、明治天皇、国魂大神	1940年3月	长辛店万岁山	北京
	北京神社	天照大神、明治天皇、国魂大神	1940年6月6日	北京特别市布贡院东大街	北京
	新乡神社	天照大神	1940年7月20日	新乡河南大街	石门
	威海卫神社	天照大神、明治天皇	1940年8月10日	威海卫北仓村	威海卫
	顺德神社	天照大神	1940年10月	顺德	石门
	彰德神社	天照大神	1940年10月30日	城外新民街	石门
	阳泉神社	天照大神、明治天皇	1940年11月	平定县阳泉德胜街	太原
	秦皇岛神社	天照大神、国魂大神	1940年11月	秦皇岛北大通河傍	山海关
	包头神社	天照大神、明治天皇、神武天皇、国魂大神	1940年11月9日	包头市富三元港	包头

续 表

地区	名称	祭神	创建时间	地址	所属领馆
	丰台神社	天照大神、明治天皇、国魂大神	1940年12月	丰台特区新房庄村	北京
	塘沽神社	天照大神、明治天皇、国魂大神	1940年12月7日	塘沽连塘庄（今塘沽南站对面）	塘沽
	厚和神社	天照大神、国魂大神	1940年12月30日	厚和特别市大马路	厚和
	济南神社	天照大神、国魂大神、天神地祇	1941年3月	济南市外梁家庄	济南
	密云神社	天照大神、明治天皇、国魂大神	1941年6月	密云	北京
	榆次神社	伊邪那岐命、伊邪那美命	1941年10月	榆次城内东北	太原
	"蒙疆"神社	天照大神、明治天皇、国魂大神、永久王	1941年10月6日	张家口特别市	张家口
	大同神社	天照大神	1941年11月	大同城内东北	大同
	芝罘神社	天照大神、明治天皇、大国主命	1941年11月	芝罘烟台山上	芝罘
	连云神社	天照大神、明治天皇、大物主命、崇德天皇	1941年11月3日	连云市连云港	海州
	邯郸神社	天照大神、国魂大神	1942年6月	冀南部邯郸	石门
	归德神社	天照大神	1942年6月12日	归德飞行场最北端	徐州
华中	上海神社	天照大神、明治天皇、神武天皇	1933年11月1日	江湾路118番	上海
	靖亚神社	近卫笃麿、荒尾精、根津一	1935年2月11日	法华区贰拾捌保	上海
	汉口神社	天照大神、明治天皇、神武天皇	1935年2月11日	日本租界109番	汉口

续 表

地区	名称	祭神	创建时间	地址	所属领馆
	九江护国神社	祭祀在九江战役中战死之日本军人	1940年3月18日	九江湖畔路九江神社境内	九江
	杭州神社	天照大神	1940年10月	杭州湖滨路	杭州
	蚌埠神社	天照大神、明治天皇、国魂大神	1940年10月20日	蚌埠	南京
	九江神社	天照大神、明治天皇、神武天皇	1941年11月	九江环湖路	九江
	南昌神社	天照大神、明治天皇	1942年3月18日	南昌市潮滨公园内	九江
	南京神社	天照大神、明治天皇、国魂大神	1943年11月	南京五台山	南京
	南京护国神社	祭祀在南京战役中战死之日本军人	1944年4月	南京五台山南京神社境内	南京
华南	广东神社	天照大神、明治天皇	1934年9月	广州市惠爱东路	广州
	福州神社	天照大神、明治天皇、能久亲王	1936年11月3日	福州南台苍前山	福州
	厦门神社	天照大神、明治天皇、能久亲王、大国魂神	1940年11月2日	厦门蓼花溪美山顶	厦门
	汕头神社	昭宪皇太后、大国魂神、大己贵命、少彦名命、能久亲王	1941年11月3日	广东省澄海县汕头市外马路	汕头

资料说明：

由于日本在中国台湾和东北地区的殖民统治与中国的其他地区迥然有别，故本图表未收录日本在这两个地区建立的神社，收录的则依照神社的设立地区和时间顺序重新排列。

资料来源：

佐藤弘毅「資料紹介　戦前の海外神社一覧(2)朝鮮・関東州・満州国・中華民国」『神社本廳教學研究所紀要』通号3、1998年2月、208—212頁。

参考文献

一、史料
（一）档案资料
1. アジア歴史資料センター
2. 朝日新聞歴史写真アーカイブ
3. 南京市档案馆

（二）史料汇编
1. 『紀元二千六百年祝典記録』ゆまに書房、2002年。
2. 蔡德金、李惠贤编：《汪精卫伪国民政府纪事》，中国社会科学出版社，1982年。
3. 陈谦平，张连红，戴袁支编：《南京大屠杀史料集30·德国使领馆文书》，南京：江苏人民出版社，2007年。
4. 黄美真、张云编：《汪精卫国民政府成立》，上海人民出版社，1984年。
5. 南京戦史編集委員会編『南京戦史資料集』偕行社、1989年。
6. 王卫星、雷国山编：《南京大屠杀史料集11·日本军方文件》，南京：江苏人民出版社，2006年。
7. 王卫星编：《南京大屠杀史料集8·日军官兵日记》，江苏人民出版社，2005年。
8. 杨力主编：《中国抗战大后方中间党派文献资料选编》（上），重庆出版社，2016年。

（三）史志资料
1. 《明史》
2. 江苏省地方志编纂委员会编著：《江苏省志·文物志》，江苏古籍出版社，1998年。
3. 南京地方志编纂委员会、南京文物志编纂委员会编：《南京文物志》，方志出版社，1997年。

4 倪在田辑:《續明紀事本末》。
5 钱海岳:《南明史》,中华书局,2006年。
6 王焕镳:《明孝陵志》,周鈺文、王韦点校,南京出版社,2006年。

(四) 战前及战时定期出版物

1 《北京新闻协会会报》
2 《杭州新报》
3 《京报》
4 《南京新报》
5 《内政公报》
6 《山西通讯》
7 《上海民众》
8 《申报》
9 《苏州新报》
10 《外交公报》
11 《新民周刊》
12 《新女性》
13 《新锡日报》
14 《政治月刊》
15 《中报》
16 《中国外交年鉴》(汪伪"外交部参事室")
17 《中央导报》
18 《中央日报》
19 『大阪朝日新聞』
20 『大阪朝日新聞』("北支版"、"中支版"、"満洲版")
21 『東京朝日新聞』
22 『東京日日新聞』
23 『読売新聞』
24 『官報』(大蔵省印刷局)
25 『日本及日本人』
26 『週報』(日本内閣情報局)

（五）战前及战时图书

1. "日本纪元二千六百年满洲帝国庆祝委员会"制作发行:《日本史概观》（非卖品）、1941年。
2. 《最新南京地图》（民国二十五年订正版），学苑出版社，2005年。
3. 『中支皇軍慰問並に防空建築視察報告』福岡県土木建築請負業組合聯合会（非賣品）、1938年。
4. アサヒグラフ編『忠霊塔図案』大日本忠霊顕彰会、1940年。
5. ジャパン・ツーリスト・ビューロー編『上海』ジャパン・ツーリスト・ビューロー（日本国際観光局）、1939年。
6. ダイヤモンド社編『世界人物巡礼』ダイヤモンド社、1938年。
7. 补庐等编译:《日本综合二千六百年史》，"国立编译馆"，1941年。
8. 朝日新聞社編『上海・北支戰線美談』（第4輯），朝日新聞社、1938年。
9. 赤池濃『支那事変と猶太人』政経書房、1939年。
10. 赤池濃講演筆記『明の君臣の亡命其の庇護（附録考證）』神乃日本社、1938年。
11. 川島渉、伊東峻一郎『少年愛国戦陣訓物語』小学館、1941年。
12. 大川周明『日本二千六百年史』第一書房、1940年；中文版参见大川周明:《日本二千六百年史》，雷鸣译，政治月刊社，1941年。
13. 光勇星郎述『中北支より満鮮へ』真相通信社、1938年。
14. 国史名画刊行会編『興亜の光:聖戦美談』省文社、1939年。
15. 和田篤憲『風土巡礼』日本公論社、1938年。
16. 後藤朝太郎『最新支那旅行案内』黄河書院、1938年3月発行、1939年5月改訂発行。
17. 菊池寛《日本史话》（又名《日本二千六百年史抄》），邵士荫译，春明服务社，1942年。
18. 菱刈隆『忠霊塔物語』童話春秋社、1942年。
19. 鈴木剛『メッカ巡礼記』地平社、1943年。
20. 陸軍画報社編『支那事変戦跡の栞』陸軍恤兵部、1938年。
21. "満洲帝国政府"編『滿洲建國十年史』、滝川政次郎解題；衛藤瀋吉校註、原書房、1969年復刻版（1942年初版）。
22. 前田利定『支那遊記』民友社、1912年。
23. 日本国際観光局満洲支部編『満支旅行年鑑』（昭和十五年）博文館、

1940 年。
24　日本旅行会編『鮮満北支の旅：皇軍慰問・戦跡巡礼』日本旅行会、1938 年。
25　三橋五顯『武顯戰跡画集』塔影社、1939 年。
26　山下清一『大和魂と三種神器』大日本国本協会，1936 年 12 月（版权页如此，实际出版时间应为 1937 年）。
27　山下清一『国統闡弘旅記：日本が託された明の淮王皇靈祭と明陵祭の復興』大陸国統義会明廟事務處、1940 年 11 月。
28　山下清一『天皇道』大倉廣文堂、1935 年。
29　善鄰社編纂『淮王常清之研究』善鄰社、1940 年。
30　社會問題資料研究會編，玉澤光三郎著「所謂『天皇機関說』を契機とする国体明徵運動」(思想研究資料特輯第七十二号　極秘，昭和十五年一月)、東洋文化社，1975 年。
31　水谷温『支那情調』銀座書院，1940 年。
32　藤谷操：《日本二千六百年史》，武田胜雄译，中华法令编印馆，1940 年。
33　藤井清編『上海』ジャパン・ツーリスト・ビューロー（日本国際観光局)、1939 年。
34　天沼俊一『印度仏塔巡礼記』(上下冊)秋田屋、1944/1945 年。
35　土山鉄次『怨を毀つ涙の握手：事変下大陸慰問伝道記』日本自由メソヂスト教会出版部、1939 年。
36　小林橘川『隨筆：支那』教育思潮研究會、1943 年。
37　熊谷辰治郎『大陸裸記』日本青年館、1940 年。
38　須永欣夫『山村巡礼』木材経済研究所、1943 年。
39　延安时事问题研究会编：《日本帝国主义在中国沦陷区》，解放社，1939 年。
40　岩下傳四郎編『大陸神社大観』ゆまに書房 2005 年復刻版（1941 年初版)。
41　岩佐喜代子『女の見た戦場』宏英社、1942 年。
42　宇原義豊『江南紀行：写真と国防』山水社、1943 年。
43　张璜著，(民国)中央古物保管委员会编辑委员会编：《梁代陵墓考・六朝陵墓调查报告》，南京出版社，2010 年。
44　中山正男『脇坂部隊』潮文閣、1940 年。

45　佐藤大雄『南京の古蹟』(无出版社)、1966 年 10 月再發行(1943 年 8 月初版)。
46　佐藤信淵「宇内混同秘策」、『日本國粹全書』(第十九輯)、日本國粹全書刊行會、1919 年第 3 版。
47　佐藤惣之助『怒れる神：従軍詩集』足利書房、1939 年。

(六) 日记、回忆性撰述等

1　《蒋介石日记》(手稿)
2　步三六記念刊行会編『步兵第三十六連隊戰友会誌』(合同慰靈祭記念号)、1983 年 11 月。
3　步三六記念刊行会編『步兵第三十六連隊戰友会誌』、1986 年 1 月。
4　蔡德金编著：《周佛海日记》(1940 年 1 月 1、3 日)，中国社会科学出版社，1986 年。
5　黄美真编著：《伪廷幽影录：对汪伪政权的回忆》，东方出版社，2010 年。
6　溥仪：《我的前半生》，东方出版社，2007 年。
7　田中隆吉：《日本的军阀：日本军阀祸国的真相》，赵南柔译，改造出版社，1947 年。
8　周启源：《日本侵略军在菊花台留下的一个罪证》，中国人民政治协商会议南京市雨花台区委员会文史委员会编：《雨花文史》(第 5 集)，1991 年 3 月，第 122 页。

二、论著

(一) 中文著作

1　陈辽：《陈辽文存》，香港银河出版社，2013 年。
2　陈廷湘、李德琬主编：《李思纯文集·论文小说日记卷》，巴蜀书社，2009 年。
3　陈蕴茜：《崇拜与记忆——孙中山符号的建构与传播》，南京大学出版社，2009 年。
4　黄美真：《汪伪"七十六号"特工总部》，上海人民出版社，1984 年。
5　姜念东等编著：《伪满洲国史》，吉林人民出版社，1980 年。
6　经盛鸿：《南京沦陷八年史：一九三七年十二月十三日至一九四五年》(增订版)，社会科学文献出版社，2013 年。
7　李恭忠：《中山陵：一个现代政治符号的诞生》(修订本)，生活·读书·

新知三联书店,2019年。
8 李志毓:《惊弦:汪精卫的政治生涯》,牛津大学出版社,2014年。
9 刘熙明:《伪军:强权竞逐下的卒子(1937—1949)》,稻乡出版社,2002年。
10 卢海鸣、钱长江编:《老画册·南京旧影》,南京出版社,2014年。
11 卢海鸣、杨新华主编:《南京民国建筑图集》,南京大学出版社,2001年。
12 南京大学历史系编著:《日本帝国主义在南京的大屠杀》,1979年。
13 南京年鉴编纂委员会编:《南京年鉴》(2007年),南京年鉴编辑部,2007年。
14 南京市档案馆编:《半个世纪的足迹》,江苏古籍出版社,1999年。
15 秦风:《你没见过的历史照片》,山东画报出版社2004年。
16 孙宅巍:《南京保卫战史》,南京出版社,2014年。
17 孙宅巍:《南京保卫战史》,五南图书出版公司,1997年。
18 王向远:《日本对中国的文化侵略:学者、文化人的侵华战争》,昆仑出版社,2005年。
19 巫仁恕:《劫后天堂:抗战沦陷后的苏州城市生活》,台湾大学出版中心(台北),2017年。
20 谢荫明、陈静:《沦陷时期的北平社会》,北京出版社,2015年。
21 徐淑贤:《台湾士绅的三京书写:以1930—1940年代〈风月报〉、〈南方〉、〈诗报〉为中心》,花木兰文化出版社,2013年。
22 徐尧辉:《明太子、福王亡命在日本:化名张振甫、张寿山》,中华书局(台北),2017年3月再版。
23 杨国庆:《南京城墙》,江苏人民出版社,2014年。
24 杨新华、杨建华编著:《魂系中华》,南京大学出版社,1989年。
25 叶兆言、卢海鸣、韩文宁撰文:《老照片·南京旧影》,南京出版社,2012年。

(二)中文论文

1 蔡锦堂:《"纪元二千六百年"的日本与台湾》,《师大台湾史学报》第1期,2007年12月,第51—88页。
2 蔡锦堂:《日本据台末期神社的建造—以"一街一庄一社"政策为中心》,《淡江史学》第4期,1992年6月,第211—224页。
3 曹大臣:《日本人在中国的墓地(1871—1945)》,《历史研究》2011年第3

期,第 112—129 页。

4 陈春萍、田丽梅:《神社——伪满时期日本对东北进行文化侵略的主要方式》,《大连近代史研究》2010 年第 7 卷,第 249—260 页。

5 崔再尚、李丽:《大连忠灵塔鸟居建设由绪之碑考》,《大连近代史研究》第 16 卷,2019 年 12 月,第 175—182 页。

6 戴圆:《没有黑白的世界——读〈秩序的沦陷〉》,《团结报》2016 年 4 月 21 日第 7 版。

7 段瑞聪:《日本有关中日战争之主要动向及其成果(2007—2012)》,《国史研究通讯》(台北)2013 年第 5 期(12 月),第 87—105 页

8 高国都、杨新华:《九烈士墓碑复建纪实》,中国人民政治协商会议南京市雨花台区委员会文史委员会编:《雨花文史》(第 5 集),1991 年 3 月,第 118—122 页。

9 高莹莹:《1949 年以来的沦陷区研究综述》,《兰州学刊》2015 年第 5 期,第 2 页。

10 谷小水:《瑕瑜互见——评〈秩序的沦陷:抗战初期的江南五城〉》,《团结报》2016 年 4 月 21 日,第 7 版。

11 关国磊:《日本神道及其在东北建立神社的意图》,《大连近代史研究》2012 年第 9 卷,第 230—238 页。

12 韩大梅:《论神道教在日本侵略中国东北过程中的作用》,《辽宁师范大学学报》(社科版)1998 年第 1 期,第 81—83 页。

13 黄东兰:《儒学叙事下的中国史——以明治时期日本的汉文中国史著作为中心》,朱庆葆、孙江主编《新学衡》第 1 辑,南京大学出版社,2016 年,第 97—119 页。

14 江沛:《关于抗战时期沦陷区民众生存状态的若干思考》,《民国档案》2020 年第 1 期,第 53—56 页。

15 江沛:《细化与定性——抗战史与沦陷区史研究的冷思考》,《抗日战争研究》2010 年第 1 期,第 128—129 页。

16 蒋杰:《他者的视域:最近 20 年法国的抗战史研究与书写》,《上海师范大学学报》(哲学社会科学版)2020 年第 4 期,第 142—152 页。

17 金周溶、廉松心:《中国辽宁省境内"九·一八事变"遗迹及其有效利用》,《北华大学学报》(社会科学版)2019 年第 4 期,第 33—40 页。

18 李恭忠:《康熙帝与明孝陵:关于族群征服和王朝更替的记忆重构》,《南

京大学学报》(哲学·人文科学·社会科学)2014年第2期,第126—134页。
19 李坚怀:《论明孝陵记忆场中的朱元璋形象建构》,《福建师范大学学报》(哲学社会科学版)2017年第3期,第138—145页。
20 李鑫:《中国抗日战争遗迹、遗物、纪念设施现状考察》,《中国人民抗日战争纪念馆文丛》(第6辑),2011年4月,第102—109页
21 廖德宗:《凤山神社遗构及空间考证》,《高雄文献》第6卷第3期,2016年12月,第6—37页。
22 林承纬:《台北稻荷神社之创建、发展及其祭典活动》,《台湾学研究》第15期,2013年6月,第35—66页。
23 刘锐:《齐齐哈尔日军"忠灵塔"探析》,《理论观察》2017年第5期,第8—11页。
24 刘燕军:《南京大屠杀的历史记忆(1937—1985)》,《抗日战争研究》2009年第4期,第5—22页。
25 罗志田:《把天下的取向嵌入国家:民初"好人政府"的尝试》,《近代史研究》2019年第5期,第21—41页。
26 罗志田:《天下与世界:清末士人关于人类社会认知的转变——侧重梁启超的观念》,《中国社会科学》2007年第5期,第191—204页
27 马德全:《菊花台公园》,季士家,韩品峥主编《金陵胜迹大全》,南京出版社,1993年,第404页。
28 毛钧正:《南京的城市山林——菊花台公园维护和建设初探》,中国人民政治协商会议文史委员会,南京市雨花台区委员会文史委员会编《雨花文史 旅游专辑》(第10集),1998年12月,第193—199页。
29 彭刚:《历史记忆与历史书写:史学理论视野下的"记忆的转向"》,《史学史研究》2014年第2期,第1—12页。
30 任其怿:《忠灵塔与慰灵祭——侵华战争中日本对内蒙古地区进行文化侵略的特殊形式》,《内蒙古师范大学学报》(哲学社会科学版)2005年第5期,第15—17页。
31 荣维木:《如何推动抗日战争时期的沦陷区研究》,《抗日战争研究》2010年第1期,第126—127页。
32 沈坚:《记忆与历史的博弈:法国记忆史的建构》,《中国社会科学》2010年第3期,第205—219页。

33 孙江:《痕迹·事件·证言:侵华日军第十六师团第三十三联队中尉天野乡三在南京》,《南京大学学报》(哲学·人文科学·社会科学)2016年第3期,第113—122页。

34 孙江:《唤起的空间:南京大屠杀事件的记忆伦理》,《江海学刊》2017年第5期,第149—156页。

35 孙江:《记忆不能承受之重:陶保晋及其后人的南京记忆》,孙江主编《新史学(第8卷):历史与记忆》,中华书局,2014年,第144—166页。

36 孙江:《解构靖国神社的政治话语》,《读书》2006年第3期,第3—13页。

37 孙江:《皮埃尔·诺拉及其"记忆之场"》,《学海》2015年第3期,第65—72页。

38 孙江:《在亚洲超越"近代"——一个批评性的回顾》,《江苏社科科学》2016年第3期,第165—171页。

39 谭徐锋:《重回江南沦陷时——评〈秩序的沦陷〉》,《光明日报》2016年1月12日,第10版。

40 王爱云:《近年来欧美学界的中国抗日战争研究》,《史学月刊》2015年第5期,第14—17页。

41 王炳毅:《南京也有一个日本神社》,《湖南档案》2002年第11期,第16—17页。

42 王海燕:《日本侵华战争中的国家神道》,《抗日战争研究》2009年第1期,第26—33页。

43 王克文:《欧美学者对抗战时期中国沦陷区的研究》,《历史研究》2000年第5期,第170—179页

44 王楠:《被表象的事件:南京大屠杀的记忆政治(1982—2014)》,南京大学历史学院博士学位论文,2016年。

45 魏坡:《沦陷区青年学生的日常生活与民族主义——以董毅〈北平日记〉为例》,《民国研究》2019年春季号(总第35辑),第142—154页。

46 谢任:《恶的象征:南京沦陷期间日伪的政治符号》,《江海学刊》2017年第5期,第172—177页。

47 谢任:《神社与它的躯壳:对南京五台山日本神社的考察》,《学海》2016年第3期,第91—103页。

48 杨新华:《驻外使节九烈士史料陈列馆建成开放》,中国人民政治协商会议文史委员会,南京市雨花台区委员会文史委员会编:《雨花文史》(第

8集),政协南京市雨花台区委员会文史委员会,1995年10月,第31—48页。
49 杨秀云:《日本侵华战争与葬仪:"大日本忠灵显彰会"考论(1939—1945)》,《日本侵华史研究》2017年第4卷,第39—48页。
50 杨秀云:《伪满军事葬仪研究(1931—1945)》,《民国研究》2018年春季号(总第33辑),第104—115页。
51 游璐:《中国近现代战争历史纪念地保护初探》,重庆大学硕士论文,2014年。
52 余子道:《回眸与展望:建国以来的沦陷区和伪政权研究》,《抗日战争研究》1999年第3期,第102—128页。
53 臧运祜:《"兴亚院"与战时日本的"东亚新秩序"》,《日本学刊》2006年第2期,第129—138页。
54 臧运祜:《抗日战争时期的沦陷区研究述评》,《中共党史研究》2015年第9期,第101—107页。
55 张定胜:《南京保卫战老兵采访纪实》,《黄埔》2020年第3期,第2—21页。
56 张丽、张洪恩:《"抗日战争与沦陷区问题研究"学术研讨会综述》,《北方论丛》2010年第2期,第161页。
57 张连红:《略论南京保卫战中的国军形象》,《南京大屠杀史研究》2012年第3卷,第36—37页。
58 张连红:《中日两国南京大屠杀研究的回顾与思考》,《南京大学学报》(哲学·人文科学·社会科学)2007年第1期,第95—109页。
59 钟剑锋:《广东神社考略》,《日本研究》2016年第4期,第64—73页。
60 钟剑锋:《实用与象征——广东神社建筑及其战后利用问题研究》,《日本侵华史研究》2017年第4期,第80—87页。
61 朱成山、袁志秀:《关于南京保卫战史学研究的回顾与思考》,《日本侵华史研究》2011年第1期,第11—17页。

(三)外文著作与译著

1 Frederic Wakeman, Jr., The Shanghai Bad lands: Wartime Terrorism and Urban Crime, 1937-1941, Cambridge, Eng.: Cambridge University Press, 1996. 中文版参见魏斐德《上海歹土:战时恐怖活动与城市犯罪1937—1941》,人民出版社,2011年。

2 Gerald E. Bunker, The Peace Conspiracy: Wang Ching-Wei and the China War, 1937–1941, Cambridge, MA: Harvard University Press, 1972.

3 John H. Boyle, China and Japan a t War, 1937–1945: The Politics of Collaboration, Stanford: Stanford University Press, 1972. 中文版参见约翰·亨特·博伊尔《中日战争时期的通敌内幕 1937—1945》，陈体芳、乐刻等译，郑文华校，商务印书馆，1978 年。

4 Lloyd E. Eastman, "Facets of an Ambivalent Relationship: Smuggling Puppets, and Atrocities During the War, 1937–1945", in Akira Iriye ed., The Chinese and the Japanese: Essays in Political and Cultural Interactions, Princeton, NJ: Princeton University Press, 1980.

5 Norman Smith, Resisting Manchukuo: Chinese Women Writers and the Japanese Occupation, Vancouver: UBC Press, 2007. 中文版参见诺曼·史密斯《反抗"满洲国"：伪满洲国女作家研究》，李冉译，北方文艺出版社，2017 年。

6 Pierre Nora, Les Lieux de Mémorire, Paris: Gallimard, 1984–1992. 日文版参见ピエール・ノラ編、谷川稔監訳『記憶の場：フランス国民意識の文化＝社会史』岩波書店，2002—2003 年；繁体字版参见皮耶·诺哈等：《记忆所系之处》，戴丽娟译，台北：行人出版社，2012 年；简体字版参见皮埃尔·诺拉主编《记忆之场：法国国民意识的文化社会史》，黄艳红等译，南京大学出版社，2015 年。

7 Poshek Fu, Passivity, Resistance, and Collaboration: Intellectual Choices in Occupied Shanghai, 1937–1945, Standford: Standford University Press, 1993. 中文版参见傅葆石《灰色上海，1937—1945：中国文人的隐退、反抗与合作》，生活·读书·新知三联书店，2012 年。

8 Timothy Brook, Collaboration: Japanese Agents and Local Elites in Wartime China, Harvard University Press, 2005. 中文版参见卜正民《秩序的沦陷：抗战初期的江南五城》，潘敏译，商务印书馆，2015 年。

9 ケネス・ルオフ(Kenneth J. Ruoff)著、木村剛久訳『紀元二千六百年：消費と観光のナショナリズム』朝日新聞出版、2010 年。

10 阿莱达·阿斯曼(Aleida Assmanns)：《回忆空间：文化记忆的形式和变迁》，潘璐译，北京大学出版社，2016 年

11　安丸良夫『近代天皇像の形成』岩波書店，2001年。
12　白川哲夫「『戦没者慰霊』と近代日本——殉難者護国神社の成立史」勉誠出版株式會社、2015年。
13　阪本是丸『国家神道形成過程の研究』岩波書店、1994年。
14　板垣竜太，鄭智泳，岩崎稔編著『東アジアの記憶の場』河出書房新社、2011年
15　保罗・利科（Paul Ricoeur）：《记忆，历史，遗忘》，李彦岑，陈颖译，华东师范大学出版社，2018年。
16　北村毅『死者たちの戦後誌：沖縄戦跡をめぐる人びとの記憶』御茶の水書房、2009年。
17　柴田善雅『中国占領地日系企業の活動』日本経済評論社，2008年。
18　柴田哲雄『協力・抵抗・沈黙：汪精衛南京政府のイデオロギーに対する比較史的アプローチ』成文堂、2009年。
19　村上重良『国家神道』岩波書店、1970年；中文版参见村上重良：《国家神道》，聂长振译，商务印书馆，1990年。
20　村上重良『慰霊と招魂：靖国の思想』岩波書店、1974年。
21　村田真編集『いかに戦争は描かれたか』BankART1929、2017年。
22　大原康男『忠魂碑の研究』暁書房、1984年。
23　福間良明「『戦跡』の戦後史：せめぎあう遺構とモニュメント」岩波書店、2015年。
24　高桥哲哉：《靖国问题》，黄东兰译，生活・读书・新知三联书店，2007年。
25　関智英『対日協力者の政治構想：日中戦争とその前後』名古屋大学出版会、2019年。
26　国学院大学研究開発推進センター編『慰霊と顕彰の間——近現代日本の戦死者観をめぐって』錦正社、2008年。
27　國學院大學研究開発推進センター編『霊魂・慰霊・顕彰——死者への記憶装置』錦正社、2010年。
28　河田明久監修『画家と戦争：日本美術史の空白』平凡社、2014年。
29　鶴見俊輔『戦時期日本の精神史：1931—1945年』岩波書店、1982年；中文版参见鹤见俊辅《战争时期日本人精神史（1931—1945）》，邱振瑞译，四川教育出版社，2013年。

30　荒川幾男『1930年代——昭和思想史』(現代日本思想史　第5巻)、青木書店,1971年。
31　菅浩二『日本統治下の海外神社:朝鮮神宮・台湾神社と祭神』弘文堂、2004年。
32　今井昭彦『近代日本と戦死者祭祀』東洋書林、2005年。
33　菊池一隆『中国抗日軍事史1937—1945』有志舎、2009年。
34　堀井弘一郎『汪兆銘政権と新国民運動』創土社、2011年。
35　笠原十九司『南京事件論争史:日本人は史実をどう認識してきたか』(増補版)、平凡社、2018年。
36　木村英夫:《战败前夕》,罗萃萃译,江苏古籍出版社,2001年。
37　南京事件調査研究会編『南京大虐殺否定論13のウソ』柏書房、1999年。
38　南京戦史編集委員会編『南京戦史』偕行社、1989年。
39　尼采:《历史的用途与滥用》,陈涛、周辉荣译,上海人民出版社,2000年。
40　片山杜秀『近代日本の右翼思想』講談社、2007年。
41　秦郁彦『日本陸海軍総合事典』東京大学出版会、2005年第2版。
42　秦郁彦編『日本近現代人物履歴事典』東京大学出版会、2012年4月第2版。
43　日本防卫厅防卫研究所战史室:《中国事变陆军作战史》第一卷第二分册,齐福霖译,宋绍柏校,中华书局,1981年。
44　神坂次郎、福富太郎、河田久明、丹尾安典「画家たちの『戦争』」株式会社新潮社、2010年。
45　辻子実『侵略神社:靖国思想を考えるために』新幹社、2003年。
46　太平洋戦争研究会編、水島吉隆著『図説満州帝国の戦跡』河出書房新社、2008年。
47　土屋光芳『「汪兆銘政権」論』人間の科学新社、2011年。
48　外山操編『陸海軍将官人事総覧　陸軍篇』芙蓉書房出版、1994年。
49　丸山真男『日本政治思想史研究』東京大学出版会、1952年、325頁。
50　丸山真男『現代政治の思想と行動』未來社、1964年。
51　五百旗头真編著:《日美关系史》,周永生等译,世界知识出版社,2012年。

52　小笠原省三編述『海外神社史』(上巻)、ゆまに書房 2004 年復刻版(1953 年初版)。
53　小林健三、照沼好文『招魂社成立史の研究』錦正社、1969 年。
54　小林英夫『日中戦争と汪兆銘』、吉川弘文館、2003 年。
55　小熊英二「『日本人』の境界：沖縄・アイヌ・台湾・朝鮮植民地支配から復帰運動まで」新曜社、1998 年。
56　新田光子『大連神社史：ある海外神社の社会史』おうふう、1997 年。
57　星野英紀『巡礼：聖と俗の現象学』講談社、1981 年。
58　岩本憲児編「映画と『大東亜共栄圏』」森話社、2004 年。
59　戦争遺跡保存全国ネットワーク編『戦争遺跡から学ぶ』岩波書店、2003 年。
60　中勘助『中勘助全集』岩波書店、1990 年。

（四）外文论文与译文

1　Hue-Tam Ho Tai, "Remembered Realms: Pierre Nora and French National Memory", The American Historical Review, Vol.106, No.3 (Jun., 2001), pp.906–922. 中文版参见胡才惠《记忆之场：皮埃尔·诺拉与法兰西民族记忆》，朱联璧译，朱庆葆、孙江主编《新学衡》(第 2 辑)，南京大学出版社，2017 年，第 225—241 页。

2　Roger Chartier, "Le monde comme représentation", in Annales ESC, 1989, No.6. Roger Chartier, The World as Representation, Histories: French Constructions of the Past: Postwar French Thought, edited by Jacques Revel and Lynn Avery Hunt, New Press, 1998, pp.544-588. 中文版参见罗杰·夏蒂埃(Roger Chartier):《作为表象的世界》，张弛译，陈恒、王刘纯主编《新史学　第 12 辑　历史与历史学家》，大象出版社，2014 年，第 77-90 页。

3　Zhiyi YANG, "The Road to Lyric Martyrdom: Reading the Poetry of Wang Zhaoming (1883 – 1944)", Chinese Literature: Essays, Articles, Reviews, Vol.37 (December 2015), pp.135-164.

4　ゼルナ　インゴ、「『記憶の場』として見た二宮尊徳」『年報人間科学』、2004 年、155—166 頁。

5　ティモシー・ブルック、西野可奈訳「揚子江流域における占領国家の建設、1938—1939」、姫田光義、山田辰雄編『中国の地域政権と日本の

統治』慶應義塾大学出版会、2006年、229—247頁。

6 安达宏昭:《"大东亚共荣圈"论》,张敏译,《南开日本研究》2016年刊,第342—367页。

7 波多野澄雄「日本における日中戦争史研究について」、『外交史料館報』第31号(2018年3月)、37—60頁。中文版参见波多野澄雄《日本的日中战争史研究》,谭皓译,《抗日战争研究》2016年第4期,第112—127页。

8 倉真一「大阪の枚方遊園で開催された日向博覧会:紀元二千六百年奉祝と地方・新聞社・鉄道会社」『宮崎公立大学人文学部紀要』第19巻第1号、2012年3月、1—15頁。

9 大平晃久「南進の『聖地』昭南の成立—戦時下における高丘親王顕彰と戦跡巡拝—」『長崎大学教育学部紀要』第4巻、2018年2月、281—290頁。

10 都倉武之「慶應義塾における御真影奉戴と奉安所」『近代日本研究』第35号、2018年1月、65—97頁。

11 高山陽子「戦跡観光と記念碑」、亜細亜大学国際関係研究所編『亜細亜大学国際関係紀要』第20巻第1・2合併号、2011年、185—230頁。

12 古川隆久「紀元二千六百年奉祝記念事業をめぐる政治過程」『史学雑誌』第103巻第9号、1994年、1573—1608頁。

13 古舘嘉「日本占領下の北京を描く亀井文夫の『北京』」、『千葉大学人文公共学研究論集』第35号、2017年9月、1—20頁。

14 谷口眞子「一九三〇年代の佐賀における「葉隠」の顕彰と学校教育—「葉隠」をめぐる「記憶の場」と「教育の場」-」『早稲田大学大学院文学研究科紀要』63巻、2018年3月、423—439頁。

15 横山篤夫「日本軍が中国に建設した十三基の忠霊塔」『日本研究』第49巻、2014年3月、57—116頁。

16 荒山正彦「戦跡とノスタルジアのあいだに:『旅順』観光をめぐって」『人文論究』第50巻第4号、2001年2月、1—16頁。

17 金子鷹之助「大東亜共栄圏の民族と思想:社会史的素描」『一橋論叢』第10巻第3号、1942年9月,233—265頁。

18 李世淵「日清・日露戦争と怨親平等」『日本仏教綜合研究』第10巻、2012年、69—87頁。

19　林初梅「学校という記憶の場:植民地台湾の時代からの連続性に注目して」『言語文化研究』39巻、2013年3月、149—174頁。
20　劉傑「汪兆銘政権論」、倉沢愛子・杉原達・成田龍一・テッサ・モーリス-スズキ・油井大三郎・吉田裕編『岩波講座　アジア・太平洋戦争〈7〉支配と暴力』岩波書店、2006年、249—284頁。
21　馬場憲一「『記憶の場』の形成と『歴史的環境』との関わりについて:勝淵神社の柴田勝家兜埋納伝説を事例に」『現代福祉研究』15巻、2015年3月、153—170頁。
22　末次圭介「講演録:トマ・セリエ『ヨーロッパの記憶の場—理論と実践』」『現代史研究』61巻、2015年12月、31—37頁。
23　寺内直子「『治乱太平』の響き:紀元二千六百年新作舞楽《悠久》と《昭和楽》」『東洋音楽研究』第81号、2015年、1—24頁。
24　寺石悦章「沖縄の戦跡観光:慰霊から平和学習へ」『宗教と社会』第19巻、2013年6月、191—193頁。
25　松本彰「〈書評〉ピエール・ノラ編(谷川稔監訳)『記憶の場』」『史林』87巻2号、2004年3月、274—280頁。
26　藤田大誠:「近代日本における『怨親平等』観の系譜」『明治聖徳記念学会紀要』第44号、2007年11月、101—117頁。
27　樋口秀実「満洲国『建国神廟』創設をめぐる政治過程」『東洋学報』第93巻第1号、2011年6月、27—59頁。
28　西尾林太郎「貴族院議員・阪谷芳郎と『紀元二千六百年』奉祝事業」『愛知淑徳大学論集・交流文化学部篇』第8号、2018年3月、71—87頁。
29　小田原琳「イタリア版『記憶の場所』のおかれた〈場所〉」『Quadrante』(東京外国語大学海外事情研究所)11号、2009年、39—45頁。
30　岩淵孝「近衛文麿:東亜新秩序の構想」『国際学論集』(上智大学)第3巻、1979年7月,1—10頁。
31　中村香代子「帝国秩序と海外神社:戦時下における東亜と日本の文化」『社学研論集』(早稲田大学大学院社会科学研究科)第11巻、2008年3月、45—56頁。
32　中島三千男・『海外神社』研究序説・『歴史評論』第602巻、2000年6月、45—63頁。

33　佐藤弘毅「資料紹介　戦前の海外神社一覧(2)朝鮮・関東州・満州国・中華民国」『神社本廳教學研究所紀要』(通号3)、1998年2月、163—212頁。

后记

呈现在读者面前的,是一本始于痕迹、终于痕迹,又不限于痕迹的小书。

之所以如此突出痕迹的意义,是基于痕迹与历史研究的特殊关系。如果说文字、图像、声音、实物、印记等均可视为过去留下的痕迹,那么痕迹就是历史研究的中心;但若缩小范围,将刻意制造并保存的事物与偶然残留的迹象区别开来,只有后者方为痕迹,那么痕迹就是最易被忽视的部分。尤其是与被编码的文字相比,未被编码的痕迹不仅难以引起注意,而且在解读之时也存在困难。但这并不是说,文字必定优于痕迹。相反,当文字的无限储存能力受到质疑时,痕迹便成为一座跨越遗忘之渊的桥梁。因为,文字是一个时代有意识的表达,它不可避免地带有欺骗甚至自我欺骗的倾向;而痕迹则记录了一个时代未被修饰的记忆,在某种意义上具有更高的可信度和原真性。这提醒我们,痕迹之于历史研究尤其是记忆研究,的确有其价值。这本小书的问世,首先就得益于痕迹的刺激和启发。

2014年3月底,为参加硕士研究生复试,我第一次来到南京;9月初,我的研究生活便在南京大学鼓楼校区开始了。但直到此时,我对历史常识的了解和历史研究的认识都极为肤浅,举凡选题、研究、论文构思和写作等,皆不知如何着手。毕竟,我的本科专业是文学,"半路出家"才到了历史学。这时,恩师孙江教授几乎是从零开始一步步把我引向研究之路。犹记得研究生的第一堂课就是孙老师讲授的"历史与记忆"。课堂上,孙老师以深沉的感情和深厚的学理破解关于历史的陈规陋见;下课后,孙老师又指示我和同门自主探索。在十分偶然的情况下,我得知了南京有一座日本神社的遗迹。在发生了大屠杀的南京,至今仍较为完好地保存着日本神社的主体建筑,怎么看都是一件不可思议的事情!出于最朴素的本能,我选择它作为研究的起点,并想藉此学习历史研究的基本方法。

作为一种显而易见的痕迹,南京神社遗址早已成为文物保护单位,关于它也已形成了一系列论述。但若细究起来,有关论述言人人殊,莫衷一是。事后想来,痕迹相对于文字的特殊性不正展现无遗了吗?但当时,我还对此一无所知。通过一边补充基础知识,一边从事具体研究,我初步梳理了南京神社的历史,并继续追查其他线索,写出了几篇小文。对于这些文稿,孙老师并不以其粗糙拙劣而否定,相反却给予了很大的鼓励。在孙老师的指导下,我逐渐窥得一点治学的门径,如资料的搜寻与辨析、外语的掌握与运用、视角的转换与更新等。这让我在进入博士阶段后没有止步于痕迹,而是将痕迹作为接近历史的一扇窗,以观察更为广阔又未被注意的世界。这时,我的研究仍从痕迹开始,但和硕士阶段出于朴素本能不同,我开始有意识地思考痕迹与记忆和遗忘的关联。于是,战争时期的遗迹与传说不再是无足轻重的陈迹,而是在塑造集体记忆、"唤起"文化认同等方面扮演着特殊的角色。不仅如此,那些在战后徒留痕迹的事物,它们在战争时期的形成与演化历程,同样成为我考察记忆建构问题的生动案例。在整个研究过程中,文字是重要的工具,痕迹则提供了最初的指引。

伴随着研究的展开,日本一年及其以后的经历为我提供了同样重要的助力和启示。2019年9月下旬,在国家留基委的资助下,我以联合培养博士生的身份赴日本京都大学留学。在此之前,我甚至连江苏省都没怎么离开过。一年间,我见到了完全不同的世界,看到了浩如烟海的史料,也读到了各式各样的研究论著。我虽愚钝,仍在此间获益良多。除了知识上的和见识上的,更为重要的是,突如其来的新冠疫情给我的研究、我的生活,以及整个中国和世界带来了谁都料想不到的改变。时间还在一刻不停地流动着,历史正以一种令人不安的、甚至是残酷的方式正告所有人:一切终将到来,一切终将离去。那消失的或留存的痕迹,终将书写它自己的历史。

必须承认,从痕迹开始的研究可以在众多先行研究之外另辟蹊径,但其可能受到的批评也显而易见:过于细微、流于琐碎。的确,自新文化史风行于中国史学界以来,关于碎片化问题的争论便不时而起。在本书告终之际,我无意对该问题作过多的阐发。但正如痕迹本身所昭示的那样,这本小书容量有限,无法描绘一个完整的关于日本的记忆建构史;同时,这本小书中的几个侧面也各具色彩,大体上可以勾勒出一幅虽有留白但并不苍白的图景。至于表述之精准、论证之严密、行文之顺当,我虽有意求之,终恐难以理想。祈请方家有以教我。

一路走来,诸多师长赐我以指导和帮助。除恩师孙江教授,李恭忠教授和李里峰教授也付出了无微不至的关怀,提出了鞭辟入里的指教。张凤阳教授、闾小波教授、马俊亚教授、曹大臣教授、刘相平教授、韩丛耀教授、李玉教授、姜良芹教授、梁晨教授、王海洲教授、孙扬副教授、武黎嵩副教授等诸位老师的授课与平日的教导，使我受益匪浅。另外，王奇生教授、张连红教授、刘建辉教授、陈力卫教授、陈言研究员、张慧卿研究员、潘光哲研究员、黄克武研究员等老师亦曾赐予重要点拨。读博期间，高嶋航教授友善地接纳了我留学京都大学的申请，并在我到达京都后惠赐诸多照顾和指导。入职马院以来，王建华教授、胡大平教授等院领导时赐关心，使我倍感温暖。教研室熊秋良教授、杨丹伟教授、黄骏副教授、倪春纳副教授、王楠副教授以及周瑞瑞、吴盛杰、林楔等同事多有关照，感激不尽。在发表论文的过程中，胡传胜主编、潘清副主编、高士华主编和编辑张秀丽女士、刘燕军先生等以及诸位匿名评审，都让我进一步学习了文章的写法与改法。在本书出版过程中，责编成华女士费心费力，我则一拖再拖，实在惭愧无地。需要感谢的还有很多……谨此并致谢忱。

　　一路走来，同辈友朋惠我良多。初入师门，承王楠师姐和闵心蕙师姐照拂指引，我得以迅速融入师门。顾长江师兄、李兴勇师兄、王蒙师兄、于京东师兄、刘洪君师兄、梁超师兄、徐天娜师姐、黎心竹师姐以及程善善、宋逸炜、王瀚浩、葛银丽、郑雪君、景梦茹、马场彩加、林鑫等诸位同门每每为我答疑解惑，并为我查找各语种的资料。此外，陈波师兄、刘永广师兄以及段彬、孙兴山、崔龙龙、何鑫、肖晓飞、常国栋、张卫杰等皆为益友。我们或谈学论道，或把酒言欢。尤其是段彬博士，我们虽研究方向不同，但硕士时即为室友，博士时也是近邻，其后又同往京都大学留学。回顾这数年间诸多不经意的重合，真令人感叹摩诃不可思议。在日期间，黄铮铮博士也对我关照有加。犹记得 2019 年深秋,黄兄利用外出考察之便,带领我和段彬游览甲贺水口城。当时登高望远之意气,至今不曾忘怀。

　　一路走来,家人给予我最大程度的支持和鼓励。我本出身农家,种种机缘之下命运悄然翻转。多年来,我虽自问不算懒惰,但无力改善家庭的状况也是事实。对此,我那劳苦半生的父母,温柔体贴的妻子,以及温厚朴实的岳父岳母,都尽力理解着我的努力。对他们,任何语言都太过苍白。感谢。

　　一路走来,无数的偶然与未知让我深深地明白,无论是通过文字还是痕迹,都只能接触到历史中极有限的片段。那突然的遇见,那骤然的改变,那被呈现和被遮蔽的侧面,正如过去留下的痕迹一般,有时无端闪现,有时随风而散。对历史研究者而言,这既是无力改变的现实,也是令人神往的体验。

2022 年 12 月 27 日

于南京摄山